Kiesha Crowther

Aus Liebe zu Mutter Erde

Little Grandmothers Botschaft
an die Welt

Amerikanische
Originalausgabe
herausgegeben von
Jennifer Ferraro

Kiesha Crowther

Aus Liebe zu Mutter Erde

Little Grandmothers Botschaft
an die Welt

KOHA

Wichtiger Hinweis

Die im Buch veröffentlichten Ratschläge wurden von der Verfasserin, der Herausgeberin und den Verlagen sorgfältig erarbeitet und geprüft. Eine Garantie kann dennoch nicht übernommen werden. Ebenso ist die Haftung der Verfasserin bzw. der Verlage und ihrer Beauftragten für Personen-, Sach- und Vermögensschäden ausgeschlossen.

Titel der Originalausgabe:
Message for the Tribe of Many Colors
© 2011 by Kiesha Crowther
Herausgegeben von Jennifer Ferraro
orginally published in 2011 by
Earth Mother Publishing, Santa Fe/USA
www.earthmotherpublishing.com

Deutsche Ausgabe:
© 2012 KOHA-Verlag GmbH Burgrain
Alle Rechte vorbehalten
Aus dem Englischen von Hanna Goldbach
Lektorat: Maria Müller
Illustrationen: www.fotolia.com
Layout: Birgit-Inga Weber
unter Verwendung von Motiven von Fotolia
Cover: © Sabine Dunst
unter Verwendung von Motiven von shutterstock
Gesamtherstellung: Karin Schnellbach
Druck: Berker, Kevelaer
ISBN 978-3-86728-179-9

Für meine
persönlichen Engel auf Erden,
die mir durch ihre selbstlose Liebe und
ihr reines Herz ein inspirierendes Vorbild sind:
den wundervollen Engeln, dich ich stolz
meine Kinder und meine Brüder nenne.

Für meine *anam cara*, die meine Hand hielt
und mich durch die Dunkelheit ins Licht geleitete,
und für meinen Ältesten und Großvater Eesawu –
deine Stimme wird mir immer
in den Ohren klingen.
Ich ehre und liebe
euch beide.

Inhalt

Einleitung

Dieses Buch enthält eine Geschichte, die dein Herz bewegen wird, und eine Botschaft, die hoffentlich ein Feuer in dir entflammen lässt – das Feuer einer leidenschaftlich brennenden Liebe zu Mutter Erde. Dieses Buch will tief in dir die Erinnerung daran wecken, *wer du wirklich bist*. Du, der du dies liest, bist viel mehr, als du dir je vorgestellt hast: Du bist ein göttliches Wesen, das die Wirklichkeit und die Zukunft verändern kann. Du kannst zu Liebe werden und aus der Liebe leben – und damit dich selbst sowie andere und Mutter Erde heilen. Dies ist die Essenz der Botschaft, die Little Grandmother jetzt verkünden möchte, da die Menschheit an der Schwelle zu einer ungeheuren spirituellen Transformation steht, die von vielen alten indigenen Kulturen für diese Zeit vorhergesagt wurde.

Viele von uns sehen überall um uns herum die Gefahren und Instabilitäten, die mit unserer Art, auf der Erde zu leben, einhergehen, und wir spüren, dass wir an einem evolutionären Wendepunkt stehen. So richtet sich der Blick auf jene Boten und Weisheitshüter, die in direktem Kontakt mit *Spirit*, mit der Erde und mit den Quellen alter Weisheiten stehen. [Im Kontext dieses Buches wird *Spirit* (der allumfassende, all-eine Geist) im Original belassen, während *Great Spirit* mit »Großer Geist« und *spirit* mit »Geist« übersetzt wird.] Diese Quellen prophezeien große Veränderungen auf unserem Planeten schon in nächster Zukunft. Niemand hier weiß genau, was geschehen wird oder wann es geschieht, aber manchen Wesen wurden bestimmte Aufgaben übertragen, ihnen wurden Informationen übermittelt, die zu dieser Zeit bekannt gemacht werden sollen. Little Grandmother gehört zu jenen, die von *Spirit* gebeten wurden, eine machtvolle und entscheidend wichtige Botschaft zu verkünden, eine Botschaft für den »Stamm der vielen Farben«: für alle Kinder von Mutter Erde. Hoffentlich trägt dieses Buch dazu bei, Herzen zu öffnen und zu erwecken.

Möge es viele inspirieren, dem Ruf der Liebe zu Mutter Erde zu folgen, dem Ruf der unermesslichen Schönheit, die uns erwartet, wenn wir uns erinnern, wer wir sind.

Little Grandmother steht am Anfang ihrer Reise. Dieses Buch stellt also weder eine Biografie noch ein vollständiges Bild ihres Werks oder ihrer Botschaft dar. Zweifellos wird noch viel mehr folgen. Es soll also eher das erste Buch einer ganzen Reihe von Mitteilungen sein. Es enthält eine detaillierte Beschreibung der Botschaft, die Little Grandmother bis jetzt gelehrt und verbreitet hat, sowie spirituelle Erkenntnisse aus ihrem jungen Leben und ihren Erfahrungen mit der Natur, wo *Spirit* und Mutter Erde ihre Lehrer waren. Sie ist zwar noch jung, und ihr Weg ist noch in der Entwicklung und Offenbarung begriffen, aber Menschen aus aller Welt haben sie gebeten, ihre Botschaft näher zu erläutern und tiefere Einblicke in ihren Weg zu geben. Auch wenn es, wie sie immer wieder betont, um die Botschaft geht und nicht um die Botin, könnte es den Lesern meiner Meinung nach doch helfen, ein wenig über die Reise zu wissen, durch die aus Kiesha Crowther »Little Grandmother« wurde, damit ihre Botschaft tiefer erfasst und im Zusammenhang gesehen werden kann.

Kiesha wuchs in einer kleinen ländlichen Mormonen-Gemeinde in Colorado auf. Sie zeigte schon früh verblüffende Begabungen und machte Erfahrungen, die sie von anderen Menschen unterschieden. Sie kommunizierte mit Tieren und hatte Begegnungen mit Stimmen, die ihr bestimmte Lehren vermittelten. Sie konnte diese Dinge nicht einordnen. Obwohl ihre Familie mütterlicherseits in einem Indianerreservat lebt, hatte Kiesha in ihrer frühen Kindheit keinen Kontakt mit den indianischen Traditionen. Im Leben einer gläubigen Mormonin gibt es keinen Platz für paranormale Erfahrungen, für Gespräche mit Geistwesen oder Wahrnehmungen, die anderen verschlossen sind. So lernte sie schon früh, über diese Dinge nicht zu reden, und erwähnte ihre besonderen Fähigkeiten erst, als sie achtundzwanzig Jahre alt und bereits Mutter zweier Kinder war. Sie hatte keine Ahnung, wie schnell sich danach ihr Leben verändern würde.

Als Kiesha dreißig wurde, nahmen ein paar indianische Älteste mit ihr Kontakt auf und sagten ihr, die Ältesten würden sie seit ihrer Kindheit beobachten und es sei jetzt an der Zeit, ihre Rolle als Schamanin zu übernehmen. Sie wüssten, so sagten sie, dass die »Großmütter der Vergangenheit« mit ihr seit ihrer Kindheit sprechen und sie unterweisen. Kiesha erfuhr, dass ihre Aufgabe darin bestand, den »Stamm der vielen Farben« zusammenzubringen. Der Name, mit dem die Ahnen und die Geistwesen sie ansprachen, war »Little Grandmother« (Kleine Großmutter).

Zu diesem Zeitpunkt kannte Kiesha den Sinn des Wortes »Schamanin« nicht. Sie hatte keine Bücher darüber gelesen und wusste nicht genau, welche Bedeutung eine solche Rolle hat. Doch sie wurde weiterhin von den Geistwesen geführt, die ihr erschienen. Ihr wurde gesagt, sie sei eine von zwölf Weisheitshütern, die zu dieser entscheidenden Zeit auf der Erde leben. Jeder dieser Weisheitshüter sei von Kindheit an von Mutter Erde unterwiesen worden. Sie hätten alle dieselben Informationen und Botschaften erhalten, obwohl sie unterschiedliche Rollen auszufüllen hätten. Kiesha sei fähig, zu spüren, wenn etwas mit Mutter Erde geschieht, wenn sie sich verändert oder bewegt, wenn sie verletzt oder auf andere Weise stark beeinflusst wird. Wie die anderen Weisheitshüter sei auch Kiesha dafür verantwortlich, bestimmte Kristalle wieder in die Erde zurückzugeben, um die Ley-Linien bzw. Kraftlinien und das Energienetz der Erde zu stärken, bevor die große Wandlung geschieht. Aber vor allem obliege es ihr, eine Botschaft zu verkünden, um den Kindern der Erde zu helfen, sich daran zu erinnern, wer sie sind. Kieshas besondere Aufgabe bestehe darin, Menschen aus allen Ländern zusammenzubringen, diesen Stamm der vielen Farben zu versammeln, um das Bewusstsein auf dem Planeten Erde zu verändern.

All dies kam so plötzlich, dass Kiesha völlig verblüfft war. Sie hatte Mühe, es zu begreifen. Sie musste viel beten, um zu verstehen, was das alles bedeutete und worum sie hier gebeten wurde. Ob sie das schaffen würde? Redeten die wirklich über sie? Lag da vielleicht eine Verwechslung vor? Sie wusste, ihr Leben würde nicht mehr ihr selbst gehören, sie müsste aus der Anonymität treten und über ihre Erfahrungen, ihre Kindheit, ihre Visionen und Visitationen reden. Sie würde zum ersten Mal in ihrem Leben exponiert sein und sichtbar in Erscheinung treten. Was, wenn sie versagte? Sie würde sich auf das Unbekannte einlassen müssen, doch sie würde sich auch endlich der Aufgabe ihrer Seele stellen. Tief in ihrem Inneren hatte sie immer gewusst, dass sie hier eine große Aufgabe hatte. Nach all den Jahren, in denen sich ihr Leben irgendwie nicht ganz richtig angefühlt hatte, ergab plötzlich alles einen Sinn: warum sie als Kind bestimmte Dinge erleiden musste und gelernt hatte, mit Mutter Erde zu sprechen, warum sie diese Lehren erhalten hatte – all das diente dazu, sie vorzubereiten!

Nachdem sie einige Wochen lang gebetet und ihre Seele erforscht hatte, nahm Kiesha den Weg an; sie war bereit, Schamanin zu werden. Sie wurde durch die Zeremonie der Einweihung geführt, zu der Fasten, Gebete und bestimmte Rituale gehören. Sie lernte, zu beten und Heilungen und Zeremonien durchzuführen. Sie musste in sehr kurzer Zeit sehr viel lernen. In diesem ersten Jahr wurde ihr schmerzlich bewusst, wie wenig sie vorbereitet war. Warum sollte sie all dies tun, wo sie doch fern aller indianischen Traditionen aufgewachsen war, ohne eine andere Vorbildung als das, was sie direkt von *Spirit* gelernt hatte? Sie musste darauf vertrauen, dass es einen Grund dafür gab und dass *Spirit* und die Ahnen wussten, was sie taten. Sie betete darum, alles richtig zu machen und offen zu sein, damit *Spirit* ihr alles Notwendige mitteilen und ihr helfen konnte, wenn ihr Wissen nicht ausreichte.

In den folgenden Monaten erlebte sie eine Reihe synchronistischer Phänomene. Geschenke, Briefe und »Medizin« kamen per Post aus aller Welt von Menschen, die sie erkannt hatten, adressiert an ihren neuen Namen: Little Grandmother. Sie erhielt Postkarten, Medizinschilde und Zeremonialstäbe von Menschen aus den USA, aus Kanada, Australien, Afrika und Südamerika. Ein australisches Paar hatte von verschiedenen indigenen Stämmen gesagt bekommen, dass sie eine Medizin für die weiße Frau namens Little Grandmother anfertigen sollten. Mit größter Sorgfalt, vielen Gebeten und unter intensiver spiritueller Anleitung fertigten sie für sie verschiedene Schilde mit bestimmten Motiven und Schutzsymbolen an und bauten eine heilige Erdtrommel, die sie zum Gebet und für die Verbindung zu den Ahnen verwenden sollte.

Als Kind hatte Kiesha oft in der Wildnis Zuflucht gesucht und unter den Geschöpfen der Wildnis, den Bäumen und Pflanzen eine Familie gefunden. Sie erlebte direkt, was in der modernen Zivilisation nur wenigen vergönnt ist: dass Mutter Erde ein lebendiges Wesen ist und *Spirit* uns in der lebendigen Welt überall umgibt, wenn wir nur hinschauen und hinhören. Als Kind wurde sie von der »anderen Seite«, wie sie es nennt, durch Stimmen und Geistwesen unterwiesen. Sie lernte auch durch eine Art inneren Bildschirm, der ihr erschien und ihr Bilder von Personen, Orten, Ereignissen und Symbolen zeigte. Sie fühlte sich anders als die Menschen um sie herum und fragte sich oft, ob sie vielleicht ein bisschen verrückt sei. Ich glaube, viele von uns kennen dieses Gefühl der Entfremdung aufgrund unserer spirituellen Erfahrungen und Erkenntnisse, vor allem wenn sie nicht zu den religiösen Überzeugungen unserer Erziehung oder Kultur passen.

Was Kiesha Crowther auf ihrem Weg, Little Grandmother zu werden, durchleben musste, ist eine bewegende universelle Geschichte vom Glauben *an* und Vertrauen *in* die eigene Bestimmung. Sie erzählt von den Zweifeln, der Verwirrung und dem Schmerz, die mit unserer spirituellen Reifung einhergehen, um zu werden, wer wir wirklich sind. Sie zeigt, dass die Dinge, die uns widerfahren, in einem größeren Zusammenhang stehen, als wir uns vorstellen können – und dass unser Ringen und die Wunden, die wir erlitten haben, uns tiefer für spirituelle Führung und die Schönheit des Lebens öffnen können. Für mich ist das eine machtvolle Dimension ihrer Geschichte und ihrer Botschaften. Vielen von uns, die keine direkten Übertragungen von *Spirit* empfangen, kann dieser Aspekt ihrer Geschichte helfen, andere, eher esoterische Aspekte zu erden. Es hilft, sie aus dem Bereich des »Kann man glauben oder auch nicht« herauszuheben. 13

Während meiner Bekanntschaft mit Kiesha habe ich mit eigenen Augen Dinge gesehen, die ich sonst vielleicht bezweifelt hätte. Ich war anwesend, wenn Kiesha von *Spirit* Informationen erhielt, habe diese Botschaften sogar manchmal selbst niedergeschrieben, während sie durchkamen. Manche dieser Informationen waren unglaublich spezifisch, erwähnten Orte, von denen sie nie gehört hatte und die man auch kaum hätte erfinden können, wie zum Beispiel Pumapunku. Als sie esoterische Informationen über das Wesen und den Zweck dieses uralten Ortes empfing, der uns beiden völlig unbekannt war, bezweifelte ich, ob wir ihn auf irgendeiner Landkarte finden würden. Doch es ist ein Ort in Bolivien, und wir fanden Berichte über seine H-förmigen Bausteine, genau wie Kiesha sie auf ihren Notizblock gezeichnet hatte.

Manchmal hatte sie detaillierte Visionen eines Erdrutsches oder eines Erdbebens in einem anderen Land, und wenn wir am nächsten Tag die Nachrichten durchsahen, war tatsächlich genau dort eine Katastrophe passiert. Manchmal erschienen ihr mitten am Tag Geistwesen. Während einer Heilsitzung konnte es geschehen, dass ein verstorbener Verwandter der Person auftauchte und ihr ganz spezifische Informationen übermittelte. Sie konnte den oft tränenüberströmten Betroffenen die Verwandten genau beschreiben, was sie anhatten und was sie sagten. Ich hatte von solchen Dingen bis dahin nur gelesen oder im Fernsehen gehört. Kiesha kann diese Phänomene nicht willentlich steuern. Es scheint zu geschehen, wenn die Geisteswelt die Kommunikation für nötig erachtet. Ich bin zwar immer eine spirituell Suchende gewesen und habe lange meditiert, aber so etwas hatte ich noch nicht erlebt. Diese Ereignisse bewiesen mir unwiderlegbar die Existenz der geistigen Welt und Dimensionen der Wirklichkeit, die weit jenseits dessen liegen, was die meisten von uns in ihrem Alltag erleben.

Kiesha und ich lernten uns 2006 in einem Frauen-Retreat-Zentrum in Crestone in Colorado kennen. Wir erkannten einander sofort als Seelenfreundinnen, und ich habe seitdem die Ehre, eine unmittelbare Zeugin ihrer Reise zu sein. Im Rückblick war dieses Retreat der Start für Kieshas Weg, wirklich zu Little Grandmother zu werden. Es war das erste Mal, dass sie ihre dörfliche Herkunft hinter sich ließ und an einem alternativen, spirituellen Retreat teilnahm, und zwar unter Frauen. Es war eine große Offenbarung für sie. Zum ersten Mal stand sie öffentlich zu dem, was sie war, und fühlte sich sicher genug, um über einige ihrer Erfahrungen zu sprechen.

In dem Jahr, in dem wir uns kennenlernten und sie noch nicht Little Grandmother war, schrieb sie mir in langen Briefen ihre Lebensgeschichte und teilte dabei zum ersten Mal jemandem mit, was sie seit ihrer Kindheit von *Spirit* und Mutter Erde erfahren und gelernt hatte. Diese Briefe brachten mich oft zum Weinen, weil sie so viel Schmerzliches enthielten. Ich gewann zunehmend die Überzeugung, dass Kiesha keine gewöhnliche junge Frau war, sondern sie zu etwas Besonderem bestimmt war. Die Geschichte ihres Lebens, die sich mir Brief um Brief offenbarte, hatte eine mythische Dimension. Ihr Heilungsprozess hatte begonnen, und sie entfaltete sich wie eine Blume, die lange geschlossen gewesen war. In ihrer Heilung verbrannte sie all den Schmerz und die Negativität, die sie so lange in sich getragen und die sie fast umgebracht hatte. Ich spürte schon in jenen frühen Tagen, dass ihre Geschichte eines Tages erzählt werden würde, dass sie Dinge enthielt, die wichtig waren und die mitgeteilt werden müssen. Ich wusste, ihre Geschichte würde Herzen öffnen, so wie sie meines geöffnet hatte. Doch zu jenem Zeitpunkt konnte keine von uns auch nur ahnen, was ihr bevorstand und dass ihre Rolle viel umfassender war, als wir uns träumen ließen.

Inzwischen ist Kiesha etwas Besonderes; sie ist Little Grandmother und verfügt über ungewöhnliche Gaben und Fähigkeiten, doch sie ist auch sehr menschlich. Sie musste tief graben, um ans Licht zu kommen, genau wie viele andere, die mit den dunkleren Aspekten der Menschheit konfrontiert wurden und viel Schmerz und Feindseligkeit erfahren mussten. Ich spüre die grundsätzliche Demut, in der sie verwurzelt ist und die Menschen zu eigen ist, die schon früh so manches verloren haben, was anderen selbstverständlich ist, und deshalb einen tieferen Sinn finden mussten, um weiterleben zu können.

Doch wie jeder, der ihr begegnet, schnell merkt, hat sich Kiesha eine beeindruckende Unschuld und Reinheit des Herzens bewahrt. Das befähigt sie meiner Meinung dazu, die schwierige Verantwortung zu übernehmen, die mit der Rolle der Weisheitshüterin und Schamanin (die zwischen den Welten geht) verbunden ist. Diese Herzensreinheit und Unschuld sind ganz wesentlich.

Die Herausforderungen des schamanischen Wegs sind sehr groß; es erstaunt mich immer wieder, dass so viele Menschen im Westen unbedingt Schamanen sein wollen. Es vergeht kaum eine Woche, in der Kiesha nicht mit körperlichen Schmerzen, Krankheit, Schwierigkeiten oder ungewöhnlichen Phänomenen konfrontiert ist. Diese Ereignisse rangieren von »einfach beunruhigend« bis »enorm kraftzehrend«. Es erfordert große Sensibilität, doch genau diese Sensibilität öffnet die betreffende Person körperlich und psychisch für sehr viel Schmerz, Negativität und das ganze Spektrum der menschlichen Emotionen und Erfahrungen. Bekannt zu werden ist für solch empfindsame Wesen nicht immer einfach!

Kiesha hat nie nach Ruhm oder Anerkennung gestrebt, doch innerhalb von nur drei Jahren hat ihre Botschaft weltweit Millionen von Menschen erreicht. Ohne die Hilfe von *Spirit* wäre das einer weltunerfahrenen, wenig gebildeten jungen Frau vom Lande unmöglich gewesen. Als eine, die das alles mit ansah, erschien es mir klar, dass hier etwas Großes am Werk war. Es gab einfach keine andere Erklärung dafür, dass so viele von dieser jungen Frau namens Little Grandmother erfuhren und mehr von ihr wissen wollten.

Little Grandmother wurde 2009 weltweit bekannt, nachdem Bob Keeton einen Vortrag von ihr vor etwa fünfzig Leuten in Santa Fe auf Video aufgenommen hatte. In diesem Vortrag erzählte sie jenen, die nicht dabei gewesen waren, von der kraftvollen dreitägigen Zeremonie, die sie im April jenes Jahres geleitet hatte. Es war Little Grandmothers erste öffentliche Zeremonie gewesen. Die Organisatoren des Return of the Ancestors Gathering, der offiziellen internationalen Versammlung von indigenen Ältesten auf Hopi-Land

in Arizona, hatten sie darum gebeten. Die Veranstaltung stand im
Zusammenhang mit den Prophezeiungen der Maya und der Hopi.
Sie hatte noch nie eine öffentliche Zeremonie durchgeführt und
fürchtete sich sehr davor. Sie musste sich intensiv mit einer größe-
ren Macht verbinden, um es zu tun, und tief darauf vertrauen, dass
Spirit sie führen würde. Die meisten bei jener Zeremonie Anwesenden sagten hinterher, es sei die kraftvollste spirituelle Versammlung gewesen, an der sie je teilgenommen hatten. (Mehr über diese
Zeremonie erfährst du im Kapitel »Die Rückkehr der Ahnen«.)
Wir alle hatten das Gefühl, an etwas wirklich Wegweisendem teilgenommen zu haben, das von globaler spiritueller Bedeutung war.
Bei jener Zeremonie waren viele, viele, ja Tausende von Ahnen
anwesend und nahmen sogar an ihr teil, wie viele Anwesende spürten und Little Grandmother deutlich sah.

Die Zeremonie war für alle, die daran teilgenommen hatten, sehr
eindrucksvoll gewesen, und in dem Vortrag, den Kiesha ungefähr
einen Monat später hielt, schaffte sie es, den Zuhörern die Energie
und die heilige innere Bewegung zu vermitteln, die während der
Zeremonie spürbar gewesen war. Sie tat das auf eine berührende
Weise, die die Herzen der Menschen öffnete. Für Bob hatte dieser
Vortrag eine besondere Botschaft und spirituelle Energie, und er
fragte, ob er ihn auf YouTube einstellen dürfe. Kiesha war einver-
standen. Innerhalb von sechs Monaten hatte sich das Video von
diesem Vortrag verbreitet wie ein Virus. Tausende von Menschen
schauten es sich an. Aus aller Welt nahmen sie Kontakt mit Kiesha auf, weil sie sich so bewegt davon fühlten, weil sie sich leidenschaftlich dafür begeisterten, uns selbst und die Erde zu heilen
und zu lernen, vom Herzen her zu leben, in Harmonie mit der
Natur. Von überall her kamen Einladungen, zu reisen, zu reden
und heilige Zeremonien durchzuführen.

In kurzer Zeit fühlten sich Hunderttausende zu Little Grandmothers herzerfüllter Botschaft und Präsenz hingezogen. Sie fühlten
sich inspiriert, um unserer wunderschönen, kostbaren Mutter Erde 17
willen zusammenzukommen, zu versuchen, das vorherrschende
Bewusstsein auf dem Planeten vom Ego und Verstand zurück zur

Liebe zu bringen, so wie es die indigenen Ältesten und Weisen lehren. Eine große Bewegung entsteht. Die Kinder von Mutter Erde versammeln sich als ein Stamm, als ein vereinigtes Herz, um die Art, wie wir leben und das Leben auf diesem Planeten erfahren, zu verändern. Little Grandmother reist und spricht, um die Botschaften, die sie von Mutter Erde und *Spirit* erhält, zu verbreiten. Ein weiterer kraftvoller Aspekt ihres heiligen Werks sind ihre Zeremonien für Mutter Erde (manche davon sind öffentlich und andere nicht). Sie wird angeleitet, durch sie das Energiegitternetz von Mutter Erde zu stärken und zu erwecken und die vergessenen Weisheiten hervorzubringen, die wir brauchen, um uns und den Planeten in dieser entscheidenden Zeit der Transformation zu retten. Wir hoffen von Herzen, dass auch dieses Buch diesem kosmischen Zweck dienen wird.

Little Grandmother wurde gebeten, den Stamm der vielen Farben zu versammeln. Wer gehört zu diesem Stamm? Er umfasst alle Kinder der Erde, von jeder Hautfarbe, jeder Nation, jedem Glaubensbekenntnis, die bereit sind, sich im Herzen zu vereinen und in der Vielfalt des Lebens die Einheit der Existenz anzuerkennen, die sich umeinander kümmern und zusammenarbeiten wollen, um eine schönere Welt zu erschaffen. Es geht um jene, die bereit sind, sich für eine neue Art des Seins, eine neue Erde, eine schönere, gesündere, fürsorglichere, ausgewogenere und weiter entwickelte Existenz einzusetzen.

Wir wollen Mutter Erde retten und uns mit ihr zu etwas Außergewöhnlichem hin entwickeln. Wir wollen sie nicht mehr vernachlässigen, verletzen oder missbrauchen. Wir wollen sie auf ihrem Thron sehen, in Fülle und Gesundheit, wir wollen jeden kostbaren Grashalm verehren, jeden Tropfen Wasser, und die kraftvolle Schönheit und Heiligkeit dieser Existenz erfahren. Immer mehr von uns entbrennen in dieser Liebe für die Schöpfung und glauben an die Liebe als den Weg, der uns nach Hause führen wird zu dem, was wir wirklich sind: wundervolle, großartige Wesen, fähig, unsere Wirklichkeit zu erschaffen. Wir wollen einen fürsorglicheren, liebevolleren, respektvolleren Umgang miteinander und mit unserer Mutter entwickeln. Wir sind *ein* Herz, *eine* Familie – die Kinder von Mutter Erde. Wie Little Grandmother oft sagt: »Wir sind die Stärksten der Starken«, wir sind genau in dieser Zeit der großen Herausforderungen auf die Erde gekommen. Wir sind jene, die die Prophezeiungen für diese Zeit vorausgesagt haben, »wir sind die, auf die wir gewartet haben«, wie es in den Hopi-Prophezeiungen heißt. Wir sind der Stamm der vielen Farben, wir sind es, die die Welt verändern werden. Wir sind bereit, zuzuhören und zu lernen.

Eine Anmerkung zum Aufbau dieses Buches

Der erste Teil »Lektionen in der Wildnis« gibt den später dargestellten spirituellen Informationen einen sehr menschlichen Rahmen. Er enthält einige wichtige Episoden und spirituelle Lektionen aus Kieshas Kindheit und Jugend. »Wildnis« ist hier sowohl wörtlich als auch symbolisch gemeint – es geht hier nicht nur um die Natur, sondern auch um jene Bereiche des Lebens, die schwierig sind und deren Sinn sich uns nicht so leicht erschließt. Der zweite Teil »Erinnern, wer wir sind« konzentriert sich mehr auf die inneren Aspekte der Botschaft, die Little Grandmother verbreiten möchte – jene Dinge, an die sich die Menschen erinnern und mit denen sie im Einklang sein müssen, um sich zu einem höheren Bewusstsein aufzuschwingen. Der dritte Teil »Visionen der Gegenwart und der Zukunft« befasst sich mit esoterischen und prophetischen Informationen und Lehren, die Little Grandmother direkt empfangen hat. Sie teilt diese Dinge aus ihrem eigenen Herzen heraus mit und möchte deutlich machen, dass sie nicht für irgendein indigenes Volk oder eine Gruppe spricht. Sie versucht nicht, indigene Lehren oder indianische Traditionen zu vermitteln, sondern berichtet nur von dem, was *Spirit* ihr direkt eingegeben hat, damit sie es weitergibt.

Jennifer Ferraro

Teil 1

Lektionen
in der Wildnis

Der Anfang der Reise:
das Herz als Grundlage und als Weg

Lieber Leser, liebe Leserin,

ich schreibe dieses Buch, um der Menschheit zu helfen, sich mit dem Herzen zu verbinden, denn das Herz ist die eigentliche Grundlage allen Wissens, aller Inspiration und allen göttlichen Verstehens. Bei meinen Reisen in alle Welt habe ich überall mit Menschen gesprochen, und viele haben mich gefragt, ob ich über all die Dinge, von denen ich spreche, ein Buch schreiben könnte. Nach einer Menge schwerer Arbeit (und ich hatte gedacht, öffentlich zu reden wäre schwer!) übergebe ich dir, mein lieber Bruder, meine liebe Schwester, dieses Buch mit Liebe und Dankbarkeit.

Es wurde für dich geschrieben, um dir zu helfen, zu erkennen, wie göttlich, majestätisch und machtvoll du bist. Du bist die Antwort auf deine eigenen Gebete. Du bist ein Funke des Schöpfers, und du kannst die Welt verändern, indem du in Liebe lebst, indem du dich daran erinnerst, dass dein eigenes höheres Selbst, dein großes ICH BIN, sich entschieden hat, zu genau dieser Zeit um einer bestimmten Aufgabe willen hierher auf die Erde zu kommen.

23

Auf der Welt gibt es viele großartige Bücher und Autoren, die über die anstehenden Veränderungen auf diesem Planeten Theorien und Spekulationen entwickelt haben. Es ist leicht, sich von dem, was über die Zukunft geschrieben und gesagt wird, ängstigen zu lassen. Deshalb möchte ich folgenden einfachen Rat geben: Alles, was dir nicht größeren Frieden, Inspiration und ein Gefühl liebevoller Dankbarkeit für dieses Leben schenkt, kannst du getrost beiseitelegen. Du brauchst es nicht!

Was du wissen musst, ist bereits in dir, in deinem Herzen. Was auf der Ebene des Verstands wirkt, kann nur den Verstand heilen – es hilft uns nicht, in unser Herz zu kommen. Nur das Erwachen des Herzens und die Verwirklichung dessen, was wir wirklich sind, wird unsere Art zu leben und unsere Zukunft verändern. Und das ist genau das, wozu uns viele indigene Ältesten und Weisheitshüter auffordern, ebenso wie die vielen Lichtwesen, die hier sind, uns beobachten und uns helfen. Wir sind aufgefordert, anzufangen, vom Herzen her zu leben und uns daran zu erinnern, wie göttlich, wundervoll und groß wir tatsächlich sind. Klingt einfach, oder? Es ist nicht so schwer, wie es uns unser Verstand weismachen will.

Wir sind menschliche Herzen, wir pulsieren mit lebendigen Emotionen und Gefühlen. Wir verbinden und lieben uns nicht durch gemeinsame Ideen über Dinge, sondern durch gemeinsame Gefühle. Deswegen gebe ich dir, lieber Bruder, liebe Schwester, auf diesen Seiten nicht nur die Informationen und die Lehren weiter, die ich von meinen Geisthelfern und Lehrern erhalten habe, sondern erzähle auch einiges von meiner persönlichen Reise. Mögen diese persönlichen Geschichten dein Herz berühren. Ohne sie würde die Botschaft, die ich dir mitteilen möchte, vielleicht zu weltfremd oder seltsam erscheinen. Ich bin ein einfacher Mensch, deshalb ist dieses Buch so einfach wie möglich geschrieben. Von Herz zu Herz teile ich mit dir, was ich durch *Spirit* als wahr erfahren habe. Das Wichtigste ist, auf der Herzebene in Verbindung zu gehen, denn dort kommen wir zusammen und können einander als ein anderes »Ich selbst« erkennen. Wir sind eines Herzens und können einander viel tiefer verstehen und lieben, als wir ahnen.

Wir sind wahrhaft Götter und Göttinnen. Wir sind alle spirituell ebenbürtig. Vor *Spirit* ist niemandes Reise bedeutender als die eines anderen. Ob du Hausfrau oder Hausmann bist, ob du Tischler, Autorin, Geschäftsmann oder Verkäuferin bist – du hast es in dir, die Welt zu verändern. Du hast alle Weisheit und göttliche Liebe des Schöpfers in dir, und es ist Zeit, dein wahres Wesen zu leben. Es ist Zeit, uns an das zu erinnern, was wir wissen und vergessen haben: dass wir Liebe sind, dass diese Schöpfung die eigentliche Essenz der Liebe ist. Dies wissend, können und werden wir unsere Welt verändern.

Ich schwöre, dass alles, was ich in diesem Buch berichte, meiner Erfahrung entspricht. Dabei ist nicht so wichtig, ob du selbst an solche Dinge wie Sternenwesen, Geisthelfer oder Prophezeiungen über Umwälzungen auf der Erde glaubst. Vertraue auf dein Herz; es weiß, was für dich wirklich ist. Nutze diese Worte, wie es dir entspricht. Erinnere dich an dein Herz, um zu wissen: Die Liebe ist wirklich die Antwort auf alle Fragen. Das ist das Allerwichtigste. Dein Herz wird dir eine kosmische Dimension des Seins zeigen, die wir uns noch überhaupt nicht vorstellen können und die wir doch alle bald erleben werden.

Wenn du in deinem Herzen bist, wirst du mit dem Herzen von Mutter Erde verbunden sein, und sie wird dich schützen und deine Schwingung der Liebe und Dankbarkeit spüren. Mit jedem Gedanken, Gefühl und Atemzug wählen wir, was uns in nächster Zukunft widerfahren wird.

Im gegenwärtigen Zeitfenster ist es ganz besonders wichtig, dies zu verstehen und anzufangen, sich zu erinnern. Wie mir gezeigt wurde, stehen der Erde immense Veränderungen bevor, nach denen die Menschheit nie wieder dieselbe sein wird. Wir sind im Begriff, uns auf ein spirituelles Abenteuer einzulassen, das noch niemand im Universum erlebt hat, auf einen Entwicklungssprung, wie es ihn im Kosmos noch nie gab. Evolution gab es schon immer, doch nie so schnell, wie die Kinder des Planeten Erde es gerade erleben. Wie sich das alles genau abspielen wird, ist noch unklar, aber vielen von uns werden Dinge und Informationen übermittelt, mit denen sie diesen Prozess unterstützen können, und genau das tue ich auch mit diesem Buch.

Auf den folgenden Seiten beschreibe ich meine Erfahrungen mit Sternenwesen, Lichtwesen, meinen Geistführern, den Ahnen und Mutter Erde und was sie mich gelehrt haben. Ich stelle dar, was ich auf diesem Planeten an Bewusstseinserweiterung für möglich halt, und berichte von den Veränderungen auf der Erde, die bereits im Gange sind oder höchstwahrscheinlich kommen werden. Aber vor allem möchte ich mitteilen, wie du diesen Bewusstseinswandel unterstützen und dich vorbereiten kannst, dich mit Mutter Erde auf eine höhere Ebene des Seins zu begeben. Möge dieses Buch dein Herz bewegen und dich dazu inspirieren, wach zu werden für das Mysterium und die wundervolle Chance, die vor uns liegt.

Welch erstaunliche Zeit, um auf der Erde zu leben! All unsere Seelen haben sich entschieden, hier zu dieser Zeit geboren zu werden. Wir haben uns entschieden, hierher zu kommen, um dieses kosmische Ereignis, auf welches das ganze Universum schaut, zu bezeugen und aus erster Hand mitzuerleben. Wir sind die »stärksten der starken Seelen«, die je auf diesem Planeten waren – und es gibt nichts zu fürchten, wenn wir in unserem Herzen bleiben und uns auf die Liebe einschwingen. Unsere Liebesschwingung kann uns mit höheren Dimensionen der Wirklichkeit verbinden, die parallel zu unserer dreidimensionalen Wirklichkeit existieren und von denen uns Führung, Wissen und Weisheit zufließen, um die Weiterentwicklung der Menschheit zu fördern. Mutter Erde ist dabei, sich von der Negativität und den Giften zu befreien, die sie umbringen, damit sie neu geboren werden kann.

Wenn wir uns daran erinnern, werden wir nicht nur Zerstörung um uns herum sehen. Vielmehr werden Licht und Liebe uns zu etwas Schönerem führen, als wir uns vorstellen können. Wir wissen, wie das geht, und wir werden es gemeinsam vollbringen. Wir werden uns daran erinnern, woher wir stammen und was wir einst wussten – und dann werden wir selbst darüber hinauswachsen.

Lasst uns unsere Herzen versammeln und die Liebesschwingung auf diesem Planeten vergrößern. Lasst uns zusammenkommen als *ein* Stamm, als Kinder von Mutter Erde. Lasst uns zu einem einzigen Herzen verschmelzen, voller Liebe für unsere liebe Mutter Erde und diese kostbare Schöpfung. Lasst uns einander versprechen, diese Erde niemals aufzugeben, uns niemals der Angst und Verzweiflung hinzugeben – und einander niemals aufzugeben. Liebe ist die tiefgründigste, weitreichendste und am wenigsten verstandene Energie auf der Erde. Durch sie werden wir ein Paradies erschaffen, wie es noch nie auf Erden gesehen wurde. Wir werden zu einer höheren Dimension des Seins aufsteigen und zu den göttlichen Wesen werden, die wir sind.

Ich bin so dankbar, mit dir und euch hier auf diesem schönen Planeten zu sein, auf dieser erstaunlichen gemeinsamen Reise. Mögen wir uns immer daran erinnern, wer wir sind und dass wir *eines* Herzens sind. Mögen wir gemeinsam eine neue Erde und eine neue Menschheit erschaffen und wissen, dass es nach jedem Tod eine Wiedergeburt gibt, so wie der Regenbogen dem Unwetter folgt. Mögen wir all das sehen und in unseren Herzen fühlen und uns nicht fürchten, vorwärtszutreten, Hand in Hand, in das Große, das uns erwartet.

In Liebe und Dankbarkeit

Little Grandmother

Mit den Tieren reden

Seit ich mich erinnern kann, sind die Tiere meine besten Freunde gewesen, Freunde, mit denen ich echte Gespräche führte. Seit ich ein Kind war, konnte ich Tiere auf eine besondere Art spüren und mit ihnen reden. In meiner Familie wurde nie offen darüber gesprochen, es war einfach so. Wir nahmen es hin, und es war in unserer kleinen Gemeinde auch anderen bekannt. Mein Vater war Farmer und Mitarbeiter auf einer Ranch, daher hatte ich das Glück, auf dem Land und mit vielen Nutztieren aufzuwachsen, ganz zu schweigen von all den Wildtieren in den Bergen Colorados.

Ich erinnere mich, wie mir als Kind zum ersten Mal bewusst wurde, dass ich in einem Tier die Lebensenergie spürte. Es machte einen tiefen, unvergesslichen Eindruck auf mich. Es wurde damals schon früh dunkel, es muss Anfang Februar gewesen sein, denn um unser kleines Farmhaus lag noch viel Schnee. Meine Schwester Kelsy und ich standen in der Küche, unsere selbst genähten Nachthemden schlotterten uns um die Knie, und unsere nackten Füße pressten sich auf den kalten Linoleumboden. Wir waren sicher nicht älter als vier oder fünf, und wir warteten auf unseren Vater, der gleich mit den Kälbchen durch die Tür

kommen würde. Meine Mutter heizte den Ofen an und bereitete hastig alles für die kleinen Kälber vor. Ich begriff nicht ganz, was vor sich ging, aber ich spürte, dass Eile und Angst in der Luft lagen, während meine Mutter Wasser heiß machte. Kelsy und ich standen Hand in Hand da, mit festem Blick auf die Hintertür, als diese plötzlich aufflog und die kalte Nachtluft hereinzog. Auf jeder Schulter ein Kalb, drängte sich mein Vater durch die Tür. Die Kälbchen bewegten sich nicht, und ich begriff die Aufregung. Sie waren fast erfroren.

Meine Mutter öffnete die Ofentür, und mein Vater legte die Kälbchen davor, damit sie sich aufwärmen konnten. Ich sah zu, wie das Eis auf der Nase eines der Kälbchen schmolz. Tränen stiegen mir in die Augen. Ich konnte es nicht ertragen, zuzusehen, wie die Kälbchen starben. Ich kniete mich auf den Rand meines Nachthemds und legte meine Hand auf den Kopf des Kälbchens. In jener eiskalten Schneenacht spürte ich zum ersten Mal, wie sich Lebensenergie anfühlt. Ich erinnere mich noch ganz genau an dieses warme Kribbeln, ähnlich dem Gefühl von eingeschlafenen Händen, aber zusammen mit einem elektrischen Summen. Zuerst dachte ich, ich spürte einfach nur, wie das Kälbchen wärmer wurde, aber da war noch etwas anderes. Ich konnte spüren, wie das Leben in den Körper des Tieres zurückkehrte. Ich konnte es fühlen, schmecken, hören – ich wusste, das Kälbchen würde am Leben bleiben, bevor es auch nur das geringste Geräusch oder die kleinste Bewegung machte. Ich sprang auf, und Kelsy und ich machten uns daran, Milch aufzuwärmen. Meine Eltern hatten zunächst noch Zweifel, aber schon bald standen beide Kälbchen auf den Beinen, schwankten zitternd unter dem Gewicht ihrer kleinen Körper und saugten gierig die angebotene Milch auf.

Manchem mag es merkwürdig erscheinen, dass ein Kind Lebensenergie spürt oder so viele Sinneseindrücke gleichzeitig wahrnimmt: Geschmack, Klang, Struktur, manchmal sogar Zahlen. Aber vielleicht ist es auch nicht merkwürdig, schließlich hat mich 29 meine Mutter in unserer Scheune mitten zwischen Kühen und Kälbern zur Welt gebracht. Während eines Schneesturms hatte meine hochschwangere Mutter versucht, meinem Vater dabei zu helfen, einer jungen, unerfahrenen Kuh das Kälbchen herauszuziehen. Sie rutschte aus, fiel hin und bekam Wehen. Vielleicht war das der Grund, warum ich mich schon als Kleinkind am liebsten bei den Kälbern und Lämmern im Stall aufhielt.

Ich wusste, was Tiere fühlen und was sie brauchen, ich erfuhr es durch Geschmack, Struktur, Farbe und Gefühl. Ich konnte mich auf die Gefühle eines Tieres einschwingen, es beruhigen und wortlos mit ihm reden. Ich konnte spüren, wenn ein Tier in der Nähe war, selbst wenn ich es nicht sah. Manchmal lernte ich das auf die harte Art. Bei einem der ersten Male, wo ich den Hilfeschrei eines Tieres hörte, saßen wir gerade mit der ganzen Familie vor dem Fernseher. Plötzlich bekam ich in der Brust ein Gefühl totaler Panik und hatte Angst, die Lämmer würden von wilden Hunden angegriffen. Ich dachte einen Augenblick lang darüber nach und lauschte, ob ich hinter dem Haus etwas hörte. Ich redete mir meine Gefühle aus und sah weiter fern.

Auf einmal hörte ich eine Stimme so laut rufen: »Geh!«, dass ich aufsprang. Ich sah die anderen an, aber offensichtlich hatte niemand von ihnen die Aufforderung gehört. Ich beschloss, einfach mal nach draußen zu gehen und nach den Lämmern zu sehen, um mich zu beruhigen. Doch als ich die Türe aufmachte, erwartete mich ein entsetzlicher Anblick. Mein Magen krampfte sich zusammen und meine Knie wurden weich, denn unser Lieblingslamm Abby hing im Maul eines wilden Hundes, und sein weißes Fellchen war voller Blut. Ich schrie nach meinem Vater und rannte los, um Abby zu helfen. Der Hund ließ das Lamm fallen. Abby hatte Bisswunden an der Kehle und am ganzen Körper. Wochen-, ja monatelang saßen meine Geschwister und ich bei dem Lämmchen und pflegten es wieder gesund, und ich schwor mir, hinzuhören, falls ich je wieder ein Tier rufen hören sollte.

30 Meine Freunde amüsieren sich oft darüber, wie ich Tiere, lange bevor man sie sieht, spüren kann. Wenn wir über die Landstraße fahren, merke ich schon weit im Voraus, dass da Wapiti-Hirsche

auf der Straße stehen oder dass dort im Busch ein Bär, ein Kaninchen oder ein Waschbär sitzt. Jedes Tier hat für mich einen eigenen Geschmack, eine eigene Struktur und ein eigenes Gefühl. Es ist eine Mischung von Empfindungen, die nicht leicht zu beschreiben ist. Wenn beispielsweise eine Eule in der Nähe ist, schmecke ich bittere Schokolade, spüre ein dunkles Violett und fühle etwas Samtiges. So erkenne ich auch, welches Geschlecht das Tier hat, wie weit es entfernt ist und – wenn ich mich genau konzentriere – wie es sich fühlt und was es kommuniziert. Ein Wapiti-Hirsch hingegen schmeckt in meinem Mund nach Rinde oder trockenem Gras. Vielleicht gibt es eine wissenschaftliche Begründung dafür, wie das funktioniert. Ich weiß nur, dass diese Mischung aus Empfindungen mir mitteilt, welches Tier wo ist und was es mit ihm auf sich hat.

Wenn ich nachts unterwegs bin, schalte ich immer mein »Viecher-Radar« ein, wie ich es scherzhaft nenne. Sitzt eine andere Person am Steuer, bitte ich sie vielleicht plötzlich, langsam zu fahren, weil ich weiß, dass hinter der übernächsten Kurve Hirsche auf der Straße sind. Diese Fähigkeit ist vor allem auf der Strecke zwischen Santa Fe und Colorado oft sehr nützlich, denn in den San Antonio Mountains kreuzen nachts des Öfteren Hirsche die Fahrbahn, und es kommt immer wieder zu Unfällen.

Damals wussten zwar meine Familie und die Nachbarschaft um meine Fähigkeiten und baten mich um Hilfe, wenn ihre Tiere etwas brauchten, aber es wurde nicht als etwas Besonderes angesehen. Es war mir auch peinlich. In der kleinen, konservativen Mormonen-Gemeinde, in der ich aufwuchs, war es unmöglich, über solche Dinge zu sprechen. Ich fühlte mich immer sehr anders als die anderen und wusste, man hielt mich für einen verrückten Wildfang, der lieber mit Tieren redete als mit Menschen. Der Glaube der Mormonen lässt keinen Spielraum für irgendetwas, das von den eigenen Überzeugungen abweicht – um es einmal milde auszudrücken. Also schwieg ich über meine Erfahrungen mit der Natur oder später mit Geistwesen und den Stimmen, die zu mir sprachen. Aus Angst, für verrückt gehalten zu werden, behielt ich

31

den größten Teil dessen, was ich erlebte, für mich. Ich war schon Ende zwanzig, als ich zum ersten Mal mit einem Menschen über diese Dinge redete.

Die Tiere sind meine Familie

Ich zog mich oft alleine an einen besonderen Platz zurück, wo ein kleines Stück vom Ort entfernt unter riesigen Pappeln zwei Flüsse zusammentreffen und warmes Wasser aus der Erde tritt. Kein Mensch konnte mich dort finden, und ich fühlte mich dort sicher. Ich hockte in diesem wundervollen Hain aus Pappelbäumen, am Rande des weiten Tals erhoben sich die Berge, und ich fühlte mich geschützt. Dort wurden die Bäume, Pflanzen und Tiere wahrhaft meine Familie.

Auf 2500 Metern Höhe sind die Winter in Colorado sehr, sehr kalt. Ich hatte nur selten mehr dabei als eine Jacke, einen Rucksack, eine alte Kaffeedose, in der ich Wasser kochte, und ein paar Lebensmittel, die ich auf dem Weg zur Tür einsackte – meistens ein paar Kartoffeln, eine Orange, eine Dose Bohnen. Ich hielt mich an einen alten Campingtrick, den mir mein Vater beigebracht hatte: Ich fachte ein Feuer an, ließ es eine Weile brennen und stopfte dann die Steine, die die Feuergrube eingefasst hatten, unter meine Kleidung. Dann schlief ich auf der Stelle, wo das Feuer gewesen war, um nicht zu erfrieren. Wenn es nicht allzu kalt war, bedeckte ich mich auch mit Erde und Laub. Ich vergrub mich in der Erde, als wäre sie meine Decke – was sie ja auch war.

Auch die Wapiti-Hirsche halfen mir. An diesem besonderen Ort lebte eine Herde von achtzehn oder neunzehn Tieren. Von meinem kleinen Hain aus konnte ich über den Fluss hinweg beobachten, wie sie sich nachts in das lange, weiche Gras betteten. Wenn ich mich langsam in ihrem Tempo bewegte, ließen sie mich an sich heran, und ich konnte zwischen ihren Kälbern schlafen. Tiere sprechen nicht nur durch ihre Gefühle, sondern auch durch ihre Körper.

Ich sah genau auf ihre Ohren: Waren sie steil aufgestellt oder entspannt? Stampften die Muttertiere auf den Boden oder bewegten sie sich gemächlich? Wenn mich ein Muttertier anschnaubte, zog ich mich ein Stück zurück und setzte mich abwartend hin. Doch am wichtigsten war der Ausdruck ihrer Augen. Ich beobachtete die Augen der Muttertiere, achtete darauf, wann sie wachsam waren und wann der glasige Ausdruck von Angst und Schrecken wieder einem ruhigen, schläfrigen Blick wich. Ich wartete auf diese Veränderung, bevor ich versuchte, mich in den Kreis hineinzubegeben. Die Wapiti haben immer ihre Jungen in der Mitte, und die Körper der erwachsenen Tiere halten sie von außen warm. Sie ließen mich in der Mitte liegen und hielten mich so mit ihren Jungen am Leben. Bis zu diesem Tag gehören diese Wapiti und ihre Jungen, die inzwischen ausgewachsen sind, zu meiner Familie. Auch als Erwachsene bin ich noch ein paarmal zu ihnen zurückgekehrt, um nach ihnen zu sehen und sie zu besuchen. Meistens scheuen sie jetzt vor mir zurück, aber manchmal lässt mich eines der älteren Muttertiere herankommen, und wir nähern uns einander in der alten, vertrauten, subtilen Sprache, die wir vor langer Zeit miteinander sprachen.

Tiergeister und Totems

Alle Kreaturen auf der Erde tragen eine Medizin in sich und bieten uns Menschen jederzeit spirituelle Hilfe, Rat und Liebe an, aber nur selten bemerken wir es. Ich trage oft eine Eulenkralle um den Hals, vor allem wenn ich Zeremonien durchführe oder in der Öffentlichkeit rede. Das ist für mich nicht einfach ein Schmuckstück oder ein Glücksbringer – es ist eine starke Medizin von einem sehr lieben Freund, der mein Leben verändert hat.

Eulen haben in meinem Leben immer eine große Rolle gespielt, vor allem Uhus. Gegenüber von dem Haus, in dem ich aufgewachsen bin, lebte während meiner ganzen Kindheit eine Uhu-Familie. Meine Urgroßmutter machte mich als Erste mit ihnen bekannt, als wir in der Nähe der riesigen Pinien wilden Spargel ernteten. Hand in Hand standen wir vor der Pinie und schauten hinauf zu dem herrlichsten Uhu, den ich je gesehen hatte. Seine Augen schienen meine Seele zu durchdringen. Wir starrten einander nur an, ohne ein Wort, ohne uns auch nur einen Zentimeter zu bewegen – ein höchst fasziniertes Schauen. Er war in dieser Pinie als Uhu-Küken groß geworden, und jetzt hatte er ein Weibchen gefunden und sein eigenes Nest. Jedes Jahr kam er mit seinem Weibchen hierher und zog kleine, niedliche Uhu-Küken groß. Sooft ich in die Wildnis hinauszog und zum Himmel hinaufschaute, war er unfehlbar da und zog über mich hinweg. An meinem geheimen Ort saß er in den Bäumen in meiner Nähe. Er brachte mir sogar Nahrung, kleine Nagetiere und einmal sogar ein Stück Fisch. Ich tat mein Bestes, um so zu tun, als würde ich essen, was er mir brachte, kaute übertrieben, brummte genießerisch und gab ihm dann noch etwas ab. Ich wollte die liebevolle Geste meines Freundes nicht zurückweisen, aber ich brachte es bei aller Dankbarkeit auch nicht über mich, die Mäuse wirklich zu verspeisen.

Die Eule ist eines meiner Schutztiere – und ich werde immer dankbar sein für die Fürsorge und Zuneigung, die sie mich spüren ließen. Als diese *eine,* mein besonderer Freund, die Erde verließ, gab er mir zuvor noch ein Geschenk, das mir sehr, sehr kostbar ist. Ich war etwa vierzehn, und ich schlenderte gerade gemächlich über den Hof meines Großvaters, als ich ein Rauschen hinter mir herannahen hörte. Als ich mich umdrehte, flog mir der Uhu voll gegen die Brust. Während ich um mein Gleichgewicht rang, griff ich aus reinem Reflex nach ihm, um ihn von mir wegzuziehen, doch er hatte eine seiner Krallen in meine Brust gegraben. Also nahm ich den Uhu in die Arme, ich spürte seinen schwachen Herzschlag, und während seine Kralle immer noch in meiner Brust stak, hauchte er seine letzten Atemzüge aus. Bis heute habe ich davon eine Narbe auf der Höhe meines Herzens, und seitdem trage ich seine Kralle um den Hals. Mein Freund hatte seine letzten Augenblicke mit mir verbracht und eine Spur in meinem Fleisch und in meinem Wesen hinterlassen. Diese Eule ist immer noch mein bester Freund, und wann immer ich wirklich in Not bin, tauchen Eulen auf und lassen mich ihre Gegenwart spüren. Ich gehe dann hinaus, rufe sie und warte darauf, dass aus der undurchdringlichen Nacht ihr zärtlicher Ruf ertönt, der mir Zuhause und Familie bedeutet.

An meiner Fähigkeit, mit Tieren zu kommunizieren und sie zu spüren, ist nichts Besonderes. Jeder kann mit Tieren reden – wir haben nur gelernt, es nicht zu tun; uns wurde gesagt, wir könnten es nicht und es sei lächerlich, Tieren zu viel Aufmerksamkeit zu widmen. Wir haben gelernt, unser Denken sei wichtiger als unser Fühlen. Das ist das Haupthindernis. Tiere sind geistige Wesen, genauso wie Mutter Erde ein geistiges Wesen ist. Mutter Erde redet mit uns, hilft uns und ist unser Lehrer, genauso wie die Tiere, wenn wir uns nur darauf einschwingen und zuhören. Tiere kommunizieren durch Gefühle, nicht durch Worte.

Wenn ein Tier Angst hat, kannst du es spüren. Du spürst, wie es sich gedrängt fühlt, sich zwischen Kampf und Flucht zu entscheiden. Du kannst seine Ängste, seine Traurigkeit und andere emotionale Reaktionen fühlen. Wir brauchen nur unsere Fähigkeit des Fühlens und Spürens zu entwickeln – ohne immer über alles nachzudenken und uns gar zu sehr auf das zu stützen, was wir mit den Augen sehen oder mit dem Verstand begreifen. Es ist wie bei einer Mutter und ihrem Baby: Eine Mutter weiß, was ihr Kind fühlt und braucht, auch bevor es das verbal oder körperlich ausdrücken kann. Sie kann fühlen, ob ihr Kind Angst hat, sich verletzt hat oder krank ist. So viele Mütter wachen auf, kurz bevor ihr Kind zu schreien anfängt, oder wissen einfach, wenn etwas nicht in Ordnung ist. Es lässt sich nicht rational erklären, aber es ist so.

Wir können diese Dinge fühlen und wissen. Ich meine, es lässt sich mit Sicherheit sagen, dass unsere Gefühle manchmal mehr Wahrheit über etwas enthalten als unsere Gedanken. In dem, was wir im Herzen oder im Bauch fühlen, kommt unsere Verbindung zu unserem höheren Selbst sehr viel mehr zum Ausdruck als in unserem Denken. Und ist es dann wirklich so weit hergeholt, zu sagen, dass jeder, der sich auf die Welt der Tiere eingeschwungen hat, fühlen kann, was die Tiere sagen? Das Großartige daran ist: Wir alle können es. Wir müssen diese Art des Fühlens nur üben.

Ich kann zum Beispiel nicht rational erklären, warum ich bei jedem Menschen in der Mitte der Brust ein bestimmtes Tier sehe. Ich habe keine Bücher über Schamanismus oder indianische Spiritualität gelesen, all diese Informationen über Tiertotems und was man mit ihnen macht, sind an mir vorbeigegangen. Ich habe auch nie darüber gesprochen, vor allem nicht in meinen frühen Jahren als Mormonin, aber ich konnte das Tier, das bei jedem Menschen ist, immer sehen. Die meisten Menschen haben ein Tier bei sich, das sie ihr ganzes Leben lang begleitet – aber ich bin auch schon Menschen begegnet, die zwei haben.

Wenn ich den Leuten sage, welches Tier ich bei ihnen sehe, überrascht es die Person oft nicht. Entweder sie hat es selbst schon gespürt, oder sie hat seit Langem eine Beziehung zu dieser Tierart, oder ein Schamane oder jemand anderes hat es ihr schon einmal gesagt. Manchmal ist es jedoch auch eine Überraschung, und manchen Menschen sinkt sogar der Mut, wenn sie hören, welches Tier ich bei ihnen sehe. Doch kein Tier ist in seinem Wesen, seiner Medizin und seinem Schutz, den es bietet, großartiger oder geringer als andere. Jeder will einen Puma, einen Bär, einen Wolf oder sonst eines der Tiere haben, die als stark und mächtig gelten, aber nur wenige wissen um die Macht von Dachs-Medizin oder die wundervollen Gaben des Stinktiers oder die schützenden Fähigkeiten der Maus.

Viele Menschen sind dem Tier, das ihr Geisthelfer ist, schon einmal in der materiellen Welt begegnet – und nicht unbedingt auf angenehme Weise. Ich kenne eine Frau, die am Tag, bevor ich ihr sagte, dass ihr Totemtier eine Maus sei, von einer Maus gebissen worden war. Wenn du eine beeindruckende Begegnung mit einem bestimmten Tier hattest, kann genau dieses Tier dich unter Umständen viel lehren und dir viel geben und versucht auf diese Weise, deine Aufmerksamkeit zu erlangen. Vielleicht ist es einer deiner Schutzgeister. Im Reich des Heiligen kommen die größten Geschenke oft in Begleitung von etwas Schmerzhaftem oder Schwierigem. Ich habe das am eigenen Leib erfahren, ich wurde von einer Klapperschlange gebissen und von einem Pferd getreten und hatte viele tiefe, angenehme und unangenehme Erfahrungen mit Tieren, die mein Leben prägten.

Botschaften der Tiere

Wie bereits gesagt, bringt uns unser häufiges Denken manchmal dazu, daran zu zweifeln, was uns unser Körper und unsere Gefühle von der Tierwelt vermitteln. Doch die Tiere können uns viel Weisheit schenken und stehen auf den feinstofflichen Ebenen ständig in Wechselwirkung mit uns, wenn wir uns auf ihre Schwingung und Energie einlassen.

Ich will von einer Begegnung erzählen; sie widerfuhr mir kürzlich im Zusammenhang mit einem Seminar, das ich außerhalb von Phoenix in Arizona gab. Es war am Morgen, und ich bereitete mich innerlich auf den Tag vor. Als ich in den Garten trat, um zu beten, spürte ich ein Tier in der Nähe. Ich wurde innerlich still, spürte nach und versuchte, von meinen Sinneseindrücken abzuleiten, welches Tier sich hier aufhielt. Ich spürte in meinen Fingern das Gefühl, an trockenem, langem Gras entlangzustreifen, ich roch feuchte, dunkle Erde, und die Zahl Vier tauchte auf. Plötzlich erschien direkt vor mir, nur wenige Fuß entfernt, eine Wildkatze auf der Gartenmauer. Sie begann sofort, mit mir zu kommunizieren. Die anderen, die im Garten in der Nähe waren, hielten inne und sahen staunend unserer Begegnung zu.

Wildkatzen sind eigentlich äußerst scheu. Sie nähern sich nur sehr selten den Menschen, und schon gar nicht mitten am Tag. Die Wildkatze und ich standen einander eine ganze Weile gegenüber und sahen uns an. Wir tauschten Liebe aus, und dann erzählte sie mir, sie sei gekommen, um mir eine Botschaft zu überbringen. Sie sagte mir, ich hätte einen Reinigungsprozess durchlaufen 37 und jetzt sei der Weg für mich frei. Sie sagte mir einiges über dieses Stück Wüstenland, auf dem wir uns befanden: Es würde dort in Zukunft grüner sein und die Ureinwohner hätten dort früher Zeremonien abgehalten. Vor allem sagte sie mir jedoch, ich solle mehr auf die Tiere achten, weil sie ständig versuchten, mir Lehren und Botschaften zu übermitteln. Nachdem dies mitgeteilt worden war, veränderte sich ihre Energie und sie lauschte still. Nach einem kurzen abschließenden Austausch von Liebe und guten Wünschen sagte sie, sie müsse jetzt zu ihren Jungen zurück, und sprang davon. Doch während des gesamten Workshops spürte ich noch weiter ihre Energie in unserer Nähe.

Vielleicht hast du auch schon so eine direkte Kommunikation mit Tieren erlebt. So wie bei den Botschaften, die ich von *Spirit* oder von einem Geisthelfer erhalte, empfange ich keine gesprochenen Worte, sondern eine direkte Übertragung von Verständnis, in dem sich Sinneswahrnehmungen, Gefühle, Intuition, Schwingung, Farben, Geschmack und Struktureindrücke mischen. Wollte ich versuchen, es analytisch auseinanderzudividieren, würde ich die eigentliche Botschaft verlieren.

In unserem stark rationalen, technologiegeprägten Zeitalter bildet es eine große Herausforderung, unseren Gefühlen, Intuitionen und Imaginationen wieder zu trauen. Doch sie sind unsere direkte Verbindung zu den anderen Lebensformen auf diesem Planeten. Wollen wir mit Mutter Erde in einer guten Beziehung stehen, müssen wir uns wieder dem Fühlen öffnen, müssen unsere Herzen und unsere Sinne dem öffnen, was wir nicht sehen und nicht erklären können. Tun wir dies, werden uns die Tiere helfen, so wie sie es immer bereitwillig getan haben, und wir werden wieder erleben, wie uns die Verwandtschaft mit ihnen bereichert, und das Gefühl der Zugehörigkeit zurückgewinnen, das wir vor langer Zeit verloren haben.

Alle Dinge sind von Energie belebt

Spirit hat mir immer wieder gezeigt, wie alle Dinge von Energie belebt sind. Unsere physische Welt lebt und pulsiert, doch die meisten von uns haben das vergessen, einfach weil wir es nicht mit unseren Augen sehen können. Wir schauen oft nur auf die Oberfläche der Dinge, das scheinbar Feste der Materie. Doch es ist diese Energie, die uns am Leben erhält, und nichts anderes. Die Wissenschaft kann diese Energie inzwischen sogar messen. Wir sind *ein einziger* lebendiger, atmender, pulsierender Organismus. Wir sind lebendig dank der Energie, die Mutter Erde uns durch unsere Fußsohlen hindurch gibt, die uns mit allem Leben verbindet und uns unseren Atem schenkt. Diese Energie ist in jedem Moment, in dem wir im Körper sind, für uns da, um uns zu erhalten, uns zu nähren, uns wieder aufzufüllen. Doch wir nutzen sie nicht so, wie wir sollten. Wir haben vergessen, wie wir die Erdenergie nutzen und uns mit der Lebensquelle verbinden können.

Ich erinnere mich, wie ich als Jugendliche anfing, Energie und Farben in Dingen zu sehen. Ich wuchs in einer Gegend im südlichen Colorado auf, die für geheimnisvolle Phänomene, merkwürdige Lichterscheinungen sowie UFO-Sichtungen bekannt ist: San Luis Valley. Dieses Tal gilt bei vielen indianischen Stämmen als heilig, weil es in dem Dreieck zwischen dem Ute Mountain, dem Mount Blanca und dem San Antonio Mountain liegt. Es wird auch das »blutlose« Tal genannt. Genau wie viele andere Bewohner dieser Gegend habe auch ich in meiner Jugend dort erstaunliche Dinge erlebt. Mehrfach sah ich, wie ein riesiges rotes Licht über unserem Haus schwebte, und mehrere Male sind mir Wesen aus anderen Dimensionen erschienen. Ich weiß nicht genau, ob das Wesen, dem ich in jener Nacht begegnete, eine Außerirdische war. Auf jeden Fall veränderten sich dadurch mein Leben und meine Wahrnehmung für immer.

Begegnung mit einem Lichtwesen

Ich verbrachte wieder einmal eine zauberhafte Nacht an meinem Platz am Fluss. Es war gerade dunkel geworden. Ich lag da, schaute in den Sternenhimmel und lauschte auf den Wind in den Bäumen. Da sah ich auf dem Feld hinter den Bäumen etwas, das zunächst aussah wie die Scheinwerfer eines Traktors. Das Licht kam und ging, und ich dachte, da pflügt wohl jemand, obwohl das merkwürdig war, so spät am Abend. Das Licht war blau, und ich dachte, wie seltsam, ich habe noch nie einen Traktor mit blauem Licht gesehen. Doch dann kam das Licht immer näher, und mich durchfloss ein merkwürdiges Gefühl. Es war eine Wärme, die mich von meinem Kopf bis zu meinen Füßen durchströmte, fast wie warmes Wasser. Es war ein ungeheuer beruhigendes, wunderbares Gefühl. Als das Licht ganz nahe war, erkannte ich, dass es eine Frau war. Ihr Haar war lang und wellig und locker in einem Zopf zusammengefasst, der auf ihrem Rücken lang über ihr fließendes Gewand hing. Im ersten Moment sah sie für mich so aus, wie ich mir Ginevra, die Frau von König Artus, oder eine mittelalterliche Prinzessin vorstellte. Ihr langes Gewand war an den Ärmeln und am Saum mit feinen Spitzen besetzt, doch ihre Erscheinung war schimmernd transparent, sie bestand ganz aus blauem Licht und Musik. Sie kam auf mich zu und legte ihre Hand auf meine Wange. Es fühlte sich anders an als alles, was ich bis dahin gespürt hatte. Wo ihre Hand mich berührte, war kein Druck zu fühlen, nur Wärme. Sie sprach nicht in Worten, sondern in Klängen, in Schwingungen. Es war wie Musik, ähnelte aber keiner Musik, die ich je gehört hatte – sie war einfach himmlisch. Auf eine unbeschreibliche Art bestand sie aus Musik. Das Letzte, woran ich mich erinnere, bevor ich einschlief, war die Wärme ihrer Hand auf meinem Gesicht und der unglaubliche Klang dieser Musik.

Als ich am nächsten Morgen erwachte, war alles anders. Ich versuchte zu verstehen, was mir da widerfahren war. Es schien fast wie ein Traum, aber ich wusste, ich war wach gewesen. Etwas war geschehen. Die Frau war fort, doch sie hatte mir etwas Außergewöhnliches hinterlassen. Meine Augen waren irgendwie verändert, meine Art zu sehen war anders. Ich sah in allem neue Farben. Ich nahm Farben und die Bewegungen der Energie in jedem Grashalm wahr, in den Bäumen und in den Tieren. Ich nannte es »Punkte sehen«, weil die Farben in Häufungen auftraten, fast wie Pixelpunkte. Ich weiß nicht genau, wie sich diese Art des Sehens zum Aura-Sehen verhält, aber ich glaube, es ist anders, weil ich diese Farben im Körper der Lebewesen sehe. Ich betrachte sie als Lebensenergie. Manche Bäume haben mehr Licht und Farb-Schwingungs-Energie als andere, genauso wie manche Menschen mehr Licht in sich tragen und zu einem bestimmten Zeitpunkt an manchen Orten ihres Körpers mehr Farben haben als woanders.

Man mag versucht sein, Licht, Farbe, Schwingung und Energie getrennt zu betrachten, doch in Wirklichkeit ist es alles dasselbe, nur durch den Filter unserer menschlichen Sinne erscheint es unterschiedlich. Eine Farbe hat eine bestimmte Schwingung, einen Klang, eine Oberflächenstruktur, einen Geschmack und so weiter, und all das vermittelt mir Informationen über ein Lebewesen. So spüre ich, ob ein Tier in der Nähe ist, bevor ich es sehe. Ich habe einen bestimmten Geschmack im Mund und bestimmte Oberflächenempfindungen. Jedes Tier ist anders. Ich glaube, wir werden bald alle fähig sein, diese Dinge wahrzunehmen und mit Schwingungen und Energie auf eine Weise zu arbeiten, die wir Menschen seit Langem vergessen haben. Wir alle haben diese

Fähigkeit, aber wir sind nicht mehr im gleichen Rhythmus wie Mutter Erde und haben vergessen, die Dinge spirituell, auf einer tieferen Ebene wahrzunehmen.

Erdenergie geben und empfangen

Ich habe von *Spirit* gelernt und bin gebeten worden, es weiterzugeben, wie ungeheuer wichtig es für uns ist, zu lernen, unsere Energie wieder richtig zu verwenden. Wir müssen lernen, wie wir von Mutter Natur Energie empfangen und ihr geben können, anstatt ständig zu versuchen, unsere Energie von anderen Menschen zu bekommen. Irgendwann im Laufe der Entwicklung haben wir uns von der Natur getrennt und fingen an, unsere grundlegende Versorgung und unser Wohlbefinden zu sehr von anderen Menschen abhängig zu machen. In jeder zwischenmenschlichen Handlung gibt es ein Geben und Nehmen. So ist die Art, wie wir wahrgenommen und energetisch von anderen angenommen werden, zur Grundlage für unsere Selbstwahrnehmung geworden. Zum Beispiel gibt in fast jedem Gespräch die eine Person Energie und die andere nimmt Energie. Manchmal ist es einigermaßen ausgeglichen, aber meistens nicht. Ohne dass wir uns dessen bewusst sind, bestimmt diese energetische Beziehung dann, ob wir uns durch unsere Interaktionen mit anderen gut und energiegeladen fühlen oder erschöpft und niedergeschlagen. Unbewusst suchen wir oft nach Energie von anderen, um uns gut, wertvoll und lebendig zu fühlen. Doch das sollte nicht unsere primäre Art sein, uns wieder aufzuladen und uns Wohlbefinden zu verschaffen.

Wir Menschen müssen lernen, auch mit den Pflanzen, den Bäumen, den Flüssen, den Meeren und der Erde selbst in einen energetischen Austausch zu treten. Wenn wir uns mit der Energie von Mutter Erde füllen, brauchen wir weder uns gegenseitig noch andere begrenzte Energiequellen anzuzapfen. Die Energie von Mutter Erde ist eine in unendlicher Fülle ständig gegenwärtige Liebesenergie. Solange wir hier sind, in diesen Körpern, ist diese

Lebensenergie in uns und überall um uns herum verfügbar. Und im Gegensatz zu all den anderen Ressourcen der Erde, die die Menschen ausgebeutet und nicht wieder aufgefüllt haben, ist diese Energie unerschöpflich. Je mehr wir uns damit verbinden und sie nutzen, desto mehr Lebensenergie erzeugen wir und desto mehr haben wir an Mutter Erde in Form von Liebe, Dankbarkeit und Freude zurückzugeben.

Du kannst einfach nach draußen gehen und die Energie eines Baumes atmen, bis du dich erfüllt und ausgeglichen und wieder mit der Quelle verbunden fühlst. Jedes Lebewesen hat grenzenlos Energie zur Verfügung, um dich zu erhalten und zu nähren: eine Eichel, ein Blatt, ein Apfel, ein Stein, ein Berg. Wenn du dich schwach, niedergeschlagen, bedürftig oder krank fühlst, geh hinaus und atme in der lebendigen Energie der Natur. Fühle, dass du sie bist und sie du. Du brauchst an nichts Bestimmtes zu denken. Es spielt keine Rolle, was du von dir hältst oder was andere von dir halten. Wenn du darauf achtest, was um dich herum lebendig ist, dann sind deine Gedanken darüber, wer du bist und was du denkst, nicht mehr so wichtig.

Warum fühlen wir uns so gut, wenn wir draußen spazieren gegangen sind oder an einem Fluss gesessen haben? Weil wir uns dabei aufladen – als wären wir eine Batterie, die angeschlossen und wieder aufgeladen wurde. Doch so viele Menschen haben heutzutage keinen direkten Kontakt mehr mit Mutter Natur und nehmen sich keine Zeit, sich auf diese Weise mit Lebewesen zu verbinden; dadurch fehlt uns eine entscheidende Quelle des Ausgleichs und der Versorgung. Wir werden kränker und unausgeglichener, weil unsere Energien durch unseren Lebensstil ständig zerstreut und erschöpft werden, ohne dass sie durch Mutter Natur regelmäßig wieder erneuert würden. Alles, was wir brauchen, um uns gut zu fühlen, ist um uns herum, in der lebendigen, atmenden Natur.

Wenn jeder von uns das jeden Tag tun könnte – sich Zeit nehmen, um sich mit der lebendigen Energie der Erde zu verbinden und mit ihr zu atmen –, würde das unser Leben und unsere Welt drastisch verändern. Dann hätten wir nicht mehr das dringende Bedürfnis, gehört zu werden und die Kontrolle zu haben, weil wir nicht mehr die Energie anderer Menschen brauchen, um uns gut zu fühlen. Es spielt eine viel geringere Rolle, welchen Beruf du ausübst, wenn dein Selbstwertgefühl und Wohlbefinden nicht davon abhängt. Wenn du mit der Natur verbunden und mit Lebensenergie aufgeladen bist, kümmert es dich nicht mehr so, was andere von dir halten, weil es nicht nur Menschen gibt. Auch die lebendigen, atmenden Wesen des Universums sehen dich, kommunizieren mit dir und kennen dich. Die Natur wird dann wirklicher als die Gesellschaft, die unser Leben strukturiert und uns weismachen will, wer wir sind und was wir wert sind. Ob du eine berühmte Autorin bist, die Millionen verdient, oder ein alleinerziehender Vater, spielt dabei keine Rolle. Um uns mit lebendiger Erdenergie zu füllen, sind wir nicht abhängig von anderen Menschen, ihrer Liebe oder ihrer Anerkennung. Das setzt ungeheuer viel Energie frei, die wir für Freude und als Schöpfungskraft einsetzen können. All die Energie, uns zu erhalten, ist da und wartet auf uns. Wir brauchen sie nur einzuatmen, uns mit ihr zu verbinden, uns von ihr heilen und helfen zu lassen.

Es gibt genug Energie, um alle Menschen ständig damit zu erfüllen. Im Gegensatz zu unserem gewohnten Mangeldenken erzeugt diese naturgemäß in Fülle vorkommende Lebensenergie immer mehr Fülle. Es herrscht nie ein Mangel an Lebensenergie. Sie ist unser größtes Geschenk, und es ist an der Zeit, sie wieder zu nutzen. Wir sind hier als Schöpfer. Wir sind Götter und Göttinnen, wir sind hier, um Schönheit und Liebe zu erschaffen. In Liebe ist alles möglich. Und in der Verbindung mit der Lebensenergie von Mutter Erde, unserer Quelle, sind wir angeschlossen an den riesigen Quell der Liebe, der uns umgibt. Diese Liebe ist die eigentliche Substanz von Mutter Erde und der Sinn und Zweck des Lebens.

Übung: Erdenergie einatmen

Dies ist eine sehr einfache, aber kraftvolle Übung, die mich *Spirit* lehrte und die ich an andere weitergeben soll. Wenn du dich unausgeglichen fühlst oder dich erden willst, mach diese Atemübung. Ich mache sie oft mit Leuten, bevor ich eine Heilsitzung durchführe, denn sie hilft, die Energie richtig fließen zu lassen, und sie entfernt die Blockaden bestimmter Chakras, wo der Fluss der Lebensenergie stockt oder sich staut. Sie hilft auch, dich für spirituelle Führung zu öffnen, und bereitet dich auf tiefere Zustände der Meditation und des Gebets vor. Sie ist eine kraftvolle Möglichkeit, das loszulassen, was dich behindert, und dich mit der Quelle allen Lebens zu verbinden.

Stehe barfuß auf der Erde. Du kannst diese Übung auch im Haus machen, aber ziehe auf jeden Fall die Schuhe aus. Beginne damit, die Farbe Grün zu atmen, die Farbe der Erdenergie. Atme sie durch deine Fußsohlen ein. Fühle, wie diese Erdenergie deine Zellen erfüllt und jeden Zentimeter in dir nährt. Mit dem ersten Einatmen lass die Energie bis zu deinen Knien aufsteigen, dann atme sie nach unten aus deinen Fußsohlen in die Erde hinein aus.

Beim zweiten Einatmen lass diese grüne Energie bis zum unteren Ende deines Beckens aufsteigen (1. Chakra) und atme sie zurück in die Erde hinein aus. Fühle dabei, wie sie deine Schenkel umhüllt, deine Knie, deine Fußgelenke und wie sie durch deine Füße hinausströmt. Wenn du Schwierigkeiten hast, dich mit irgendeinem Bereich deines Körpers zu verbinden oder die Energie dort zu spüren, lass die Energie mit mehreren Atemzügen bis dorthin aufsteigen, bis du bereit bist, weiterzumachen.

Beim dritten Einatmen bringe die Energie bis in deinen Unterbauch, etwas unterhalb des Nabels (2. Chakra). Lass sie dann zurück in die Erde fließen. Achte darauf, jeden Bereich deines Körpers zu spüren, wenn du die Energie nach unten fließen lässt. Husche nicht über irgendetwas hinweg, sondern visualisiere und fühle, wie die Energie nach unten fließt und deine Glieder, deine Muskeln, dein Blut, deine Knochen und deine Zellen erfüllt.

Beim vierten Einatmen lass die Energie bis zur Mitte deines Leibes aufsteigen (3. Chakra) und fühle, wie sie deinen Solarplexus durchdringt und in ihm kreist. Viele Menschen tragen in diesem Bereich, der mit unserer Willenskraft und unserem Selbstgefühl zu tun hat, unterdrückte Emotionen mit sich herum. Vielleicht musst du in diesen Bereich mehrmals hineinatmen. Lass die heilende Erdenergie sanft deinen Bauch öffnen und Anspannungen lösen, in denen du alte Energien und Ängste festhältst. Wenn du dich entspannt und offen fühlst und sich eine Wärme in diesem Bereich ausbreitet, weißt du, dass du weitermachen kannst.

Beim fünften Ausatmen lass die Energie bis zu deiner Brust aufsteigen (4. Chakra) und fühle, wie sie dein Herz umhüllt und durchdringt. Fühle, wie sie deinen Brustkorb und deine Lungen erweitert. Im Herzen sitzen viele alte Emotionen und oft auch tiefe Verletzungen. Lass Mutter Erde diesen Ort in dir sanft berühren. Atme so oft hierhin, wie es nötig ist, bis sich dort eine Wärme ausbreitet und dieser Bereich sich entspannt und öffnet.

Lass, was immer du festgehalten hast, zurück in die Erde los, lass es durch deine Fußsohlen hinab in die Erde abfließen. So wie eine Mutter keinen Schaden daran nimmt, wenn sie ihre Kinder tröstet und deren Kummer auf sich nimmt, so leidet Mutter Erde auch nicht, wenn du dich mit ihr auf diese Weise verbindest.

Beim sechsten Einatmen lass die Energie bis zu deiner Kehle aufsteigen (5. Chakra) und fühle, wie sie diesen Bereich öffnet, der mit deiner Stimme und mit dem Ausdruck deiner Wahrheit zu tun hat. Dann atme die Energie wieder hinab in die Erde.

Beim siebten Einatmen lass die Energie bis in die Mitte deiner Stirn aufsteigen (6. Chakra oder Drittes Auge). Fühle, wie dieser Teil von dir, der mit dem spirituellen Sehen, mit höherer Wahrnehmung und Intuition zu tun hat, geöffnet, sanft liebkost und mit Mutter Erde verbunden wird. Atme wieder zur Erde hinab aus.

Beim achten und letzten Ausatmen lass die Energie bis nach oben zu deiner Schädeldecke aufsteigen (7. Chakra, Kronen-Chakra) und fühle, wie sich dein Kopf nach oben hin für spirituelle Führung und kosmisches Licht öffnet. Fühle, wie die Energie von Mutter Erde diesen Bereich von dir sanft durchdringt und öffnet und dich damit als ein Kind der Erde und des Kosmos in der Verbindung von Erde und Himmel verankert. Erfülle dein Gesicht, deinen Schädel, dein Gehirn, deine Drüsen und dein Haar mit dieser grünen, nährenden Energie, die dich mit allem Leben verbindet. Beim letzten Ausatmen atme die Energie deine Arme hinab und aus deinen Handflächen hinaus zurück in die Erde. Damit schließt sich der energetische Kreis. Jetzt bist du mit dem verbunden, was dich am Leben erhält, was immer für dich da ist. Diese potente grüne Lebenskraft kann dir helfen, dein ganzes Wesen zu heilen, neu zu beleben und auszugleichen.

(༄)

Übung: Mutter Natur zuhören

Wenn ich Seminare gebe, verbringen wir oft eine gute Stunde mit dieser einfachen, kraftvollen Übung.

Viele von uns vertrauen nicht mehr auf ihre angeborene Fähigkeit, Mutter Erde zu spüren, mit ihr zu reden und von ihr zu lernen. Wir finden es verrückt, den Vögeln oder den Pflanzen zuzuhören. Wir meinen, uns das nur einzubilden. Doch die Pflanzen, Tiere, Bäume, Steine und Gewässer sprechen ständig mit uns, vermitteln uns Botschaften und Informationen, wenn wir nur zuhören. Wir müssen den Botschaften und Informationen trauen, die wir von Mutter Natur erhalten, und wissen, dass die belebte Welt mit uns durch unsere Gefühle kommuniziert. Wenn wir dem trauen, was wir durch unser Fühlen von Mutter Natur empfangen, beginnen wir, uns für die Weisheit, die Präsenz und die geheimnisvollen Tiefen zu öffnen, die immer für uns da sind. Die Pflanzen und Tiere wollen uns etwas lehren!

47

Geh hinaus und finde einen kleinen Gegenstand, der dich ruft. Das kann eine bestimmte Pflanze sein, ein Stein, ein Baum, ein Zweig, ein Insekt – nichts ist zu unbedeutend. Fühle, was deine Aufmerksamkeit auf sich zieht und mit dir kommunizieren will. Setze dich mindestens fünfzehn Minuten zu dem, was dich gerufen hat. Widme ihm deine Aufmerksamkeit. Öffne dich, so gut du kannst, für sein Wesen, seine Präsenz. Dieses Wesen ist lebendig, genau wie du. Wie schmeckt es, wie riecht es, wie fühlt es sich an, wie sieht es aus? Versuche, es weniger durch Denken zu ergründen und mehr seine Lebensenergie zu spüren. Kannst du seine Energie in deiner Hand spüren, wenn du es berührst oder hältst? Schwingt sie schnell oder langsam, glatt oder uneben, leicht oder schwer? Klingt sie hoch oder tief? Kannst du den Ton hören, den sie macht? Kannst du die Farbe sehen? Welches Geschenk könnte für dich darin liegen? Was würde der Gegenstand zu dir sagen, wenn er könnte?

Versuche, dir der Eindrücke, Bilder und Gefühle bewusst zu sein, die auftauchen, während du dich der Lebensenergie dieses Geschöpfes von Mutter Natur öffnest. Urteile nicht über dich oder das, was dabei erscheint. Mach dir Notizen oder schreibe ein paar Stichwörter in dein Tagebuch. Vielleicht werden es ein paar Zeilen eines Gedichts, vielleicht hörst du einfach ein Wort, möglicherweise wird dir auch etwas ganz Bestimmtes mitgeteilt. Was wird dir gesagt? Wie bewegt es dich? Was fühlst du, wenn du so ganz mit deiner Aufmerksamkeit dabei bist und die Verbindung in deinem Herzen spürst?

Ich staune immer wieder, wenn Seminarteilnehmer von ihren tiefen Erfahrungen mit dieser Übung berichten. Manche erhalten eine Menge Informationen und oft genau das, was sie in diesem Moment wissen mussten, weil es zu ihrer Heilung wichtig ist. Andere erfahren wie in einer Offenbarung etwas ganz Neues über das Wesen der Pflanze oder der Kreatur, mit der sie kommuniziert haben. Manche Menschen erleben dabei einen emotionalen Durchbruch und weinen, ohne den Grund dafür zu kennen. Fast jeder fühlt sich hinterher erfrischt und erholt, einfach weil die Aufmerksamkeit einmal nicht auf sich selbst gerichtet war, sondern auf etwas, woran man sonst achtlos vorbeigeht. Dies kann sehr heilend und ausgleichend wirken. Es öffnet das Herz und stellt wieder eine Beziehung zu Mutter Erde her.

Es dauert nicht lange, sich so mit Mutter Natur zu verbinden, es erfordert nur die Bereitschaft, sich zu öffnen und zuzuhören. Wir sind in einer modernen Gesellschaft aufgewachsen und haben gelernt, sehr rational und logisch zu denken; deshalb zweifeln wir unser Fühlen und unser intuitives oder durch innere Bilder gewonnenes Wissen leicht an. Doch was wir fühlen und imaginieren, ist mindestens so real wie das, was wir denken – eigentlich sogar noch viel realer. Die Wesen der Natur verbinden sich von Herz zu Herz, nicht über das Denken. Um uns mit Einbeinern, Vierbeinern und »Keinbeinern«, mit all unseren Brüdern und Schwestern auf dieser lebendigen Erde zu verbinden, müssen wir unsere Herzen öffnen und dürfen uns nicht davor fürchten, mit ihnen zu fühlen. Wir dürfen keine Angst davor haben, offenherzig zu sein, vielleicht von Freunden oder Verwandten für albern oder verrückt gehalten zu werden, weil wir mit Bäumen, Tieren und Pflanzen reden. Wir müssen lernen, wieder zuzuhören und in eine enge Beziehung zu all den Kindern unserer Mutter Erde zu treten, zu all unseren Brüdern und Schwestern, die mit uns sprechen und uns helfen wollen.

Dem Unsichtbaren trauen: die Lektion des Brunnens

Seit meiner Kindheit bin ich dem Tod viele Male begegnet. Mein physischer Körper war häufig krank; ich hatte Nieren- und Herzprobleme und verletzte mich oft. Ich war ziemlich abenteuerlustig (mancher würde vielleicht sagen: tollkühn) und begab mich gerne an dunkle, schmuddelige Orte (wo die eigentlichen Reichtümer des Lebens verborgen sind), um dort irgendwelches »Viehzeug« zu finden. So bewegte ich mich immer auf einem schmalen Grat. Ob ich wollte oder nicht, ich geriet immer wieder in extreme Situationen und war oft nahe dran, dieses Leben zu verlassen. Und so manches Mal schaltete sich in solchen Grenzsituationen zwischen Leben und Tod *Spirit* in Form einer machtvollen Vision oder einer Stimme ein, die zu mir sprach und mich führte. Bei einer dieser Gelegenheiten rettete eine Stimme mein Leben und lehrte mich eine kostbare Lektion darüber, der inneren Führung zu vertrauen, welche Form sie auch hat und wie unverständlich sie in der Situation auch sein mag.

Ich war etwa fünf Jahre alt. Es war ein gewöhnlicher Sonntag; meine Familie war in der Kirche gewesen und danach wie jeden Sonntag zu meinen Großeltern väterlicherseits zum Essen gegangen. Diese Großeltern waren nie sehr nett zu mir. Aus einem mir unbegreiflichen Grund behandelten sie mich wie das schwarze Schaf der Familie. Alle wussten darum und akzeptierten diese Situation, also schlich ich mich nach dem Essen hinaus auf den Hof, während die anderen zusammensaßen und redeten oder Fußball guckten. Auf dem Hof gab es außer ein paar alten, aus Abfallholz und Brettern lieblos zusammengenagelten Schuppen nicht viel zu sehen. Es machte mich traurig, wie schlecht die Tiere gehalten wurden. Mein Großvater schien vor nichts Respekt zu haben, schon gar nicht vor seinen Tieren. Und er behandelte meine Geschwister und mich ähnlich wie seine Tiere, als wir unser Haus verloren hatten und eine Weile bei ihm und meiner Großmutter wohnen mussten. Am schlimmsten war es, wenn meine Eltern fort waren. Also war ich immer froh, sein Haus verlassen zu können. Es machte mir auch Spaß, die vielen Schuppen und den Ziegenstall zu erforschen oder nach den Kaninchen Ausschau zu halten, die darunter ihre Baue hatten. Manchmal ging ich dabei auch an Orte, wo ich, wie ich wusste, nicht hingehen sollte. An jenem Sonntag zog es mich zu dem alten Brunnen, der aus nichts weiter bestand als einem Dreckhaufen an der Westseite des Hauses und der genauso lieblos angelegt worden war wie alles andere auch.

Ich wusste, ich durfte nicht dorthin; das hatte man uns oft genug gesagt. Der Brunnen war tief und dunkel, und man konnte leicht hineinfallen. Ich kroch über den Lehmhügel langsam heran, um hineinzuspähen. Meine Neugier war groß, also kroch ich schließlich auf dem Bauch so weit vor, dass mein Kopf über dem dunklen Loch hing. Die Luft roch feucht und modrig, wie dunkle Erde und Moos. Ich versuchte, bis zum Grund zu sehen, und ließ ein paar Kiesel hineinfallen, um zu hören, ob es darin Wasser gab, aber ich hörte immer nur ein dumpfes Aufschlagen. Da offenbar kein Wasser drin war, nahm meine Neugier noch zu. Sicher waren da unten Kriechtiere, vielleicht Schnecken, Salamander oder Wasserschlangen. Ich dachte nur noch daran, dass da unten sicher etwas war, was ich noch nicht gesehen hatte. Der Grund war, so schätzte ich, so etwa drei Meter entfernt. Die Versuchung war gar zu groß;

ich beschloss, hineinzusteigen. Ich brauchte eine Leiter. Wie mir einfiel, stand eine hinter dem Heuhaufen; die holte ich. Langsam ließ ich sie in das Loch hinab. Zu meiner Überraschung war die Leiter nicht lang genug. Ich ließ sie hineinfallen und dachte mir, ich würde sie dann schon mit den Beinen erreichen. Langsam ließ ich mich mit den Beinen voraus in das dunkle Loch hinab. Ich rutschte auf dem Bauch immer weiter zurück und suchte mit den Füßen nach der obersten Leitersprosse. Jetzt hing ich bis zu den Achseln im Brunnen und konnte immer noch keinen Tritt finden. Meine Arme begannen zu zittern und zu brennen, während ich versuchte, mich an dem glitschigen Rand festzuhalten. Ich wollte mich wieder hochziehen, aber ich war schon zu weit unten und hatte nicht die Kraft dazu; meine Füße fanden die Leiter noch immer nicht. Ich bekam Angst, denn ich merkte, ich konnte mich nicht mehr herausziehen. Wie tief würde ich fallen, wenn ich losließe, und was würde ich unten vorfinden? Und wie würde ich wieder herauskommen?

Ganz langsam, wie in Zeitlupe, gab der Boden unter meinen Armen nach und ich sah den Himmel verschwinden. Ich grub meine Finger mit aller Kraft in den Dreck, doch ich konnte mich nicht mehr halten. Ich fiel, aber nicht direkt nach unten. Irgendwo stieß ich mit den Knien an die Leiter und brach die ersten paar Sprossen. Dann traf ich auf feuchte, kalte Erde auf. Der Aufprall war so hart, dass ich mich fast übergeben musste. Meine Jeans war am Knie gerissen und ich merkte, dass ich darunter ziemlich übel verletzt war. Aber am schlimmsten war die Dunkelheit. Ich konnte absolut nichts sehen, es gab keine Spur von Licht. Ich wusste nicht, wie tief ich gefallen war, es fühlte sich an wie etwa vier Meter. Nach oben hin war nichts zu sehen. Ich langte an mein Knie und fühlte warmes Blut durch meine Hose sickern. Ich wusste nicht, wie schlimm die Wunde war, aber ein aufgeschlagenes Knie war nicht meine Hauptsorge – viel mehr beunruhigte mich, wie ich hier wieder herauskommen würde.

Die Brunnenwände waren nicht gemauert, sondern bestanden nur aus blanker Erde. Der Brunnen war etwa zwei Meter breit. Ich fühlte um mich, ließ meine Hände die Wände entlangwandern und versuchte, mich an den dünnen Wurzeln festzuhalten, die aus der Erde ragten. Doch jedes Mal, wenn ich versuchte, nach oben zu klettern, rutschte ich wieder zurück. Die feuchte Kälte drang mir schnell in meine dünnen Knochen. Ich zog meine Arme in mein kurzärmeliges Hemd und hockte mich mit dem Rücken an die Wand. Ich versuchte, mich zu beruhigen und klar zu denken. Ich rief, aber das Geräusch wurde von der Erde verschluckt. Ich merkte, wie weit weg ich von allem da oben war. Ich wusste, niemand würde nach mir suchen, denn ich lief oft tagelang weg. Niemand würde mich vermissen, und wenn man mich fände, würde ich sicher üble Schwierigkeiten kriegen, weil ich zum Brunnen gegangen war.

Noch einmal versuchte ich erfolglos, die Erdwände emporzuklettern, bis meine Arme völlig erschöpft waren. Ich hockte mich hin und fing an zu weinen. Ich weiß noch, wie ich mir mit meinem Hemdchen die heißen Tränen vom Gesicht wischte und das Kratzen des Drecks auf meinem Gesicht spürte. Ich schien mehr Dreck auf dem Gesicht und auf meinem Hemd zu haben als um mich herum. Ich war fast am Ende. Ich fror, alles tat weh, und ich bekam wirklich Angst, dass ich hier nicht mehr herauskäme. Ich steckte in einem dunklen, tiefen Loch und hatte nichts als eine zerbrochene, halb verrottete Leiter. Ich hatte alles probiert, und nichts hatte geholfen. Es musste langsam spät sein, bestimmt war die Sonne schon untergegangen. Meine Finger und Zehen wurden taub. So kniete ich mich schließlich hin, beugte meinen Kopf und presste die Hände zum Gebet zusammen.

Heute lächle ich ein wenig darüber, wie oft ich in irgendwelchen Schwierigkeiten steckte und betete: »Lieber himmlischer Vater …, hm …, ich bin's schon wieder, Kiesha …« Und dann erzählte ich, in welches Schlamassel ich wieder einmal geraten war. Ich muss damals toll ausgesehen haben, von oben bis unten voller Dreck, mit tränenverschmiertem Gesicht, die Arme unters Hemd geschoben, die Hände betend zusammengepresst, mit nur einem Schuh und einer Socke, die andere hatte ich um mein blutendes Knie gebunden. »Himmlischer Vater, bitte hole mich hier raus!«, betete ich. »Bitte hilf mir!« Mir war kalt, ich mochte die schwarze Dunkelheit nicht, und ich wusste nicht mehr, was ich tun sollte. So betete ich und hockte mich dann an die Wand.

Während ich benommen dasaß, mir Dreck aus der Wunde klaubte und ab und zu mit den Händen vor dem Gesicht herumwedelte in der Hoffnung, etwas zu sehen, hörte ich ihre Stimme: »Kind ..., Kind, nimm das Holz und grabe.« Ich saß still und sagte kein Wort, aber ich dachte: »Graben? Ich sitze hier in einem Brunnenloch – wie soll Graben mich da rausbringen?« In meinem Kinderhirn dachte ich: »Ich kann mir doch hier keinen Tunnel rausgraben!« Während ich so darüber nachdachte, hörte ich es wieder: »Kind, nimm das Holz und grabe in der Wand!«

Auf Händen und Knien krabbelte ich umher und suchte nach einem Stück der zerbrochenen Leiter, das zum Graben taugte. Nach ein paar Versuchen, bei denen das Holz zerbrach, fand ich schließlich ein Stück, das die richtige Größe hatte. Ich begann, leicht oberhalb meines Kopfs in einer Erdschicht zu graben; sie war weicher als die übrige Wand, die aus härterem Boden und vielen kleinen Steinen bestand. Der weiche Lehm fiel mir in Brocken zu Füßen, während ich mich in die Erde hineinarbeitete. Immer wieder hielt ich inne, um zu Atem zu kommen und mir die Haare aus dem Gesicht zu streichen, bis das Brennen in meinen Armen nachließ und ich sie wieder über meinen Kopf heben konnte, um weiterzugraben.

Ich hatte das Gefühl, ewig zu graben. Je länger ich mich abmühte, ohne einen Fortschritt zu sehen, desto frustrierter wurde ich. Mehrmals fing ich an zu weinen, wurde wütend und schmiss den Stock auf den Boden. Dann musste ich umherkriechen und ihn wieder suchen. Ich zweifelte an »ihr« und fühlte mich dann schlecht, weil ich zweifelte. Minuten wurden zu Stunden, und die Stunden wurden zu einer Ewigkeit. Ich war völlig erschöpft, meine Arme brannten, weil ich sie immer über meinen Kopf halten musste. Ich konnte nicht mehr. Ich hockte mich wieder hin, legte den Stock auf den Boden und weinte. »Ich schaff es nicht«, wimmerte ich.

In dem Augenblick fing es an. In großen Brocken fiel Dreck um mich herum zu Boden. Ich geriet in Panik, weil ich befürchtete, jetzt lebendig begraben zu werden. Ich drückte mich an die gegenüberliegende Wand hinter einen alten Eisenträger und hielt mir die Hände schützend vors Gesicht, um atmen zu können, falls ich begraben wurde. Überall um mich herum fiel Erde herunter – ich hatte keine Ahnung, wie viel, aber es war laut und ich spürte die Klumpen auf meinem Rücken und meinen Schultern. Nach ein paar Minuten hörte es auf und es war wieder still. Nur ein paar Stücke rollten noch hinterher. Ich nahm die Hände vom Gesicht und fühlte um mich herum.

Meine Beine steckten bis zu den Knien in Erde, ich musste mich ein bisschen abmühen, um mich aus meiner Stellung zwischen Wand und Eisenträger zu befreien. Ich langte nach der Wand, in der ich gegraben hatte: Sie war nicht mehr da. Aus der weichen Erdschicht, die ich angegraben hatte, war ein großes Stück herausgebrochen und hatte im Brunnen einen großen, schweren Erdhügel angehäuft. Ich kletterte den weichen Hügel hinauf, und als ich oben ankam, sah ich zu meiner unglaublichen Erleichterung die Sterne! Ich sah den Gürtel des Orion, meine drei Lieblingssterne. An ihrer Stellung konnte ich erkennen, dass es erst acht Uhr abends war.

Meine erste Reaktion war: »Erst acht Uhr?« Ich war mir sicher gewesen, schon die ganze Nacht in dem Erdloch zu sitzen, doch tatsächlich waren es etwa sechs Stunden gewesen. Als ich die Sterne sah, wusste ich, dass ich es herausschaffen würde. Ich musste mich noch etwas abmühen, aber schließlich gelang es mir, mich aus dem Loch zu ziehen.

Eine Weile lag ich mit dem Gesicht nach unten auf der Erde, außer Atem und voller Staunen. Ich war draußen! Ich hatte es geschafft! Ich brauchte noch etwas, um zu mir zu kommen, dann rollte ich mich auf den Rücken und schaute zu den Sternen hoch. Je mehr ich darüber nachdachte, was geschehen war, desto mehr erkannte ich, wie sehr mir da unten geholfen worden war.

Ich war nie ganz allein, es gab große Kräfte, die in jener Nacht gewirkt hatten. Sie kümmerten sich um mich. Vielleicht wollten sie, dass ich hier bin? Vielleicht gab es einen Grund dafür, den ich noch nicht verstand? Ich hatte nicht verstanden, was mir gesagt wurde, warum ich graben sollte; ich musste der Stimme einfach vertrauen. Ich musste tun, worum ich gebeten wurde, ohne mich darin zu verwickeln, wie es funktionieren könnte. Ich hatte gedacht, ich sollte mir einen Tunnel als Ausweg graben! Aber ich sollte nur graben, so gut ich konnte, und dann zeigte sich die Lösung. Eine Lösung, die ich nie hätte vorhersehen können. Es schien völlig gegen den gesunden Menschenverstand zu gehen – aber nur, weil ich im vorgegebenen Rahmen dachte und keine anderen Möglichkeiten sah.

Damals lernte ich, der inneren Führung zu vertrauen, auch wenn sie unlogisch oder wenig sinnvoll erscheint. Die Situation lehrte mich, immer zuzuhören und dem zu vertrauen, was mir gesagt wird. Ich habe auch gelernt, mit vollem Einsatz zu arbeiten und mich um das zu bemühen, was ich will – nur dann kommt das ersehnte Ziel in Reichweite oder die göttliche Vorsehung schreitet ein. Hätte ich gebetet und plötzlich wäre eine Leiter erschienen, über die ich bequem aus dem Loch gekrabbelt wäre, hätte ich nicht so viel gelernt. Manchmal kommt die Antwort auf eine Weise, die wir nicht mögen, und auch dann müssen wir vertrauen. Missachten wir die Lösung – oder hören wir auf die Stimme, auch wenn das, was sie sagt, weit hergeholt scheint? Der Sturz in den Brunnen lehrte mich, auf *Spirit* zu vertrauen, auch wenn ich keinen Sinn darin erkenne, sowie auf die Präsenz und Weisheit, die wir nicht sehen, obwohl sie uns ständig umgeben und so wirklich sind wie alles, was wir mit unseren Sinnen wahrnehmen.

Wahre Schönheit erkennen: die Lektion der zwei Bäume

Als Kind lernte ich auf sehr direkte Weise, dass der Schlüssel zu allem Leben, zu seinem Sinn und seiner Erfüllung in der Natur liegt. Als lebendige, atmende Lebenskraft spricht Mutter Natur mit uns; sie bittet uns, zuzuhören, zu sehen und zu verstehen. Nicht nur das Leben schenkt sie uns in jedem Augenblick, sondern auch die Freude, die wir im Leben erfahren. Alles, was sie uns anbietet, ist lebendig und brummt vor Energie, Liebe und Erregung. Kein Grashalm bleibt unbemerkt, für jedes Sandkorn ist gesorgt. Sie ist die große Mutter von allem, und das ganze Universum ist ihre Familie. Ich lernte diese Dinge durch Erfahrung, durch ihre Fürsorge für mich als ihr Kind. Ich lernte durch ein reines, freudvolles Gefühl, dass alles Lebendige ständig fühlt und miteinander und mit uns kommuniziert. Ich lernte auch durch Geistwesen der anderen Seite, bei denen ich sicher aufgehoben war. Seit ich etwa acht Jahre alt war, spricht eine sanfte Frauenstimme zu mir, die mich lehrt und mir klare, direkte Informationen über das Universum und die Gesetze des Lebens vermittelt.

Ich weiß nicht, warum diese Lehren zu mir kamen. Des Öfteren wurden sie mir vermittelt, wenn ich mich in höchster Bedrängnis befand. Zu anderen Zeiten vernahm ich sie, wenn ich ganz still und im Einklang mit der Natur war. Die Stimme sprach mich immer sehr mitfühlend als »Kind« an. Wenn ich es nicht verstand, wurde die ganze Lektion wiederholt. Später, als ich mit dreißig den Ruf als Schamanin erhielt, sagte mir ein indianischer Ältester, die »Großmütter der Vergangenheit« hätten da mit mir gesprochen und die Ältesten wüssten, dass ich seit meiner Kindheit auf diese Weise belehrt würde. Bis zu meinem achtundzwanzigsten Lebensjahr hatte ich keiner Menschenseele von diesen Dingen erzählt, und auch seit dieser Zeit erzählte ich davon nur mit großer Angst. Ich war als gläubige Mormonin aufgewachsen. Hätte ich zugegeben, dass Stimmen mit mir sprechen, wären mir Hölle und Verdammnis sicher gewesen. Ich wusste ja selbst nicht recht, was ich davon halten sollte, ob es erklärbar war oder ob ich vielleicht verrückt war. Ich wusste nur: Ich fühlte mich dadurch anders als andere und wollte es lieber nicht erwähnen. Und ich war ungeheuer erleichtert, als all das, was ich durchgemacht hatte, bei jemandem auf Verständnis stieß und mir erklärt wurde, dass es einen Grund dafür gab und ich doch nicht verrückt war.

Zu diesen Lektionen, die ich lernte, gehörte eine, die mir auf unvergessliche Weise zeigte, wie ich wahre Schönheit und den echten Wert von etwas erkennen kann. In jenem Sommer war ich gerade eine junge Frau geworden. Ich saß mal wieder an meinem geheimen Platz am Fluss. Ich floh oft dorthin, um der Wirklichkeit der körperlichen und sexuellen Misshandlungen zu entrinnen, die meine beiden nebenan wohnenden Onkel mir antaten. Tief verwundet von dieser sinnlosen Grausamkeit und Demütigung hockte ich in meinem Versteck unter den Bäumen und rang um meinen Selbstwert. Ich weinte und fühlte mich, gelinde gesagt, wertlos und keiner Liebe wert. Ich war fassungslos darüber, wie Menschen so voller Hass und Grausamkeit sein konnten. Wie konnte jemand einem anderen Menschen solche Gewalt antun?

Vor allem beschäftigte mich ein Gedanke: Jetzt würde ich nicht in den Himmel kommen. Gott würde mich nicht lieben. Die hässlichen Dinge, die mir widerfahren waren, hatten mich, so fühlte ich, hässlich gemacht. Unsere Religion lehrte, dass vor der Ehe selbst ein Kuss eine Sünde vor Gott und ernsthaft strafbar sei. Mir war sehr viel mehr widerfahren als ein Kuss. Ich wälzte dieses Trauma wiederholt hin und her und war immer mehr davon überzeugt, ich sei Gottes Liebe und des Himmels nicht mehr würdig. Wer, so die Tradition der Mormonen, nicht in den Himmel kommt, ist nach dem Tod auch einer Wiedervereinigung mit seiner Familie nicht mehr würdig; das brach mir endgültig das Herz.

In meiner Verwirrung und meinem Schmerz fing ich an, durch das hohe Gras zu den Pinien hinüberzuwandern, um mich dort bei den Bäumen zu verkriechen. Ich fand den schönsten aller Bäume und setzte mich darunter. Er hatte die perfekte Form einer Pinie, seine Nadeln hatten einen herrlichen Grünton, er duftete geradezu berauschend, und seine Rinde war ohne jeden Makel. Mir erschien er als der absolut vollkommene Baum. Während ich dort saß, sah ich direkt vor mir eine andere Pinie, die ein wenig größer war. Ihre Rinde war tief aufgerissen, und das Harz aus dem Riss hatte den ganzen Stamm bekleckert. Das allein schon fand ich so abstoßend, dass ich kein Verlangen spürte, diesem Baum näher zu kommen. Er sah verunstaltet aus, der Blitzschlag hatte tiefe Narben in ihm hinterlassen. Ich saß da zwischen den beiden Bäumen und sann darüber nach, wie viel schöner doch der Baum war, unter dessen Krone ich saß, und wie hässlich der andere dort vor mir.

Plötzlich tauchte das merkwürdige, schwere Gefühl auf, durch das sich mir eine Botschaft von *Spirit* ankündigt. Also ging ich nach innen und öffnete mich für das, was da kommen würde. Ich wartete geduldig, dann hörte ich wieder die ruhige klare Frauenstimme, die schon öfter zu mir gesprochen hatte: »Kind, was siehst du?«, fragte sie. »Bäume«, antwortete ich laut. »Welcher von diesen beiden ist der großartigere Baum?«, fragte sie. Ich antwortete, es sei der schöne, vollkommene, unter dem ich saß. Es schien mir offensichtlich.

Doch dann erfuhr ich etwas über den anderen, hässlichen Baum, was ich nie vergessen werde. Die stärksten und wichtigsten Bäume

59

im Wald, so sagte mir die Stimme, sind jene, die viel durchgemacht haben und tapfer ihre Narben tragen. Damit ein Baum einen starken Kern entwickelt, muss er etwas Hartes durchmachen, was seine Überlebenskraft anstachelt: einen schweren Winter, eine Dürre oder einen Blitzschlag. Wenn ein Baum derartig bedroht oder beschädigt worden ist, geht er entweder ein oder er wird zu einem der stärksten Bäume des Waldes. Jene Bäume, die den Kampf überlebt haben, bringen nicht nur die meisten, sondern auch die kräftigsten Samen hervor. Pinien, denen das Leben hart zugesetzt hat, treiben ihre ganze Lebenskraft in ihre Zapfen: Diese Bäume sind es, die dann vorrangig den Wald erneuern und seinen Fortbestand sichern.

Stundenlang saß ich da und dachte über das Gehörte nach. Und dann fragte mich die Stimme wieder: »Welches ist der großartigere Baum?« Diesmal fiel meine Antwort anders aus. Mit brennender Brust und Tränen in den Augen antwortete ich, es sei der mir hässlich erscheinende Baum vor mir. Der stärkste, schönste Baum war jener, der viel durchgemacht hatte und die Narben seiner Kämpfe trug. Er brachte Unmengen an Regenerationskraft hervor und spendete unendlich viel neues Leben.

Als die Lektion vorüber war und ich wusste, dass die Stimme nichts mehr sagen würde, setzte ich mich ans Wasser und sah mein Spiegelbild an. Da saß ein Mädchen mit einem gebrochenen Geist, dem Tränen über die Wangen rannen. Ich schaute mich intensiv an. Vielleicht war ja auch ich nicht so hässlich, wie ich gedacht hatte. Ich zog mir die Kapuze meines grünen Sweatshirts über den Kopf und trottete nach Hause.

Heute als Erwachsene erkenne ich, wie wichtig diese Lektion für unser Leben ist. Wie viele von uns tragen Narben von Lebenserfahrungen in sich, die sie lieber nicht durchlitten hätten? Wie viele von uns bedauern vergangene Härten, Schmerzen, die immer noch wehtun, und wünschen sich, sie würden verschwinden? Wie viele von uns fühlen sich nicht schön oder liebenswert oder meinen, einen tiefen Makel in sich zu tragen? Mir ist es als Kind so ergangen, und ich ringe noch heute manchmal damit. Ich glaube, wir alle tun das. Ich dachte, mit mir stimme etwas Grundlegendes nicht, weil ich als Kind nicht geliebt und beschützt wurde. Ich konnte nicht begreifen, warum mir das widerfuhr. So wie viele misshandelte Kinder dachte ich, Gott liebe mich nicht, ich sei es nicht wert, geliebt und beschützt zu werden. Meine religiöse Erziehung förderte die Ansicht, dass wir Menschen von Grund auf sündhaft und schlecht sind und uns unseren Zugang zum Himmel verdienen müssen, indem wir ein möglichst vollkommenes, reines Leben führen. Diese religiösen Wertvorstellungen stehen im Widerspruch zum Leben und richten viel Schaden an. Sie entsprechen in keiner Weise der Wahrheit, doch als Kind hatte ich gelernt, so zu denken.

Wir werden durch unsere Wunden stark – das ist die Lektion, die ich von den zwei Bäumen lernte. Unsere Unvollkommenheiten sind Zeichen dessen, was wir durchmachen und lernen mussten, um zu überleben. Unser Leiden kann uns weiser, verständnisvoller, mitfühlender und stärker machen. Die Seele ist unverwundbar. Nur unsere Vorstellung von dem, was wir sind, kann verwundet werden. Statt uns durch das, was wir durchlitten haben, befleckt oder minderwertig zu fühlen, können wir unsere Narben annehmen und uns bewusst machen, dass die größte Schönheit tief unterhalb der Oberfläche liegt. Wahre Schönheit und Güte lassen sich nicht von der Oberfläche her beurteilen – sie erfordern tiefes Zuhören und Schauen. Nur selten erkennen wir unseren Wert oder unsere eigene Schönheit. Andere mögen sie sehen, aber wir sind dazu oft nicht in der Lage. Für die meisten von uns ist es eine lebenslange Aufgabe, sich wirklich selbst zu lieben und die Gaben anzunehmen, die unsere Kämpfe und unser Schmerz uns geschenkt haben.

Als ich Ende zwanzig war, hatte ich endlich den Mut, anderen etwas von dem, was ich durchgemacht hatte, mitzuteilen. Eine liebe Freundin schrieb mir daraufhin eine Zeile, die ich nie vergessen werde. Sie half mir sehr, mich mit meiner Vergangenheit zu versöhnen und die Gaben zu verstehen, die mir mein Leiden brachte. Sie schrieb: »Die Wunde ist die Öffnung, durch die das Licht hereinkommt.«

Manche von uns ringen jahrelang mit der Frage, warum ihnen etwas widerfahren ist und welchen Zweck es gehabt haben könnte, vor allem wenn sie dabei einen Verlust erleiden mussten. Die Heilung von Missbrauch ist zwar meiner Ansicht nach ein lebenslanger Prozess, aber ich kann erkennen, wie ungeheuer viel Licht in mein Leben kam, einfach indem ich überlebte und mich entschloss, zu leben und ein liebevoller Mensch zu sein. Meine schmerzhaften Erfahrungen brachten mich an die Grenze zwischen Leben und Tod, und dabei wurde mancher Schleier zerrissen. Weil ich so offen und hilfsbedürftig war, schritt Mutter Erde ein und hüllte mich in ihre Liebe. *Spirit* schritt ein und lehrte mich, was ich wissen musste, um da bleiben und weiterleben zu können.

Wie viele von uns schon spüren, bewirken oft gerade intensive Notsituationen, dass wir uns dem Segen der geistigen Welt öffnen und tiefer schauen. Auch wenn mich heute noch manchmal die Frage umtreibt, warum ich so eine schwierige Kindheit hatte, weiß ich inzwischen doch eines: Dass ich hier mit dir rede, hängt direkt mit dem zusammen, was ich als Kind in der Wildnis gelernt habe. Und auf geheimnisvolle Weise steht dies auch in Verbindung mit den leidvollen Erfahrungen, die mich in die Wildnis und in die Arme des großen Mysteriums getrieben haben.

Die Angst vor dem Unbekannten bewältigen: die Lektion in der Nacht

Während meiner ganzen Kindheit habe ich immer wieder ähnliche Lektionen wie die Lektion mit den zwei Bäumen erhalten, wo eine vertraute Stimme zu mir sprach. Ich lerne auch heute noch, doch inzwischen kommen die Lektionen in Form von Visionen und Bildern zu mir: Ich sehe sie auf einer Art Bildschirm, der sich vor mir öffnet, und nicht mehr durch die Stimme. In der Vergangenheit kamen die gesprochenen Lehren oft, wenn ich ihrer dringend bedurfte. Eine, die mich sehr viel über Angst gelehrt hat, ist mir besonders unvergesslich geblieben.

Es war Ende Juli, und das Gras unten am Fluss reichte mir bis zur Taille. Ich war wieder einmal so schnell ich konnte zu meinem besonderen Platz gelaufen. Dort leerte ich meinen kleinen Rucksack und breitete vor mir aus, was ich immer dabei hatte: mein Taschenmesser, meine Kapuzenjacke, mein Feuerzeug. Die Dämmerung setzte ein, und ich sammelte Holz für mein nächtliches Feuer. Als ich genug beisammen hatte, baute ich aus den Lavasteinen, die es in jener Gegend gab, eine Feuergrube. Es wurde schnell dunkel, aber das kümmerte mich nicht. Ich saß immer gerne im Dunkeln am Feuer, ich empfand es als schützend, als wäre die Welt in der Dunkelheit nicht so groß (den meisten Leuten geht es genau anders herum).

An jenem Abend war ich sehr in Gedanken und mit den Ereignissen des vergangenen Tages beschäftigt, und so bemerkte ich erst spät, dass sich ein ziemlicher Sturm entwickelt hatte. Ich rückte noch dichter an den Baumstamm, an dem ich lag, und kuschelte mich tiefer in mein Bett aus weichem Chico Bush. Ich ordnete das Feuer für die Nacht und hatte gerade die Augen zugemacht, als ich ein Geräusch hörte, das mir die Haare zu Berge stehen ließ. Es klang wie der Entsetzensschrei einer Frau. Ich hatte noch nie etwas Derartiges gehört und konnte es nicht einordnen. Mich im Freien zu fürchten war neu für mich. Normalerweise fühlte ich mich in der Natur weit sicherer als unter Menschen. Ich setzte mich auf, presste mich an den Baumstamm und versuchte, in die Dunkelheit jenseits des Scheins meines Feuers hineinzuspähen. Ob der Schrei noch einmal ertönen würde? Doch ich hörte nur das Rauschen der Bäume. Ich verhielt mich ganz still und versuchte, das Geräusch zuzuordnen. Ich hatte kein Gefühl dafür, was es sein könnte, und je mehr mir klar wurde, dass ich nicht wusste, womit ich es zu tun hatte, desto mehr fürchtete ich mich. Ich legte mehr Holz aufs Feuer, um mehr Licht zu haben, und dann hörte ich es wieder. Diesmal war der Schrei so laut und schrecklich, dass mir das Blut in den Adern gefror. Mein Verstand malte sich die schrecklichsten Dinge aus, die hier im Tal gerade passieren könnten. Ich wusste nicht, was tun. Sollte ich hingehen und versuchen zu helfen? Würde ich dann auch ermordet?

Mit zitternden Händen tastete ich herum und suchte nach etwas, mit dem ich mich verteidigen konnte. Schließlich fand ich einen halb vergrabenen Zaunpfosten. Mit dem Pfosten als Waffe kroch ich zurück zu meinem Baum und starrte in die Nacht. Immer wieder ertönten die Schreie. Ich konnte mich nicht erinnern, mich in der Dunkelheit schon jemals so gefürchtet und so hilflos gefühlt zu haben. Ich war bereit, auf alles einzuschlagen, was in meine Nähe kam. Mein Herz schlug heftig in meiner Brust, und heiße Tränen liefen mir über mein dreckiges Gesicht.

Da wallte plötzlich jenes bekannte Gefühl der Schwere und Wärme in meinem Körper auf, und ich hörte die vertraute Stimme von *Spirit*. Sie war wie immer friedvoll, angenehm und beruhigend. Klar und sanft fragte sie: »Kind, warum fürchtest du dich?« Ich senkte meinen Stock ein wenig und sagte: »Dieses Geräusch – ich fürchte mich vor diesem Geräusch!« Es folgte eine Stille, und in meiner Panik schrie ich: »Komm zurück!« Die sanfte Stimme kam wieder und versicherte mir, bei mir zu sein. Sie fragte mich noch einmal: »Kind, sag mir, wovor fürchtest du dich?« Ich versuchte, meinen Atem zu beruhigen und zog die Knie unters Kinn. Ich wusste, ich musste über die Antwort nachdenken. Schließlich sagte ich immer noch bebend: »Ich fürchte mich, weil ich nicht weiß, was da vor sich geht, was dieses Geräusch ist.«

Die Stimme erklärte mir daraufhin, es seien die Schreie von zwei Berglöwen, die sich auf der anderen Seite der großen Wiese paarten. Sofort entspannte sich mein ganzer Körper, und die Angst verpuffte – einfach so. Die Stimme sprach weiter und ich lernte viel. Ich begriff, dass wir uns nur vor dem fürchten, was wir nicht kennen; wir schlagen nur auf das ein, was wir nicht verstehen. Sobald ich genau wusste, was für ein Geräusch das war und woher es kam, fragte die Stimme wieder: »Kind, fürchtest du dich?« Natürlich grinste ich jetzt und schüttelte den Kopf. Jetzt wusste ich, es steckten Tiere dahinter, die etwas ganz Natürliches taten, und so brauchte ich mich nicht mehr zu fürchten.

Die Stimme sprach noch etwa eine Stunde lang weiter, und ihre Worte prägten sich mir stark ein, weil ich so erregt gewesen war. Sie redete davon, wie die Angst vor dem Unbekannten die Menschen seit Urzeiten dazu bringt, alles Mögliche zu verurteilen, einander zu verfolgen und sich zu bekriegen. Sie sagte nachdrücklich, 65 wie wichtig es für die Menschen sei, zu verstehen, dass sie auf das Unbekannte oft im ersten Augenblick mit Gewalt und Aggression reagieren. Sie zeigte mir, wie auch ich in jener Nacht so voller Angst und so bereit gewesen war, zuzuschlagen, dass ich nicht mehr vernünftig denken konnte – und wie ich sofort aufgehört hatte, mich zu fürchten, nachdem ich wusste, woher das Geräusch stammte.

Wenn ich heute als Erwachsene an diese Lektion zurückdenke, scheint mir, *Spirit* wollte mir ein tiefes Verständnis dafür vermitteln, dass wir uns oft nur fürchten, weil wir etwas Wichtiges nicht verstehen: Wir sind alle Kinder einer einzigen Mutter, wir sind eher gleich als verschieden, eher vertraut als unbekannt. Meine furchterregende Erfahrung wurde glücklicherweise von der geistigen Welt unterbrochen, und ich erwachte daraus wie aus einem Albtraum, als wäre ein riesiger Schatten auf der Wand durch das Anschalten des Lichts entlarvt worden.

Vielleicht gilt für alle unsere Ängste und Schrecken das Gleiche: Sie sind nicht so real, wie wir meinen, und das erkennen wir, wenn wir uns für das Licht von *Spirit* öffnen und uns Zeit nehmen, das Unbekannte und Fremde mit dem Herzen zu verstehen.

Die Wildnis der Verzweiflung und ein Grund zu leben

In jedem Leben gibt es bedeutende Ereignisse, die uns nachhaltig prägen. Auch familiäre Ereignisse können das Leben aller Beteiligten verschlechtern oder verbessern. Ich erzähle die folgende Geschichte nicht, um Eindruck zu machen oder zu erschrecken, sondern in der Hoffnung, anderen jungen Menschen zu helfen, denn sie zeigt, wie wir auch durch in jungen Jahren erlebte schwierige Situationen stärker und offener werden für die späteren Segnungen von *Spirit*. In meiner Familiengeschichte prägte uns alle ein einschneidendes Ereignis: Mein Vater verlor seine Schafranch. Ich war damals fünf Jahre alt.

Meine ganze Kindheit über waren wir sehr arm. Die meisten Menschen können sich nicht vorstellen, wie eine siebenköpfige Familie in den USA von neunhundert Dollar im Monat überleben kann, aber wir taten es viele Jahre lang. Mein Vater war Farmer und Ranch-Arbeiter, er hatte nichts anderes gelernt. Mein Urgroßvater war einst im Planwagen über die Prärie gekommen und hatte die kleine mormonische Gemeinde im ländlichen Colorado mit begründet. Seit sich jene ersten, zähen Pioniere hier niederließen, hatten die Menschen vom Land gelebt. Es gab kaum andere Jobs als auf den Farmen und Ranches, und so tat mein Vater, was er konnte, um ein Auskommen zu haben.

Als ich etwa drei Jahre alt war, hatte er genug zusammengekratzt, um eine bescheidene kleine Farm am Rande einer Siedlung namens Blanca zu kaufen, die am Fuß des Mount Blanca liegt, einem der höchsten Berge von Colorado. Mit seinen letzten Dollars kaufte er die Lämmer, die er brauchte, um einen Anfang zu machen. Er wollte hier auf diesem schönen Stück Land eine Ranch aufbauen und seine Kinder großziehen. Doch dann geschah das Unvorstellbare.

Eines Nachts stahl sich jemand auf unser Land, lud mitten in der Dunkelheit alle Schafe und Lämmer auf einen Anhänger und machte sich davon. Das war das Ende aller Pläne und Träume meines Vaters. Unsere Familie war am Ende. Es gab keinen Rückhalt, keine Ersparnisse, keine Versicherung. Wir mussten das Haus verlassen und waren obdachlos, einfach so. Ich erinnere mich, wie wir all unser Hab und Gut auf einen Pick-up-Truck luden. Wir fünf Kinder saßen hinten auf der Ladefläche und hielten alle irgendwelche Haushaltsgegenstände fest, während wir den Feldweg entlang von unserem Haus wegfuhren, ohne zu wissen, wo es hinging oder was wir jetzt tun würden.

Ich kann mir kaum vorstellen, wie sich meine Eltern gefühlt haben müssen, mit fünf Kindern, ohne zu wissen, wohin, ohne jedes Geld, ohne ein Zuhause. Vier meiner Geschwister haben eine angeborene Behinderung, eine genetische Erkrankung namens »Fragiles X-Syndrom«, die dem Down-Syndrom ähnelt, aber ohne die mongoloiden Gesichtszüge. Das machte die Situation noch schwieriger. Bei meinen beiden Brüdern ist es stärker ausgeprägt (wie meistens bei Männern) als bei meinen beiden Schwestern, bei denen es eher einer Lernbehinderung ähnelt. Inzwischen sind meine Brüder in ihren Zwanzigern, doch ihre Entwicklung entspricht der von Zehnjährigen. Sie sind unbedarfte Engel.

So führte meine Familie den größten Teil meiner Jugend einen echten Überlebenskampf. Monatelang ernährten wir uns von nichts als Kartoffeln. Ich erinnere mich, dass meine Mutter in besonders harten Zeiten eine Stange Sellerie herumreichte, von der jeder einmal abbeißen durfte. Wir waren oft hungrig. In unserer ländlichen, religiös geprägten Gemeinde verbargen es die Leute, wenn sie arm und bedürftig waren. Nicht genug zu haben, war schambesetzt, und man bat nicht um Hilfe. Auch staatliche Unterstützung in Anspruch zu nehmen, war höchst peinlich, aber es ließ sich irgendwann nicht mehr vermeiden. Ich weiß noch, wie meine Mutter sich dafür schämte und lieber in den nächsten Ort fuhr, damit niemand sah, dass sie mit Essensmarken einkaufte. Aber es musste sein.

Diese Verzweiflung führte dazu, dass wir ins Haus der Eltern meines Vaters einzogen. Es war als vorübergehende Lösung gedacht. Mein Vater wollte selbst ein Haus zusammenzimmern, indem er nach und nach das Baumaterial kaufte, so wie er Geld übrig hatte. Leider dauerte das Jahre, die wir als Bedürftige im Haus meiner Großeltern zubrachten. Jene Jahre waren für keinen von uns gut. Meine schrecklichsten Erinnerungen sind aus jener Zeit, und meine Geschwister und ich mussten dort die furchtbarsten Dinge erdulden. Mein Großvater behandelte meine Mutter und uns Kinder, als wären wir Bettler von der Straße. Meine Mutter ging die ganze Zeit wie auf Eierschalen, um nichts verkehrt zu machen. Sie versuchte, sich so unsichtbar wie möglich zu machen und auch uns Kinder möglichst ruhig und aus dem Weg zu halten. Wir lebten zu siebt in einem Zimmer, schliefen in zwei großen Betten. Wir wussten, dass wir immer für irgendetwas beschuldigt wurden, und verhielten uns deshalb so still wie möglich, aber es war nie genug. Mein Großvater ließ uns immer seine Ablehnung spüren und behandelte uns wie Hunde.

Er war ein typischer Unterschichtmensch, der seine Tiere schlug, ständig schlecht über andere redete und sich beklagte, nur das Nötigste an Arbeit tat und das Geld schneller ausgab, als er es verdiente. Bildung galt ihm nichts, überhaupt interessierte er sich für nichts als seine eigene kleine Existenz. Er gehörte zu jenen Menschen, die ohne Würde leben. Sein ganzer Besitz war schäbig, abgenutzt und schlecht zusammengeflickt. Nichts strahlte Stolz aus. Sein Haus war krumm und schief, die Veranda bestand aus alten Schiebetüren, notdürftig von Nägeln, Klebeband und Draht zusammengehalten. Scheune und Schuppen wurden nie gereinigt, und der Mist stand mehrere Fuß hoch in den Ställen. Die Schuppen waren voller alter Fernsehgeräte, Radios und Waschmaschinen. Dazwischen lebten irgendwie die Tiere. Auch der Hof war voller Schrott und Gerümpel. Der einzige Kommentar meines Großvaters dazu war: »Für die, die hier leben, ist es gut genug.« Dieser Mangel an Würde und Anstand hatte nichts mit Armut zu tun. Er beruhte auf einer geistigen Verfassung, unter der wir alle leiden mussten.

Wir Kinder wurden für alles beschimpft, was wir im Haus aßen. Wir bekamen von ihnen nur Brot mit Mayonnaise, Ketchup oder Senf. Wenn wir durstig waren, bekamen wir Ziegenmilch. Bis heute dreht sich mir beim Geruch von Ziegenmilch oder Ziegenkäse der Magen um. Nachts lagen wir Kinder mit knurrendem Magen im Bett, während wir hörten, wie unsere Großeltern Popcorn, Chips und andere Leckereien aßen, die sie vor uns versteckten und die wir nie bekamen. Ich war krank vor Wut darüber, dass meine süßen, unbedarften Brüder nachts hungrig wach liegen und sich das anhören mussten. Ich erinnere mich daran, wie einer meiner Brüder einmal an den Kühlschrank schlich und dafür verprügelt und gedemütigt wurde. »Hass« ist ein starkes Wort, aber ich hasste es, wie sie uns behandelten.

Doch dann kam es noch schlimmer. Meine Schwester Kelsy wurde sehr krank und brauchte eine Herzoperation. Meine Eltern mussten mit ihr zum Kinderkrankenhaus nach Denver, zuerst für viele Untersuchungen, dann wegen mehrerer Operationen. Sie waren manchmal wochenlang weg, lebten dort in einem Haus der Ronald-McDonald-Kinderhilfe und versuchten, meiner armen Schwester das Leben zu retten. Es war hart für meine Geschwister und mich, bei den Verwandten zurückzubleiben, aber für meine

Eltern muss es ebenfalls schrecklich gewesen sein, sich so um ihre todkranke Tochter zu sorgen und zu wissen, dass die anderen Kinder lieblosen Leuten ausgeliefert waren. Die Herzoperation lief nicht so gut wie erhofft, und meine Schwester musste drei Monate lang auf der Intensivstation bleiben. Meine Eltern hatten ihre liebe Not, sich selbst jeden Tag zu ernähren und all die Extrakosten zu bezahlen, während meine Schwester zwischen Leben und Tod hing. Schließlich schaffte sie es jedoch und konnte mit meinen Eltern nach Hause kommen. In der Zwischenzeit schien es uns, unsere Eltern wären ewig weg und wir wären auf uns selbst gestellt. Wir waren unseren Verwandten auf Gedeih und Verderb ausgeliefert. Und manche von ihnen überschritten in dieser Zeit die Grenze zwischen häuslicher Grausamkeit und krimineller Gewalt.

Mein Vater war ein ehrbarer, hart arbeitender Mann, aber einige seiner Geschwister waren es nicht. Sie schienen den Sadismus und die Gemeinheit ihres Vaters geerbt zu haben. Während dieser Zeit begann mein Onkel, der in derselben Straße wohnte, mich zu misshandeln. Er band mich in der Scheune fest und peitschte mich aus. Es bereitete ihm ein perverses Vergnügen, mich leiden zu sehen. Bald darauf begann mein anderer Onkel, mich sexuell zu demütigen und zu missbrauchen. Dieser verhasste Onkel beobachtete mich ständig. Wenn ich zu meiner über alles geliebten Urgroßmutter ging, stand er da und beobachtete mich von der anderen Straßenseite. Wenn ich hinter unserem Haus in die Felder lief, sah er mir nach. Ich begann, mich wie eine gejagte Beute zu fühlen, immer in Angst und Schrecken davor, wann ich wieder verletzt werden würde. Ich begriff, dass ich den Erwachsenen um mich herum nicht vertrauen konnte.

Unter dem Eindruck der Grausamkeiten meines Großvaters und des Sadismus meiner Onkel wollte ich einfach nur verschwinden. Die einzige Erwachsene, bei der ich mich sicher fühlte, war meine Urgroßmutter, die ich »Grandma Jensen« nannte. Grandma Jensen war der einzige Mensch, der sich um mich kümmerte und mich mit 71 etwas Fürsorge bedachte. Sie war eine altmodische, willensstarke, spirituelle, etwas strenge, aber sehr liebevolle Frau. Manchmal schlief ich unter ihrem Schlafzimmerfenster, nur um ihr nahe zu sein. Wir hatten eine besondere Verbindung, doch auch sie konnte mich nicht vor dem schützen, was vor sich ging. Ich erzählte ihr nie davon, um ihr nicht das Herz zu brechen. Es waren schließlich ihre eigenen Kinder und Enkel, die diese schrecklichen Dinge taten. Ich lernte, wegzulaufen und meine Sicherheit in der Natur zu finden, in der Wildnis, wo mich keiner finden konnte. Doch mein Lebenswille wurde allmählich davon untergraben, dass mich so viele Erwachsene in meinem Leben misshandelten.

Es schmerzt mich heute, wie verschreckt, gefühlstaub und einsam ich als Kind war. Ich sehe mich oft mit hohlen Augen, verschmiertem Gesicht und mattem, verfilztem Haar in dem alten Apfelbaum neben dem Haus meiner Großmutter oder hinter ihrem Hühnerstall sitzen und meine Wunden lecken. Ich hing meistens zwischen Schrecken und Starrheit. Glücklich war ich nur, wenn ich mit Tieren spielte oder die Natur erkundete. Ich dachte, ich würde es nie schaffen, erwachsen zu werden. Seit ich selbst Kinder habe und mir größte Mühe gebe, ihnen Sicherheit zu geben, sie zu lieben und gut zu versorgen, ist mir noch bewusster geworden, wie verzweifelt ich als Kind war. Es ist mir unbegreiflich, dass niemand etwas bemerkte oder einschritt, wo doch die Zeichen der Misshandlung und Vernachlässigung so deutlich waren.

Am schmerzlichsten ist die Erinnerung an jenen Tag, an dem ich beschloss, es sei jetzt genug. Ich war gerade wieder von meinem Onkel verhöhnt und gedemütigt worden. Ich hatte es geschafft, vor ihm wegzulaufen, und mich in einer alten Scheune bei den Ställen meines Großvaters versteckt. Dort hockte ich, völlig benommen, verletzt, beschämt, bloßgestellt und verschreckt. Die einzige Lösung, die ich noch sah, war, wegzugehen von dieser Familie, von diesem Ort, für immer. Ich passte hier einfach nicht her. Die Familie meines Vaters hasste mich ganz offen und quälte mich, ich fühlte mich nicht wahrgenommen und vernachlässigt. Ich konnte nicht einmal mehr weinen – ich war in einen Zustand tiefster Hoffnungslosigkeit, Gefühlstaubheit und Leere versunken. Kein Kind sollte so etwas je fühlen.

72

Überall lag fingerdicker Staub. An einer Wand hing ein altes Ziegenfell, an der anderen stand ein Fass mit Korn, neben der Türe hing Pferdezaumzeug, und auf einer schmuddeligen grünen Kiste mit alten Einmachgläsern lag ein altes Seil. Mein Blick blieb an dem Seil hängen. Ich wusste, was ich zu tun hatte. Das Seil war alt, aber noch fest, und während ich es in die Hand nahm und sorgfältig eine Schlaufe band, blieben kleine Hanfsplitter in meinen Händen stecken.

Ich sah keinen anderen Weg mehr. Ich konnte über diesen Zustand nicht hinausdenken. Ich würde einfach weg sein. Weg von dieser Familie, die mich anekelte, die mir wehtat und vor der ich mich fürchtete. Weg von den anderen Schülern, den Mädchen, zu denen ich nicht passte, und den Jungen, die mich komisch ansahen, obwohl ich mich wie ihresgleichen fühlte und benahm. Einfach weg! Ich nahm das Seil und kletterte an der Scheunenwand hoch zu dem Balken. Langsam band ich das Seil um das Holz und zog das andere Ende über meinen Kopf. Die Schlaufe lag auf meinen Schlüsselbeinen. Dieses Leben würde gleich vorbei sein, und alles würde wieder grün sein, wie die Erde nach einem frischen Frühjahrsregen.

Meine nackten Füße glitten zum Rand des Balkens, auf dem sich seit Jahren der Staub gesammelt hatte. Meine Zehen krümmten sich um den Rand. Ich schloss die Augen, lehnte mich nach vorne, um das Gleichgewicht zu verlieren, und in jenem Sekundenbruchteil zwischen diesem Leben und meinem Entrinnen hörte ich etwas, das mir das Herz zusammenzog und mich vor Schreck erstarren ließ: Eine helle, vertraute Stimme rief meinen Namen. Es war mein kleiner Bruder Kent! Ich fing meinen Sturz mit den Händen an einem Balken der gegenüberliegenden Wand ab, krallte mich an das grobe Holz, so gut es ging, kämpfte dagegen an, nicht weiter zu fallen. Meine Hände bluteten, riesige Splitter stachen sich in meine Finger, während ich meine Füße weiter gegen den Balken presste, um mich in dieser fast horizontalen Position zu halten. Ich hörte seine Stimme wieder. Durch die Spalten zwischen den Brettern sah ich ihn näher kommen. Ich fing an zu weinen und betete gleichzeitig, flehte Gott an, dafür zu sorgen, dass er die Scheunentür nicht aufkriegen würde. Ich wollte nicht, dass er dies sah! Seine helle Stimme kam näher. »Kieshaaa!«

Meine Muskeln begannen vor Erschöpfung zu zittern, und meine Hände brannten und bluteten, doch ich war völlig auf den kleinen Schatten konzentriert, der vor der Scheune entlangging. Wenn ich fiel, würde er den Lärm hören und seine Schwester an einem Seil baumeln sehen, und wenn er jetzt die Tür öffnete, wäre der Anblick fast genauso schlimm. Ich sah, wie sich sein kleiner Schatten allmählich entfernte. Ich nahm eine Hand von der Wand und streifte mir das Seil vom Hals. Dasselbe Seil, das mich von hier wegbringen sollte, rettete mir jetzt das Leben. Ich zog mich mit seiner Hilfe langsam wieder auf den Balken, und dort saß ich dann erst einmal. Ich konnte an nichts anderes denken als daran, wie selbstsüchtig ich gewesen war und wie sich Gott meiner schämen musste. Mir wurde ganz übel bei dem Gedanken, mein Bruder Kent müsste ohne mich sein oder könnte mich gar so finden. Mein Magen krampfte sich zusammen, und ich musste mich vornüber neigen und mich vor Schrecken immer wieder übergeben.

Schließlich kletterte ich nach unten, wischte mir an meinem Hemd den Mund ab, stopfte meine blutenden Hände in die Taschen und presste sie gegen den Stoff, um das Bluten zu stoppen, während ich zu meinem Bruder lief, der inzwischen weinte, weil er mich nicht fand. Ich rief seinen Namen, rannte zu ihm und fiel vor ihm auf die Knie. Ich hielt ihn ganz fest umarmt und schluchzte, während er mir immer und immer wieder sagte: »Ich konnte dich nicht finden, ich konnte dich nicht finden ...«

Dieser schreckliche Tag hat sich mir fest ins Gedächtnis gebrannt und erinnert mich immer daran, wie kostbar das Leben ist. Ich spürte, es gab nur einen einzigen Grund dafür, hier auf der Erde zu bleiben, in dieser Familie: Ich musste meinen Geschwistern eine liebevolle Beschützerin sein. In jener Nacht lag ich im Bett, meinen kostbaren Kent eng an mich gekuschelt, und spürte seinen Atem an meinem Hals, während ich ihn festhielt. Es gibt Tage,

da kann man in die Sonne schauen, ohne geblendet zu werden –
genau so sah ich ihn. Ich war benommen, wie verzaubert, und war
ihm mit meinem ganzen Wesen dankbar. Ich schwor mir, mein
Leben für ihn, für meinen anderen Bruder und meine Schwestern
zu leben. Mir war absolut klar, dass ich um ihretwillen geboren
war. Dieser kleine Junge brauchte mich, und ich brauchte ihn.
Dieser Tag prägte mir eine ungeheure Lektion ein, eine Lektion
von umfassenderer Liebe, Selbstlosigkeit und der Kostbarkeit
menschlicher Wärme. Es war nicht mehr wichtig, was noch auf
mich zukommen würde, welchen Stürmen ich ausgesetzt sein
würde oder welch schreckliche Misshandlungen ich durchleiden
müsste: Ich würde stark und tapfer sein und ein mitfühlender,
liebevoller Mensch werden. Ich glaubte, dass mir vielleicht so
schreckliche Dinge widerfuhren, um meine Geschwister vor ihnen
zu bewahren. Das gab mir die Kraft, mich der Situation zu stellen,
es gab meinem Leben einen Sinn. Ich konnte mich selbst nicht
schützen, aber ich würde bis zu meinem letzten Atemzug kämpfen,
um meine Geschwister vor allem Schaden zu bewahren. Es wurde
zu meinem Lebensziel, dafür zu sorgen, dass sie nie unter meinen
Onkeln zu leiden hätten, dass sie nie ihre Wut zu spüren bekamen,
dass ihre Unschuld nie beschädigt würde. Als das Kind, das ich
war, glaubte ich wirklich, sie vor Leiden beschützen zu können.

Das klingt vielleicht, als ob sich meine Welt in jenem Augenblick
veränderte. Sie tat es nicht, aber mein Denken über die Welt veränderte sich. Ich fing an, eine umfassendere Schönheit im Leben
zu sehen, das Leben als Geschenk zu betrachten, trotz der weiterhin stattfindenden Schläge und Misshandlungen. Ich lief immer
noch weg, in die Felder oder zu den Ställen. Ich verlor mich immer
noch auf meiner Suche nach Tieren, die ich dann stundenlang
beobachtete, auf die Geschichten lauschend, die sie zu erzählen
hatten. Ich kletterte auf Bäume und blieb stundenlang dort, Tag
und Nacht, wiegte mich in den Zweigen und hörte dem Wind zu,
wie er in den Blättern rauschte. Die Natur wurde zu meiner besten Lehrerin, sie gab mir immer Antwort. Wenn ich lange genug
stillhielt und wirklich hinschaute, sah ich die Welt als lebendig,
atmend, in ständigem Tanz.

Ich habe aus dieser schmerzhaften, beinahe tragischen Erfahrung unter anderem Folgendes gelernt: Wenn das Leben unerträglich erscheint, kann es lebensrettend sein, zu erkennen, wie wichtig wir für andere sind. Die Liebe, die wir empfangen und geben, kann Leben retten, und selbst wenn Hass und Missbrauch uns schweres Leid zufügen, gibt es einen Teil in uns, der nicht besiegt werden kann – jenen Teil, der die Schönheit des Lebens sehen will, der diese Schönheit empfangen kann, der leben will! Dieser Aspekt ist zu einer großen und gebenden Liebe fähig, selbst wenn wir persönlich nie geliebt worden sind. An jenem Tag beschloss ich, für die Liebe zu leben, das Leben nicht dahinfahren zu lassen. Liebe hielt mich hier, und Liebe hält mich noch heute hier, trotz der vielen großen Herausforderungen, die mir seitdem widerfahren sind.

Das Licht des Geistes in Kindern fördern

Schon in jungen Jahren müssen heute viele Menschen viel erleiden. Es gibt so viel Missbrauch, so viel Unsicherheit und Chaos, so viel Vernachlässigung durch die Erwachsenen. Dieser Zerfall des sozialen Zusammenhalts ist ein Bestandteil des Zeitalters, in dem wir leben, und ein Teil des Sterbens, welches kollektiv stattfindet. Er ist ein Teil dessen, was massive evolutionäre Veränderungen unausweichlich macht, weil wir nicht mehr lange so weitermachen können. Das Herz der Menschheit ist krank, genauso wie die Natur krank ist. Der Materialismus der Menschheit, seine Ausrichtung auf persönliche Befriedigung und der Verlust spiritueller Werte bedrohen heute die Kinder genauso wie die Natur. Mein Herz gehört den jungen Menschen, die ums schiere Überleben kämpfen müssen, die nicht wissen, was sie wert sind, und die mit Sinnlosigkeit konfrontiert sind. Viele drohen, verloren zu gehen, wenn sie nicht Zugang zu einer fürsorglichen Quelle finden, die über ihre Familien, ihre Identitäten und ihre Umwelt hinausgeht.

Sie brauchen vor allem eine Verbindung zu ihrem eigenen höheren Selbst – zu *Spirit* und den lebensspendenden Wassern, die immer in ihnen sind.

Zu diesen jungen Leuten sage ich von ganzem Herzen: Bleibt dran! Gebt euer kostbares Leben nie auf. Ihr seid etwas ganz Besonderes. Ihr habt eine größere Aufgabe, als ihr euch vorstellen könnt. Eure Gegenwart hier macht etwas aus, egal ob jemand in eurer Nähe es merkt oder nicht. Ihr seid ein göttlicher Funke, der alles mit seinem Leben machen kann, ihr könnt aus eurem Leben machen, was ihr wollt. Eines Tages werdet ihr erstaunt sein darüber, wo euch dieses Leben hingeführt hat und zu was ihr geworden seid. Bleibt eurem Herzen treu, was auch geschehen mag. Die Liebe in eurem Herzen und das Licht eures Seins kann von niemandem und nichts gemindert werden.

Ich hätte mir niemals vorstellen können, wohin mich mein Leben führen würde, dass ich mich eines Tages nicht mehr hilflos, unsichtbar und ungeliebt fühlen, sondern mich an die größere Aufgabe erinnern würde, um derentwillen meine Seele hergekommen ist. Ich habe nie gedacht, dass die Dinge anders werden könnten – unglaublich schön und voller Freude. In diesem Leben ist alles möglich. Sei geduldig und wisse, dass all die Liebe kommen wird, nach der du dich sehnst, all die Freiheit, zu sein, wer du wirklich bist. Mit deiner Vision und deinem Licht kannst du Erstaunliches bewerkstelligen. Extreme und leidvolle Erfahrungen können dir große Geschenke vermitteln – können dich stark genug machen, eine sehr große Aufgabe zu erfüllen und einen großen Einfluss auf andere zu haben.

Wir sind nicht die Dinge, die uns widerfahren, oder die Fehler, die wir gemacht haben. Wir sind keine Opfer. Wir sind nicht unsere Familien. Deine Seele stammt aus göttlichem Licht und Liebe. Deine Seele, dein eigenes höheres Selbst, ist der Souverän deiner Selbst, und nichts kann sie beflecken oder mindern. Innerlich bist du vollkommen frei und kannst wählen, wie du dieses Leben erfährst. Auch wenn deine Familie und deine Umgebung dich nicht unterstützen, kannst du diesem höchsten Licht und dieser Liebe in dir trotzdem treu bleiben und dich an eine höhere Art des Seins halten. Wenn es hart wird, halte durch – und wisse, dass dein Leben unendlich viel Wert und Sinn hat; dass du so unglaublich kostbar und nötig bist hier. Mutter Erde braucht dich. Die Welt braucht das Licht, das du beisteuerst, einfach indem du »du selbst« bist!

Die jungen Leute von heute werden bei der Veränderung dieser Welt eine enorme Rolle spielen. Sie werden die Ersten sein, die vom Herzen her leben, und werden die Erwachsenen darin anleiten, wenn die Zeit dafür kommt. Sie werden uns zurück ins Herz führen. Indem sie ihren eigenen Seelen trauen, werden sie als Erste wissen, wie es ist, als *Liebe* zu leben. Wir müssen alles tun, was wir können, um ihnen zu helfen und sie zu schützen, diese großartigen Wesen, die jetzt auf der Erde als unsere Kinder inkarniert sind. Vor allem müssen wir auf sie hören und auf sie achten. Als Eltern und Erwachsene können wir sie darin unterstützen, sich mit ihrem höheren Selbst zu verbinden, sich ihrer geistigen Führung zu öffnen. Wir können ihnen die Erfahrung der Natur ermöglichen, ihnen helfen, eine lebendige Beziehung zu Mutter Erde zu haben. Ihre Wesen sind so empfindsam, dass eine frühe Begegnung damit enorme Wirkung haben wird. Die Erwachsenen, die heute hier leben und hierher kamen, um den großen Bewusstseinswandel des Planeten zu unterstützen, werden mit großen Herausforderungen und mit Sterben und Geborenwerden konfrontiert werden, doch die Kinder werden eine veränderte Welt erben. Sie werden die Zukunft der Menschheit bilden, indem sie aus dem Herzen leben. Die Kinder werden sich als Erste daran erinnern. Sie sind hier, um die Menschheit auf ihre nächste Entwicklungsstufe zu führen.

Ich habe mich oft gefragt, ob der Sinn des Leidens der Kinder vielleicht darin besteht, sie dazu zu bringen, sich mit ihrem höheren Selbst zu verbinden, um zu überleben und sich spirituell zu stärken. Das Geschenk einer schwierigen Kindheit kann sein, dass sie dir hilft, schon früh deinen Mut und deine innere Stärke zu entdecken und dir bewusst zu werden, was im Leben wirklich wichtig ist. Natürlich sollte kein Kind je leiden, doch es ist ein großes Mysterium, wie wir durch Widrigkeiten geformt werden und wie unsere Seelen sich aus genau dem Grund manche Erfahrungen gewählt haben mögen: um zu wachsen und zu dem zu werden, was wir sein sollen. Unsere Kinder sind unsere größten Geschenke und unsere größte Verantwortung. Wir müssen ihren Geist nähren und ihnen jeden Tag nach bestem Vermögen lebensspendende Nährstoffe geben, damit sie uns, wenn die Zeit gekommen ist, anleiten können, *Liebe* zu werden.

Ein großer Verlust
und eine erlösende Vision

Ich erwähnte ja schon, dass meine Urgroßmutter, Grandma Jensen, mir der liebste Mensch auf der Welt war; ihre Zuneigung war mir als Kind unendlich wichtig. Sie war damals schon in den Achtzigern. Sie hatte mit ihrem Mann zusammen damals Anfang des 20. Jahrhunderts diese kleine Mormonen-Gemeinde mit begründet. Nachdem ihr Mann gestorben war, hatte sie als Matriarchin ihre fünf Kinder alleine großgezogen, und das in einer Zeit, in der eine Frau noch nicht einmal alleine Holz kaufen konnte. Sie war eine strenggläubige und starke Frau mit einem Herzen aus Gold. Ich verbrachte zahllose Stunden in ihrem Apfelbaum, wo ich vor allen Blicken versteckt war außer vor ihrem. Sie stand dann oft an ihrem Küchenfenster, sah, wie ich mich unsichtbar zu machen versuchte, und wenn ich ihr winkte, trat sie näher ans Fenster und winkte zurück. Ich wusste immer, dass sie da war.

So wie mein Herz meinen Geschwistern gehörte, gehörte ihr meine Seele. Ich liebte jedes Wort, das sie sprach, jedes graue Haar an ihr und jede Falte, jeden Blick, den sie mir zuwarf. Sie tröstete mich und versüßte mir das Leben, wenn es andernorts hart war. Als Erwachsene habe ich irgendwann bemerkt, dass ich viele Dinge einfach deswegen liebe, weil sie mich an sie erinnern. Vom Geschmack selbst gebackener Waffeln bis hin zum Duft von Flieder und Wicken gibt es so vieles, was die Erinnerung an Grandma Jensen weckt. Wenn ich bei ihr durch die Türe trat, sagte sie gerne: »Ich habe gerade an dich gedacht. Lass uns etwas trinken.« Dann goss sie Limonade in zwei kleine Becher und gab mir einen Keks, und wir saßen in der Küche und redeten über dieses und jenes. Egal was sie sagte, es war wie Musik für meine Ohren. Alles erschien mir tiefgründig und weise. Wir nippten an unserer Limonade, und sie erzählte mir Geschichten aus den zwei Weltkriegen oder von der Weltwirtschaftskrise, von der Arbeit mit den Schafen oder der Reise mit dem Planwagen durch die Hügel. Sie erzählte mir aus ihrer Kindheit, wie sie Eier mit in die Schule brachte, um sie dort gegen ein Mittagessen zu tauschen, wie sie zum ersten Mal Tabak probierte und zum ersten Mal im Kino war. Wenn ich in der Schule Probleme hatte oder ungerecht bestraft worden war, ging sie hin und setzte sich für mich ein. Und wenn mir etwas aufgetragen worden war, von dem sie wusste, dass ich es hasste, wie zum Beispiel Hühner rupfen, dann half sie mir dabei. Sie passte immer ein bisschen auf mich auf.

Als sie älter wurde, fing ich an, die Nacht bei ihr zu verbringen. Ich schlief in ihrem perfekt aufgeräumten Wohnzimmer auf der Couch. Ich wollte ihr nie von der Seite weichen, ich wollte ihr nahe sein, um zu wissen, dass es ihr gut ging. Nicht nur sie wurde älter – auch ich. Ich wurde bald sechzehn, aber nichts war mir wichtiger als meine Urgroßmutter. Ich stahl mich nachts heimlich in den Flur und legte mich mit Decken und Kissen dorthin, damit ich es ganz bestimmt hören würde, wenn sie mich brauchte. Eines Nachts, lange nachdem die Sterne am Himmel erschienen waren, rief sie dann meinen Namen.

Ich sprang auf, lauschte noch einmal, um sicherzugehen, dass ich nicht geträumt hatte, doch sie rief noch einmal. Blitzschnell war ich neben ihrem Bett. Sie saß auf der Bettkante, ihre gebrechlichen krummen Finger im Schoß gefaltet. Sie klopfte einladend neben sich aufs Bett, schaute mich eine Weile an und legte mir dann die Handflächen aufs Gesicht, wie nur sie es tat. Ich versuchte, aus ihrem Gesicht abzulesen, was los war. Sie beruhigte mich. »Schschsch, alles in Ordnung. Aber ich will dir etwas sagen, was dir vielleicht schwerfällt zu hören.« Ich hatte keine Ahnung, worum es ging, aber ihr besorgter Ausdruck ließ mich fürchten, dass es nichts Gutes war. Sie strich mir übers Gesicht und flüsterte: »Ach, Kiesha, ich hab dich so lieb«, und ich sagte: »Ich dich auch«, und nahm ihre Hand in meine. Sie sagte mir, ich solle mich nicht fürchten wegen dem, was sie mir sagen würde, weil sie damit kein Problem habe. Ich nickte und dann erzählte sie mir von einem Besuch, denn sie in jener Nacht gehabt hatte.

»Meine Mutter und mein Vater und mein Bruder Reece kamen heute Nacht zu mir. Sie standen hier am Ende meines Bettes und weckten mich. Sie sagten, ich würde bald zu ihnen nach Hause kommen.« Sie hielt inne und sah mir eine Weile ins Gesicht. Ich war unfähig, etwas zu sagen oder mich zu bewegen, der Klumpen in meiner Kehle schmerzte so, dass ich es nicht wagte, den Mund zu öffnen. Sie sagte, sie habe keine Angst, sie sei glücklich, nach Hause zurückzugehen. Sie vermisse ihre Familie und es werde ihr gut gehen.

Ich war in Panik – sie durfte mich nicht verlassen! Was würde ich ohne sie tun? Wie könnte ich überleben? Jeden Morgen frühstückte ich mit ihr, bevor ich in die Schule ging, nachts schlief ich bei ihr, ich betete jeden Abend für sie, ich hatte in Regen, Sturm und Schnee unter ihrem Fenster gehockt, nur um ihr nahe zu sein. Und jetzt wollte sie mich verlassen? Es war mir offensichtlich anzusehen. Sie nahm mich in die Arme und flüsterte: »Es wird gut sein. Du wirst okay sein.« In jener Nacht legte ich mich neben sie in ihr Bett. Sie hielt meine Hand, und ich flüsterte in die Dunkelheit: »Grandma, ich hab dich lieb«, und sie erwiderte flüsternd, dass sie mich auch liebte, und ihre brüchige Stimme war voller Zärtlichkeit.

82

Am Morgen wachte ich davon auf, dass sie sich auf die Bettkante setzte. Sie zog die unterste Schublade ihrer Kommode auf. Ich richtete mich interessiert auf. Jeder Zentimeter dieses Hauses war mir vertraut, aber ich wusste nicht, was in jener untersten Schublade war, weil sie nie geöffnet wurde. Ich setzte mich neben sie, und sie holte ein Bild meines Urgroßvaters Earl hervor. Sie drückte es sich ans Herz, bevor sie es mir gab, dann griff sie noch etwas tiefer in die Schublade und holte einige Dinge hervor, die ihr kostbar waren. Sie legte sie in meine Hände und ließ mich versprechen, dass ich sie sicher aufbewahren und sie weder verkaufen noch jemandem in der Familie geben würde. Sie sagte, sie würden sicher danach suchen. Ich packte sie in meine Tasche und brachte sie direkt zu meinem Versteck. Ich freute mich, dass sie sie mir anvertraut hatte, und ich war tieftraurig, weil sie sich sicher war, dass sie diese Welt bald verlassen würde.

Ein paar Tage später stürzte sie und musste ins Krankenhaus. Ich wusste, was im Gange war. Ich wusste, dass sie uns verlassen würde. Ich konnte es nicht ertragen. Ich lief wie betäubt die Krankenhausflure entlang. Eine der Schwestern rief mich und nahm mich bei der Hand, um mich zum Zimmer meiner Urgroßmutter zu führen. Da lag sie und sah so zerbrechlich aus unter der weißen Wolldecke. Mit ihren krummen Fingern winkte sie mich zu sich, und ich legte meinen Kopf in ihren Schoß. Es war schmerzhafter für mich als jede Verletzung und jede Demütigung. Es war einfach unerträglich. Ich begann, selbst zu sterben, und nichts konnte es aufhalten. Ich wich ihr nicht von der Seite, legte mich neben sie, weigerte mich, zur Schule zu gehen. Wenn sie nicht aß, aß ich auch nichts, wenn sie nicht schlief, wachte ich auch. Ich glaube, wir wussten beide, dass es bald so weit sein würde. Ich weiß noch, ich schaute sie an, Tränen liefen mir über das Gesicht, und ich flüsterte immer wieder, wie sehr ich sie liebte. Ihre Augen füllten sich auch mit Tränen und flossen über, aber sie konnte nicht sprechen. Sie schaute mich nur an und sagte wortlos alles, was zu sagen war. Und dann verschied sie.

Ich dachte, mein Herz würde aufhören zu schlagen. In gewisser Weise tat es das auch. Nichts konnte mich trösten. Nichts änderte etwas an meinem Schmerz. Ich lebte tagelang im Apfelbaum. Der

Anblick von Essen war mir zuwider, und der Schlaf blieb mir fern. Von dem Baum aus sah ich meine Brüder Kent und Kort im Garten spielen, dann legte ich mich auf seine Äste und starrte in die Blätter. Ich weiß nicht, woran ich dachte. In mir war eine Art Betäubung, die mein ganzes Bewusstsein zu erfüllen schien. Kurz nach dem Tod meiner Urgroßmutter versagten zum ersten Mal meine Nieren. Ich habe gehört, dass die Nieren mit Kummer zu tun haben, dass großer Kummer sie belasten kann. Wahrscheinlich waren meine völlig erschöpft. Es war der größte Verlust, den ich je erlebt hatte – ich hatte den Menschen verloren, der mir mehr bedeutete als alle anderen. Meine Rettungsleine war gerissen.

Ich konnte an nichts anderes denken, als wie ich dahin kommen könnte, wo sie jetzt war. Wieder einmal hing mein Lebenswillen am seidenen Faden. Doch dann hatte ich einen Traum, der so stark war, dass er mehr einer Vision glich. Ich habe diese Vision seitdem ein paarmal gehabt, immer wenn ich sehr verzweifelt war oder an einem Wendepunkt stand. Sie ist der Schlüssel zu meiner Vergangenheit, meiner Zukunft und zu der Aufgabe, um derentwillen meine Seele hierher gekommen ist.

In der Vision sah ich in einer gewissen Entfernung auf einem hohen Hügel eine abgestorbene riesige Eiche stehen. Dann wurde mir ein kleines Tal voller Dornensträucher gezeigt, die dicht mit reifen, roten Beeren besetzt waren. Ich sollte dem Pfad folgen, bis ich in dem Tal ankam, und dann sollte ich alle roten Beeren ernten, bis zum letzten Strauch. Es war schwere Arbeit. Die Sonne brannte mir auf die Haut, und meine Kleidung war in kurzer Zeit völlig zerfetzt. Wenn mein Holzeimer voll war, leerte ich ihn in ein großes Fass, immer wieder, bis alle Beeren abgeerntet und das Fass voll war. Dann sollte ich mit meinen Füßen die Beeren stampfen, damit der Saft herauskam.

Als ich damit fertig war, war ich bis über die Ellbogen dunkelrot vor Saft. Ich wusste, dass ich dann den Saft den Hügel hinauf zu dem toten Baum bringen und ihn über seinen Wurzeln ausgießen sollte. Dieser Teil war am schwersten: mich mit dem Gewicht der riesigen, schweren Eimer den Hügel hinaufzuschleppen. Meine Arme und Schultern brannten, meine Beine zitterten, und ich brauchte meine letzte Kraft, um es bis dort hinauf zu schaffen.

Nachdem ich den dunkelroten Saft ausgegossen hatte, trat ich zurück und wartete, was geschehen würde. Plötzlich brach einer der riesigen Äste des Baumes ab und stürzte mit großem Krachen zu Boden, wobei sich das eine Ende tief in den Boden rammte. Nach ein paar Augenblicken sah ich dann mit Staunen, wie etwas Wundervolles geschah: Der Ast begann, kleine grüne Blätter zu treiben – er ergrünte wieder, voller Leben!

Als ich von dieser Vision erwachte, befand ich mich in einem veränderten Bewusstseinszustand. Ich zitterte, schwitzte und fühlte mich, als würde ich schweben. Ich dachte, ich würde nie wieder schlafen. Etwas in dieser Vision ließ mich verstehen, dass ich weitermachen musste. Ich verstand die Bedeutung dieses Traums zwar noch nicht, aber ich wusste, ich hatte in diesem Leben noch etwas zu tun, und es war wichtig.

Wann immer die Vision seitdem über mich kam, immer ungebeten, immer gleich, erinnerte mich ihr starker Symbolismus eindrücklich daran, dass aus dem, was tot ist, neues Leben wachsen kann – dass ich einen wertvollen Beitrag leisten kann, wenn ich weiter dranbleibe, trotz allem. Diese Vision mag sich zwar auf mein spezifisches Karma oder meinen persönlichen Lebensweg beziehen, doch ich glaube, sie verweist auch auf die allgemeine menschliche Erfahrung.

Die Reise durch dieses Leben ist nicht einfach – wir kommen nicht ungeschoren und ohne Verletzungen davon. Doch vielleicht sind wir hier, um das Tote in unserem Familiensystem, in unserer Kultur, auf unserem Planeten und in uns selbst durch unsere unablässige Liebe, unser stetes Bemühen und unsere spirituelle verbindliche Hingabe zu heilen. Vielleicht ist unsere Aufgabe hier 85 auf der Erde, in diesen Familien, in dieser Gemeinschaft größer, als wir je gedacht haben. Unsere Existenz und was wir während unseres Daseins hier tun, ist für den Rest der Existenz von großer Bedeutung. Wer jetzt auf diesem Planeten ist, ist hier, um neues Leben zu bringen, und das ist nicht einfach; aber eben deshalb sind wir hergekommen in dieser Zeit der großen Transformation, des Sterbens und der Wiedergeburt.

Also müssen wir weiter jenen Hügel hinaufstreben, uns weiter bemühen, weiterhin lernen, sammeln und den Saft des Lebens, der Liebe zum Leben und zueinander ausgießen, so gut wir können. Diese Art von Liebe erfordert unseren gesamten Mut, unser gesamtes Vertrauen. In Liebe bete ich, dass durch Liebe das Verwitterte und Gestorbene wieder ergrünen kann; in Liebe bete ich, dass Mutter Erde und jeder von uns wieder zurück ins Leben findet, dass unsere zarten Keime und Knospen aus unseren toten Gliedern wieder zum Himmel sprießen.

Lektionen der Natur

Noch bevor ich irgendetwas über Schamanismus wusste, lebte ich für die Tiere, die Natur, die Bäume, die Berge und die Flüsse. Mein Leben richtete ich auf natürliche Weise von Kindheit an so aus. Von früh an wusste ich, wie ich mit Tieren reden und mit ihnen umgehen kann. Später wurde es zu meiner Leidenschaft, alles über sie zu wissen – über ihre Biologie, ihre Gewohnheiten, ihr Wesen. Begeistert las ich »National Geographic« und alle Tierbücher und lernte so viele Fakten über Tiere wie möglich auswendig. Aber vor allem verbrachte ich so viel Zeit wie irgend möglich mit Tieren. So wurde ich im Laufe der Zeit zu einer Fachfrau für Wildtiere, arbeitete in meiner Gegend mit dem Tierschutz, mit Einrichtungen zur Renaturalisierung, mit der Naturschutzbehörde und verschiedenen Organisationen für Wildtiere zusammen. Außerdem half ich immer, wenn irgendwo eine Kuh oder ein Schaf krank oder von einem Berglöwen angefallen worden war oder wenn jemand ein verletztes Wildtier gefunden hatte. In all der Zeit, die ich im Freien damit verbrachte, die Natur zu studieren und von ihr zu lernen, lehrte mich Mutter Erde, wie ich mit ihren Kreaturen respektvoll umgehen und die Liebe würdigen kann, die uns überall umgibt und die in jedem einzelnen Akt der Natur zum Ausdruck kommt.

Mit den Bienen Honig sammeln

Zu den Geschöpfen, die unsere Achtung am meisten verdienen, gehören die Bienen. Sie sind ein wirklich heiliges Geschenk der Natur. Was sie für uns tun, indem sie die Blumen und Pflanzen bestäuben, uns Honig und wundervolle Heilsubstanzen geben, die sie mit ihren Körpern erzeugen, ist höchst erstaunlich. Sie sind für die Lebenszyklen auf dem Planeten von höchster Bedeutung – doch wir vergessen oft, wie viel wir ihnen verdanken und wie sehr unser Überleben von ihnen abhängig ist.

Allein in Amerika bestäuben die Bienen über hundert verschiedene Feldfrüchte. Ohne ihren täglichen Einsatz bei der Bestäubung hätten wir weder Früchte noch Gemüse, Nüsse oder Beeren. Es gibt über zwanzigtausend verschiedene Bienenarten, und jede von ihnen ist für das Ökosystem des Planeten entscheidend wichtig. Ohne die Bienen würde das Lebensnetzwerk auf diesem Planeten zusammenbrechen. Die Bienen versüßen uns das Leben auf der Erde und bereichern es – im wahrsten Sinn des Wortes. Sie verschwinden in den letzten Jahren auf geheimnisvolle Weise, und wir wissen nicht, warum oder wie wir es aufhalten können.

Als Kind hatte ich immer eine besondere Beziehung zu Bienen. An meinem besonderen Platz am Fluss lag in der Nähe ein riesiger Pappelstamm, in dessen Höhlung viel los war – er war das Zuhause eines wunderschönen Bienenschwarms. Ich fürchtete mich nie davor, dem Bienennest nahe zu sein, ich saß stundenlang bei ihnen und schaute ihrem geschäftigen Kommen und Gehen zu. Ich konnte ganz im Leben und Sein der Bienen aufgehen. Ich wusste damals nichts über Meditation oder Kontemplation, aber aus heutiger Sicht ist mir klar, dass das Beobachten der Bienen für mich eine Art Meditation war. Ich vergaß mich selbst, mein Leben, meine Umgebung. Ich konnte sogar einzelne Bienen wiedererkennen, und ich glaube, sie gewöhnten sich auch an mich.

Wenn ich ganz ruhig wurde, meinen Verstand ausschaltete und eine von ihnen wurde, mich ganz ihrem Rhythmus hingab, dann ließen sie mir auch ein bisschen von ihrem Honig zukommen. Meistens sang ich ihnen dabei ein kleines Lied vor. Ich erzählte ihnen, wie schön sie seien, wie ich sie liebte und wie gerne ich ihren Honig kosten würde, und ich versprach, auch nur ein kleines bisschen zu nehmen. Langsam und ohne Angst bewegte ich meine Hand in das Bienennest und brach ganz vorsichtig ein kleines Stück Wabe ab, sorgsam darauf achtend, dass ich keine Larven verletzte. Dann saß ich bei ihnen auf ihrem Stamm und genoss, immer noch mit ihnen singend, mein Stückchen Wabe. Den ganzen Sommer über durfte ich das tun.

Für die Bienen zu singen erschien mir ganz natürlich. Um zu irgendeinem Tier zu sprechen, brauchst du nichts zu tun, als dich mit deinem Herzen zu verbinden und die Gefühle zu fühlen, die du ihnen mitteilen willst. Tiere sind nicht so anders als du und ich. Wir Menschen achten gewöhnlich nicht so sehr darauf, wie wir uns in ihrer Nähe fühlen oder verhalten – und dann wundern wir uns, warum uns ein Tier beißt oder anknurrt oder vor uns flüchtet. Ich steckte nicht einfach rücksichtslos meine Hand in das Bienennest und riss mir ein Stück Wabe ab. Dann hätten sie mich sicher gestochen. Es geht darum, Tiere mit Liebe und Respekt zu behandeln. Wenn du dir Zeit nimmst, dich mit einem Tier vertraut zu machen, und ihm mit Liebe und Respekt begegnest, wird es in den meisten Fällen auch nicht aggressiv reagieren, sondern die Absicht in deinem Herzen spüren und dich an sich heranlassen.

Die Bienen haben mich viel über Hingabe und selbstlose Liebe gelehrt. Bienen hüten immer den Eingang zu ihrem Nest, um die Bienenkönigin und die Larven vor allem zu schützen, was da kommt. Obwohl sie jederzeit wegfliegen könnten, verteidigen sie die Königin bis zur letzten Biene. Die Königin selbst widmet ihr ganzes Leben der Geburt der Larven, dem Erhalt des Schwarms. Sie ruht nicht, um zu essen oder zu trinken, und sie verlässt nie das Nest. Ihr ganzes Leben ist ihrer Familie gewidmet. Keine Biene tut irgendetwas nur für sich selbst. Wenn die Arbeitsbienen hinausfliegen und Pollen finden, kehren sie sofort zum Nest zurück und teilen den anderen mit, wo er zu finden ist, damit alle Nahrung haben. Alles dient dem Wohl des Ganzen. Stell dir nur vor, wie es wäre, wenn auch wir Menschen so miteinander umgingen und die Einheit unseres Seins, unsere gegenseitige Abhängigkeit und unsere Verantwortung füreinander entsprechend würdigten.

Ich träumte einmal, ich wäre eine Biene, die von Blume zu Blume fliegt. Zuerst verstand ich diese Symbolik nicht, aber jetzt beginne ich zu begreifen, was es bedeutet. So wie die Biene den Pollen von Blüte zu Blüte trägt, damit das Leben Frucht tragen kann, können auch wir Menschen den Pollen der Liebe von einem Menschen zum nächsten tragen, auf dass jedes Herz, dem wir begegnen, sich öffnet und reift. So wie die Bienen dazu beitragen, dass Früchte wachsen und neue Blumen erblühen, können wir dazu beitragen, jedes Herz, dem wir begegnen, zu befruchten, damit es sein verborgenes Potenzial erfüllen und in Liebe erblühen kann.

Die Lektion des Dachses:
Nimm nie etwas, ohne zu fragen

Manche Lektionen, welche die Tiere uns lehren, sind nicht einfach. Wie schon erwähnt, teilen manche Tiere ihre Medizin mit uns, indem sie uns angreifen oder beißen, auch wenn das der landläufigen Vorstellung von Tiertotems widerspricht. Ich wurde zum Beispiel von einer Klapperschlange gebissen, von einer Eulenkralle verwundet und von einem Pferd getreten – und es diente alles einem bestimmten Zweck. Doch keine dieser Lektionen war so eindrücklich und intensiv wie die des Dachses. Bis zum heutigen Tag vergleiche ich jede schmerzhafte Krankheit in ihrer Intensität mit dem, was ich durch den Dachs erlebte.

Im ersten Jahr, nachdem ich Little Grandmother wurde, hatte ich in kurzer Zeit sehr viel zu lernen und fühlte mich manchmal ziemlich allein damit. Mir waren von Indianern unterschiedlicher Stämme etliche Medizinschilde, Stäbe, Rasseln und andere heilige

Medizingegenstände geschickt worden, manche davon recht alt, andere extra für mich angefertigt. Alle diese Dinge verwendeten Tiermedizin: Fell, Krallen, Federn, Knochen. Manche von ihnen stammten von meinen besonderen Tiertotems. Ich musste erst noch lernen, Tiermedizin auf diese heilige, zeremonielle Weise zu verwenden. Und eines Tages machte ich einen großen Fehler, der mich beinahe umbrachte.

Ich befand mich mit meinem Mann und meinen Kindern auf einem Wochenendausflug. Wir fuhren am frühen Abend gerade eine Landstraße entlang, als ich neben der Straße einen toten Dachs liegen sah. Wir hielten an, und ich stieg aus, um ihn mir genau anzusehen. Er war leider schon seit mehreren Stunden tot. Ich erinnerte mich plötzlich an einen bestimmten Medizinstab, der mir gegeben worden war. Ich wusste, dass Dachs-Medizin sehr stark ist, und hatte die Idee, diesen Stab mit einer Dachskralle zu versehen, um meine Heilarbeit mit Dachs-Medizin zu bereichern. Ich dachte mir, Mutter Erde gibt mir offensichtlich diese Dachskralle, damit ich sie verwende, denn einen toten Dachs findet man nur selten, und dieser hier hatte direkt auf meinem Weg gelegen. Also nahm ich mein Medizinmesser, schnitt dem Dachs eine Kralle ab und tat sie in einen Plastikbeutel, um sie mit nach Hause zu nehmen.

Innerhalb von höchstens einer Viertelstunde wurde ich richtig krank. Ich bekam eine so heftige Migräne, wie ich sie noch nie gehabt hatte, und Krämpfe schüttelten meinen Körper. Der Schmerz war so stark, dass ich mich übergeben musste, ich bekam Nasenbluten und hohes Fieber. Es war, als hätte ich völlig die Kontrolle über meinen Körper verloren. Meine Kinder waren sehr verängstigt, denn eben noch war ich völlig gesund gewesen, und jetzt war ich unfähig, die Krämpfe und die Übelkeit unter Kontrolle zu behalten, und fürchtete, ohnmächtig zu werden. Irgendwie fanden wir eine Klinik, und ich wurde direkt in die Notaufnahme gebracht. Sie führten alle möglichen Tests und Untersuchungen durch, doch sie fanden nichts. Meine Nerven waren übererregt, und mein Gehirn war entzündet, so viel war klar; aber sie fanden keine Ursache. Ich fürchtete schon, ein Aneurysma oder einen Gehirntumor zu haben. Aber auch in dieser Richtung war nichts zu finden. Sie gaben mir, was sie hatten, um die Schmerzen, die Krämpfe und die Übelkeit zu lindern.

Am nächsten Morgen ging es mir ein wenig besser, aber ich war immer noch in einem jämmerlichen Zustand. Körperlich schien mir nichts zu fehlen, und so wurde ich aus dem Krankenhaus entlassen. Immer noch litt ich unter Schmerzen am ganzen Körper und unter Migräne. Zu Hause legte ich mich sofort ins Bett und lag da die nächsten vierundzwanzig Stunden, praktisch ohne mich zu bewegen oder die Augen zu öffnen. Ich dachte, ich sterbe.

In diesem halbbewussten Zustand, während das Fieber kam und ging, begann ich, Visionen zu haben. Ich sah, wie ich die Dachskralle nahm. In diesem Augenblick wusste ich plötzlich, dass diese mysteriöse Krankheit mit dem Dachs zu tun hatte. Ich spürte es am ganzen Leib. Ich bereute und bedauerte aus tiefster Seele, was ich getan hatte. Ich schwitzte und brannte am ganzen Körper, aber ich fror auch und zitterte. Noch mehrere Stunden lang lag ich mit hohem Fieber da.

Gegen Mitternacht erschienen schließlich in einer Vision drei indianische Älteste vor mir. Sie schauten sehr ernst drein, und einer von ihnen sprach mit mir. Seine Stimme war leise und sehr ruhig. Alle Tiere seien heilig, erklärte er mir, und seien die Hüter heiliger Medizin und Lehren. Wenn wir Menschen diese Medizin nutzen möchten, müssen wir darum bitten, müssen wir uns ihrer als würdig erweisen, müssen tiefe Achtung zeigen. Wir müssen beten und die Erlaubnis erhalten, sie zu verwenden. Dann wurde mir noch einmal gezeigt, wie ich die Dachskralle genommen hatte, ohne um Erlaubnis zu bitten oder zu beten.

Der Älteste sagte mir, ich müsse durch diesen Läuterungsprozess
92 gehen, um zu lernen und zu verstehen. Ich müsse mich daran erinnern, »nie zu nehmen, ohne zu fragen«. Nach dieser Läuterung würde der Dachsgeist mir zur Seite stehen, aber ich solle nie ver-

gessen, dass ich es mit einem echten Geist, mit einer sehr realen Macht zu tun habe. Die Geister müssten auf heilige Weise angesprochen und gewürdigt werden. Als die Ältesten verschwanden, begann mein Fieber zu sinken, und mein Kopfschmerz löste sich endlich auf.

Ich vergaß das niemals. In jener Nacht lernte ich die wahre Macht des Dachses und aller Tiergeister kennen. Selbst wenn ein Tier tot ist, müssen wir um Erlaubnis bitten, um eines seiner Teile zu verwenden, und dies höchst respektvoll angehen. Wir müssen für dieses Geschenk, für sein Leben und für seinen Geist dankbar sein. Es war eine meiner frühen Prüfungen und Initiationen – und ich hoffte, dass ich nicht immer auf so harte Weise würde lernen müssen.

Als ich hinterher darüber nachdachte, fragte ich mich, warum ich merkwürdigerweise nicht gebetet hatte, bevor ich die Kralle nahm. Eigentlich entsprach es meiner Gewohnheit, Tiere um Erlaubnis zu bitten, bevor ich etwas mit ihnen tat oder mich ihnen näherte. Vielleicht hatten mich die Tatsache, dass der Dachs tot war, und die überraschende Situation abgelenkt. Ich hatte gedacht und nicht gefühlt, was angemessen gewesen wäre.

Bei allen Interaktionen mit der Natur gilt die Faustregel, nie zu nehmen, ohne zu fragen. Und nie etwas zu nutzen oder zu nehmen, ohne von Herzen zu danken.

Mutter Erde versorgt uns zwar mit allem, was wir brauchen, um zu leben und zu gedeihen, aber sie ist machtvoll und verdient unseren höchsten Respekt und unsere größte Liebe für all das, was sie uns schenkt. Je bewusster wir Menschen unseren Platz zwischen all den Kreaturen und Geistwesen der belebten Welt einnehmen, desto mehr achten wir auf die kleinen Dinge – wie wir uns verhalten, was wir bemerken – und darauf, was wir als Dank zurückgeben können.

Alles entsteht aus Liebe

Wie viele von uns sehen in ihrem Alltag nie wirklich die Schönheit der Natur um uns herum? Meistens trotten wir einfach so durch den Tag, fahren immer dieselbe Straße entlang zur Arbeit, vorbei an denselben alten Bäumen, oder schauen jeden Tag aus demselben Fenster, ohne wirklich zu sehen, was in der Natur vor sich geht. Denke einen Augenblick lang daran, was vor deinem Küchenfenster passiert. Welche Pflanzen siehst du täglich? Hast du sie je genauer betrachtet oder mit ihnen geredet?

Ich bete darum, dass wir, wenn wir eine echte Beziehung zur Natur entwickelt haben, eben diese alten Bäume und Pflanzen als die wundervollen Geschöpfe sehen, die sie sind, und die Schönheit, die Mutter Erde uns jeden Tag schenkt, nicht mehr einfach als selbstverständlich hinnehmen.

In meiner Jugend in der mormonischen Gemeinde habe ich gelernt, immer zum himmlischen Vater zu beten, ihm zu danken und vor dem Einschlafen mein Abendgebet zu sprechen. Kein Mormone hatte je etwas von einer entsprechenden Mutter gesagt, und es bedrückte mich, zu einer Religion zu gehören, in der es keine Mutter gab. Als ich älter wurde, suchte ich in anderen Religionen nach Hinweisen auf die Mutter oder das Weibliche. Doch leider wurde das Weibliche auch in anderen religiösen Texten und Lehren nirgends auf eine positive Weise dargestellt.

Ich fand das sehr verwirrend. Einerseits hatte ich gelernt, dieser Religion als Wort Gottes zu folgen, und andererseits lernte ich von der Natur, von Mutter Erde selbst, und das auf sehr fürsorgliche und liebevolle Weise. Ich fühlte mich hin und her gerissen. Ich glaubte an die Kirche und versuchte, die Regeln einzuhalten, um mich Gottes und des Himmels würdig zu erweisen; ich kannte es schließlich nicht anders. Doch das, was ich durch die Stimmen in der Natur lernte, war, wie ich wusste, genauso echt. Es war nicht leicht für mich, meinen Weg zu finden, einen Sinn im Leben zu erkennen und herauszufinden, was wahr ist. Als ich dreiundzwanzig Jahre alt war, konnte ich das, was die patriarchalische Mormonen-Religion lehrte, nicht mehr ertragen und gab mich, ohne einen Blick zurückzuwerfen, ganz in die Arme der Mutter.

Wenn du anfängst, eine echte Beziehung zu Mutter Erde zu haben, kannst du eine Fülle unendlicher Liebe erleben. Für mich umfasst Mutter alle Gefühle, die es gibt. Sie ist das Leben und die Liebe selbst. Die Mutter aus der Religion und aus unserem Verständnis der Schöpfung zu streichen bedeutet, jene Essenz der Zärtlichkeit, des Mitgefühls, der Schönheit und der Fürsorge zu leugnen, die das Leben ausmacht. Es ist unbedingt notwendig, eine echte Beziehung mit unserer wichtigsten Mutter zu haben, zu Mutter Erde. Dazu müssen wir sie zunächst kennenlernen und verstehen. Wenn du anfängst, Mutter Erde wirklich zu erkennen, scheinen überall Wunder stattzufinden; überall ist üppige Schönheit, und ganz einfache Dinge wie ein Schmetterling oder selbst ein Grashalm können dein Herz zu Tränen rühren. Und jener alte Baum oder die kleine Pflanze vor deinem Fenster werden zu echten Freunden, zu einem Ausdruck der Liebe von Mutter Erde zu dir.

Mutter Erde ist ein göttliches Wesen, das uns unser Leben, unseren Atem, unsere Nahrung, unser Wasser und unseren Körper schenkt. Doch die meisten von uns schauen sie kaum an. Wir sind blind geworden für die täglichen Geschenke, und jetzt ruft sie uns auf, uns daran zu erinnern, dass sie lebt. Sie leidet unter dem Mangel an Zuwendung und Liebe von ihren Kindern. Doch wenn wir unsere Mutter nicht kennen, wie können wir sie dann lieben?

Wenn wir aufwachen und wirklich auf sie achten, hören wir, wie die Vögel singen, wie sie einander auf wundervolle Weise rufen und durch ihr Lied Liebe und mehr Leben erzeugen. Wir sehen, wie die aufgehende Sonne ihre Geliebte, die Erde, mit ihrer zärtlichen Wärme überströmt, um den Pflanzen und Tieren Leben zu bringen.

Ich lag einmal im Apfelbaum meiner Urgroßmutter und sah durch die Zweige hinauf. Ich beobachtete, wie die Sonne und der Wind die Blätter streichelten, die hin und her schwangen, hin und her. Mir wurde klar: Sie tanzten, das ganze Leben ist ein Tanz, eine zärtliche Zuwendung. Ich erkannte, dass alles Leben auf der Erde durch Liebe entsteht. Auch wir Menschen zeugen durch einen Akt der Liebe neues Leben, und das ist keineswegs ein Zufall. In der ganzen Schöpfung ist es so: Der Wind streichelt den Pollen von einer Blüte, oder ein Pinienzapfen wird von einer Baumkrone geblasen, und aus dieser liebevollen Geste entsteht neues Leben. Der Pollen findet eine andere Blume oder Pflanze, mit der er sich verbindet, und Leben entsteht. Der Pinienzapfen, der durch den Tanz zwischen Wind und Baum entstanden ist, fällt zu Boden, wundervolle Regentropfen fallen, der Regen mischt sich mit dem Boden, und aus diesem Akt der Verbindung und Liebe keimt neues Leben. Das Gleichgewicht, die Rhythmen und das Wissen der Natur sind vollkommen.

Manchmal fegt ein natürliches Feuer durch den Wald, das mit seiner Leidenschaft alles Alte und Tote verschlingt und eine rohe, nackte Erde zurücklässt, die offen ist für neue Lebensfunken. Etwas, das wir als zerstörerisch betrachten, ist eigentlich eine leidenschaftliche Geburt neuen Lebens. Die Hitze des Feuers hat genau die Temperatur, die ein geschlossener Pinienzapfen braucht, damit sein Harz schmilzt und er sich öffnet und seine Samen freisetzt. Alles in der Natur ist ein Tanz des Gebens und Nehmens. Alle Dinge sind liebend lebendig und uns aus Liebe gegeben. Selbst die Früchte und Gemüse, die wir essen, sind nicht nur aus einem Akt der Liebe entstanden, sondern auch genau so herangewachsen, wie es unser menschlicher Körper zu seiner Stärkung braucht.

Wenn du das Geben und Nehmen verstehst, die Essenz der Liebe, die alles Leben um dich herum erschaffen hat, kannst du den Apfel, den du isst, und selbst die Scheibe Toast, die aus Korn hervorgegangen ist, besser wertschätzen. Die kleine Pflanze vor deinem Fenster ist schon die ganze Zeit da gewesen, ist gewachsen und hat sich bemüht, so schön wie möglich zu sein – für dich. Wenn du anfängst, Mutter Erde und ihre wundervollen Liebesakte, mit denen sie dich ständig beschenkt, wirklich zu erkennen, dann kannst du sie auch wirklich lieben. Dann kannst du eine echte Beziehung zu ihr entwickeln. Dann fängt das Leben wirklich an. Dann siehst du die Liebe, die überall wirkt, und das Leben, das in jedem Akt der Natur erschaffen wird. Du nimmst dir Zeit, den Dingen, die du isst, und den Pflanzen um dich herum zu danken. Genauso wie du durch einen Akt der Liebe empfangen wurdest, ist auch alles andere aus der Energie der Liebe entstanden, geboren aus der Zärtlichkeit, Großzügigkeit und Schönheit der Mutter.

Die göttliche Ordnung in der Schöpfung

Mutter Erde ist eine großartige Lebensquelle, regiert von der absoluten Weisheit des Schöpferischen, vom kleinsten Samen, der weiß, wann die Zeit zum Keimen ist, bis zum größten Wal, der weiß, dass er nach Norden ziehen muss, um Nahrung zu finden. Alle Dinge sind von einer absoluten Quelle der Intelligenz erschaffen, die wir in jedem Krümel des Lebens wiederfinden. Es gibt noch so viel unerkannte Weisheit in der Natur. Wir können dort vielleicht Antworten auf viele dringende Fragen finden: von architektonischen Problemen bis zu Heilmitteln für Krankheiten. Wir müssen nur gründlich genug hinschauen.

Woher wissen die Bienen instinktiv, wo Nahrung zu finden ist, und wie teilen sie einander mit, wo diese Nahrung zu finden ist? Wie können Zikaden siebzehn Jahre lang tief in der Erde ruhen und dann plötzlich alle ausschlüpfen und den Baumstamm entlang nach oben krabbeln? Jeder Grashalm wächst mit einer großen Aufgabe heran. Jedes Tier ist ein wichtiger Bestandteil des Lebenskreislaufs. Auch wir sind Teil dieses weisen Kreislaufs, dieses enormen Wissensspeichers, der in der Schöpfung, in der Natur verborgen ist. Intuitiv wollen wir so viel wie möglich wissen, wollen unser volles Potenzial leben, das Geheimnis des Lebens entschlüsseln. So wie die roten Krebse sich aufgerufen fühlen, zu einer bestimmten Mondphase den Strand hinauf zu kriechen, um ihre Eier abzulegen, so wie die Kraniche dem Ruf folgen, Richtung

Süden zu ziehen, so fühlen auch wir uns aufgerufen, unser wahres, höchstes Selbst zu werden.

Wir sind ein Teil des großen Geheimnisses der Natur, vollständig integriert in den höchsten Lebensplan. Alle Dinge auf diesem wundervollen Planeten nehmen am wundersamen Tanz des Lebens, an Geburt, Wachstum und Tod teil. So wie bestimmte Bäume oder Blumen ein ganzes Leben lang warten, bis sie genau zum richtigen Zeitpunkt erblühen, so hat auch die Menschheit gewartet, bis die richtige Zeit für ihr Erblühen, für die volle Entfaltung des Bewusstseins gekommen ist. Diese Zeit ist jetzt. Etwas ruft uns, unser ganzes Potenzial zu entfalten, zu erwachen und zu unserer schönsten Intelligenz zu erblühen. Wir sind so viel mehr, als uns beigebracht wurde. Wir sind wundervolle Funken der göttlichen Quelle des Lebens, und es ist Zeit für uns, dies wirklich zu sein. Wir können endlich unseren Drang ablegen, uns als von der Last des Lebens niedergedrückte Opfer zu empfinden, und uns als Schöpfungen des Großen Geistes erkennen, die die unendliche Intelligenz der Liebe in sich tragen.

Wir können die Schöpfer unserer eigenen Erfahrung sein, wenn wir uns nur daran erinnern, wie wundervoll wir wirklich sind. Es ist Zeit, unsere schöne Mutter Erde als das unglaubliche Wunder anzusehen, das sie ist; zu erkennen, dass alles aus Liebe geboren wird und im geheimnisvollen Kreislauf des Lebens eine Aufgabe hat. Wir sind die Schöpfer unseres Lebens. Wir rufen hervor, was wir erfahren wollen. Durch unsere Absicht und unsere Gefühle, Emotionen und Träume ziehen wir die Erfahrungen an, die wir erleben wollen. So wie die Schwerkraft des Mondes auf unserem Planeten große Wellen hervorruft, ruft uns unser höheres Selbst und drängt uns, unsere Schöpferkraft voll und ganz zu leben und zu den wundervollen, magischen Wesen zu werden, die wir sein können.

98 So wie jede Frucht und jedes Gemüse der göttlichen Ordnung entsprechend reift, um Nahrung und Leben zu spenden, so wurde unser höheres Selbst erschaffen, um unseren Körper und unseren

Geist mit grenzenloser Energie, Liebe und Licht zu versorgen. Doch solange wir Mutter Erde nicht als gesegnetes, göttliches Wesen erkennen, mit all ihrer wundervollen, magischen Intelligenz, können wir diese Qualität auch nicht in uns erkennen.

Wir sind die Kinder unserer Mutter, wir sind Teil ihrer Schöpfung, Teil ihrer Schönheit und ihrer unvorstellbaren Weisheit. Wenn wir anfangen, das zu erkennen, wird uns auch bewusst, wie unglaublich wundervoll wir selbst sind. Wir Menschen sind Teil von etwas so unendlich Wunderbarem und Perfektem, dass wir es kaum begreifen können. Es ist Zeit für uns, damit anzufangen, uns selbst als die unglaublichen Geschöpfe zu lieben, die wir sind, und anzufangen, unsere Mutter zu lieben, die es uns ermöglicht, an ihrem grenzenlosen Tanz des Lebens teilzunehmen.

Teil 2

Erinnern, wer wir sind

Die Rückkehr der Ahnen

Im Jahr 2009 hatte ich die Ehre, eine der kraftvollsten Zeremonien zu leiten, die ich je erlebt habe. Die Zeremonie, von der ich spreche, wurde anlässlich des offiziellen internationalen Return of the Ancestors Gathering (»Rückkehr der Ahnen«-Zusammenkunft) vom 18. bis 28. April 2009 in Arizona nördlich von Santa Fe im Hochland von Neu-Mexiko abgehalten. Bei der Veranstaltung in Arizona kamen indigene Älteste, spirituelle Führungspersönlichkeiten, Schamanen, Weisheitshüter und unterschiedlichste Menschen aus aller Welt zusammen, um tagelang Zeremonien, Begegnungen und Heilungsrituale durchzuführen. Der Zeitpunkt im April war gewählt worden, weil er Prophezeiungen der Maya und der Hopi über die Ereignisse dieser Zeit entsprach.

Es hieß, es sei eine Zeit, in der die Heilung von Mutter Erde beginne, eine Zeit, zu der die Himmel sich öffnen und Energien der Hilfe, des Lichts und der Liebe herabströmen lassen, damit wir Menschen uns erinnern, wer wir sind. Das werde es uns ermöglichen, eine höhere Bewusstseinsebene zu erlangen. Es werde eine Zeit einläuten, in der alte Weisheiten und vergessene Lebensarten wiederkehrten – ein Wendepunkt der Menschheit. Laut dem großen Maya-Ältesten Don Alejandro Cirilo Perez Oxlaj, dem »Hüter

aller Maya-Lehren«, würden wir zu dieser Zeit vor einer entscheidenden Frage stehen: Sind wir Menschen fähig, uns zu verändern? Unsere Antwort sei für die Zukunft des Planeten entscheidend.

Es war Zeit für uns, uns daran zu erinnern, in Harmonie mit der Gesamtheit des Lebens zu leben, Mutter Erde zu achten und auf sie zu hören, das Weibliche zu würdigen und zu begreifen, wie wichtig es ist, das Weibliche und das Männliche auf dem Planeten in ein ausgewogenes Verhältnis zu bringen. Unsere Ahnen haben so gelebt, doch ihre Lebensart und Weisheit sind seit Langem in Vergessenheit geraten. Es war Zeit, die Weisheit unserer Ahnen und die alten Wege des Seins wieder in unser Leben zurückzuholen. Es war Zeit, mit der ganzen Liebe unserer Herzen jene zu heilen, die vor uns lebten und nun darauf warteten, zurückzukehren und uns in dieser Zeit der großen Transformation zu führen.

Im Dezember 2008 hatten mich die Koordinatoren der Versammlung in Arizona, die mit dem Continental Council of Indigenous Elders unter der Leitung von Don Alejandro Oxlaj zusammenarbeiteten, gefragt, ob ich bereit wäre, für die Region Neu-Mexiko und Colorado eine Zeremonie abzuhalten, denn die Versammlung in Arizona war ausgebucht, und sehr viel mehr Menschen wollten gerne teilnehmen. In aller Welt sollten in diesen Tagen ähnliche Treffen stattfinden, die an die große Versammlung in Arizona anknüpften.

Es würde meine erste öffentliche Zeremonie sein, und ich hatte ehrlich gesagt ziemliche Angst davor. Doch ich wusste, wie bedeutsam sie für die ganze Welt war. Sie würde für mich eine weitere Initiation sein, die mich meiner wahren Aufgabe noch näher bringen würde. Obwohl ich nichts darüber wusste, wie man solch ein mehrtägiges Ereignis organisiert oder wie ich es schaffen sollte, Leute zum Kommen zu bewegen, entschied ich mich, Vertrauen zu haben und zuzusagen. Ich erzählte ein paar Freunden und Bekannten von der Zeremonie, und sie halfen mir dabei, die Nachricht zu verbreiten. Alle, die davon hörten, fanden es aufregend und wollten gerne teilnehmen.

Schon bald kam Bewegung in die Sache. An jedem Punkt des Geschehens tauchten Leute auf, die mithalfen, und eine Kerngruppe von etwa fünfzehn Personen, die sich berufen fühlten, die Sache direkt zu unterstützen, begann, sich regelmäßig zu treffen, um alles zu organisieren. Ich bin dieser Kerngruppe – »meinem Ratskreis« – unendlich dankbar, weil sie dieses bedeutsame Ereignis ermöglichten! Wir hatten keine Ahnung, wie viele Leute kommen würden, und machten keine besondere Werbung. Doch es sprach sich herum, von Mund zu Mund und durch den Cyberspace. Wir gingen davon aus, dass alle da sein würden, die da sein sollten; wir würden tun, wozu wir uns aufgerufen fühlten, unabhängig davon, wie viele Menschen kommen würden.

Ich begann, innerlich um Rat zu bitten, was ich tun sollte und wie wir die Energien, die in dieser kraftvollen Zeit zur Verfügung standen, unterstützen und nutzen könnten. Im Laufe der Monate erhielt ich von *Spirit* präzisere Informationen über die wesentlichen Zeremonien, die durchgeführt werden sollten. Ich erfuhr, dass andere Schamanen und Weisheitshüter, die in anderen Teilen der Welt Zeremonien planten, ähnliche Informationen erhielten. Unsere Zeremonie sollte vom 18. bis 20. April auf einem privaten Gelände nördlich von Santa Fe stattfinden. Die Gegend heißt »Rio en Medio«, das Gelände ist flach und offen, ein Fluss fließt in der Nähe vorbei, und man sieht die Bergkette der Sangre de Christo Mountains am Horizont. Der Eigentümer des Geländes, ein Freund namens Lars, hatte es uns angeboten und mit Hingabe und Sorgfalt auf die heilige Zeremonie vorbereitet. Ich wusste, dass jeder Tag einen eigenen Fokus haben würde, der eine eigene Zeremonie erforderte. Es ging um die Heilung von Mutter Erde, die Heilung des Männlichen und des Weiblichen und die Verbreitung von Prophezeiungen und Informationen, die die Weisheitshüter überall auf dem Planeten empfangen hatten.

Zum hohlen Knochen werden

Ich hatte zwar eine Ahnung von den wesentlichen Zeremonien, die durchgeführt werden sollten, aber ich wusste, ich musste mich in jedem Augenblick ganz auf die Führung von *Spirit* verlassen. Wir würden jeden Tag frühmorgens beginnen und um etwa fünf Uhr nachmittags aufhören. Ich wusste nicht, was ich erwarten, sagen oder tun sollte. Noch wenige Tage vor der Zeremonie hatte ich nur eine ungefähre Vorstellung davon, wie alles ablaufen und was geschehen würde. Doch meine eigentliche Aufgabe bestand darin, mich für *Spirit* zu öffnen, zu einem hohlen Knochen zu werden und darauf zu hören, was mir die Ahnen eingeben würden. Am Tag vor der Zeremonie war ich wieder einmal zu einem besonderen Platz zwischen Pinien und Wacholderbüschen gegangen, wo ich oft zum Beten hinging. Als ich fertig gebetet hatte und zum Haus zurückging, sah ich etwas, was ich nie vergessen werde und was mir eine absolute Gewissheit gab: Alles würde gut gehen und alles würde so ablaufen, wie es sein sollte.

Das ganze Gelände um mich herum sah plötzlich aus wie eine Wüste. Ich sah Menschen, Tausende von Menschen, so weit das Auge reichte, die auf mich zukamen. Es waren Menschen aus vielen Rassen und Kulturen, und sie kamen, wie ihre Kleidung verriet, auch aus verschiedenen Zeiten. Die älteren Leute gingen voran, gefolgt von Männern, Frauen und Kindern. Ich sah einen Mann, der außer einer Art Jaguar- oder Leopardenfell über seiner Schulter ganz nackt war. Es waren Älteste darunter, die mit großer Würde und in vollem Ornat daherschritten. Es war ein Meer von Menschen, und sie kamen zu der Zeremonie. Ich hatte so etwas noch nie gesehen. Dies waren die Ahnen, und sie kamen. Sie kamen, um Zeugen zu sein!

Als ich zurück zum Haus ging, rannen mir Tränen über die Wangen. Die Schönheit der Vision berührte mich zutiefst, und ich wusste, dass es bei dieser Zeremonie letztlich nicht auf mich ankam. Ich war für die Sache nicht verantwortlich. Hier war etwas viel Größeres am Werk. Nicht wir bestimmten das Geschehen, sondern *Spirit*. Die andere Seite würde diese Zeremonie steuern, ich brauchte nur zuzuhören und mich zu öffnen. Ich war enorm erleichtert. Es machte mich zwar immer noch etwas nervös, die Zeremonie anleiten und den heiligen Raum schaffen zu müssen, aber tief in mir spürte ich, es würde alles so sein, wie es sein sollte, und es würde etwas sehr Schönes geschehen.

1. Tag: Die Heilung der heiligen Mutter Erde

Am ersten Tag der Zeremonie, am 18. April 2009, versammelten sich vor Sonnenaufgang etwa zwanzig hartgesottene Seelen an dem Zeremonialplatz. Es war ein eisiger Morgen, und Wolken hingen vor den Bergen. In der Nacht zuvor hatte es geschneit, einzelne Flocken trieben immer noch durch die Luft. Wir waren alle dick in Mäntel und Decken eingemummelt, tranken heißen Tee aus Thermosflaschen und wechselten uns mit den Plätzen am Feuer ab, um unsere kalten Zehen zu wärmen.

Dieser erste Tag war der Heilung unserer heiligen Mutter Erde gewidmet. Es war noch fast dunkel, als wir einen großen Steinkreis errichteten, ein Medizinrad, und in seiner Mitte einen Altar bauten. Als die Sonne aufging, begannen wir zu beten, und ein Ältester, der viele Jahre bei den Hopi gelernt hatte, spielte Flöte und sang wundervolle Lieder mit uns. Zu den wichtigsten Aspekten dieses Tages gehörte es, unsere Heilenergie, unsere Liebe und unsere Dankbarkeit darauf zu richten, Mutter Erde bei ihrer Heilung zu helfen. Vor allem wollten wir unsere Heilungsgebete in einen besonderen Kristall senden, den wir in Mutter Erde versenken würden. Dieser Kristall sollte dazu dienen, unsere Liebe in Mutter Erde zu verankern und sie mit den alten Ley-Linien zu verbinden, die diesen Ort mit anderen wichtigen Orten auf dem Planeten verbinden. Damit würde das Energiegitternetz von Mutter Erde gestärkt und die energetische Frequenz auf dem Planeten erhöht.

Als wir den großen, zylindrischen Bergkristall aufrecht in der Mitte des Kreises in die Erde pflanzten und anfingen, unsere liebenden, heilenden Energien hineinzusenden, geschah etwas Ungewöhnliches: Genau wie am Tag zuvor sah ich überall um uns herum, bis weit zu den Hügeln hin, ein Meer von Menschen aus allen Stämmen, aller Hautfarben, aller Nationalitäten! Ich war voller Freude; es fühlte sich an, als würde mir gleich das Herz platzen. Mir liefen Tränen übers Gesicht, während ich den anderen erzählte, was ich sah. Noch heute bekomme ich eine Gänsehaut, und Liebe und Dankbarkeit wallen in mir auf, wenn ich an jenen Morgen denke. Noch erstaunlicher war es für mich, zu sehen, wie Energie in Bändern oder Lichtsäulen vom Himmel zur Erde niederströmte.

Ich hatte schon hier und da solche röhrenartigen Lichtsäulen gesehen, in denen Energie vom Himmel herabströmte. Sie waren allmählich größer geworden, doch an diesem ersten Tag der Zeremonie schien sich der Himmel zu öffnen, und diese Lichtströme wurden immer größer, bis sie zu einer einzigen, riesigen Lichtsäule verschmolzen, in der die Energie vom Himmel herabstürzte. Viele der Menschen im Kreis spürten, dass etwas geschah, und in dem Augenblick, als die Lichtströme sich zu einer einzigen Säule vereinigten, war ein kollektives tiefes Einatmen zu hören. An jenem Tag strömte unglaublich viel Energie zur Erde.

2. Tag: Heilung des Männlichen und Weiblichen

Ich glaube, ich spreche für alle Teilnehmer, wenn ich sage, dass der zweite Tag der Zeremonie am kraftvollsten und tiefgreifendsten für uns war. Was wir vorhatten, war äußerst schwierig, aber für den Zweck und das Ziel der Versammlung entscheidend. Der zweite Tag der Zeremonie war der Heilung des Männlichen und Weiblichen gewidmet. Durch Träume, Visionen und Lektionen hatte ich gelernt, worum es an diesem Tag gehen und wie das Notwendige durchgeführt werden sollte. Je mehr ich darüber erfahren hatte, desto mehr Angst hatte ich vor diesem Tag.

Am Abend zuvor weinte ich, und mir war übel. Ich rang mit widersprüchlichen Gefühlen. Von dem sexuellen Missbrauch in meiner Kindheit trug ich immer noch viel Wut und Kummer in mir. Würde ich den Raum halten können für das, was geschehen sollte? War ich bereit, mich auf mein eigenes verwundetes Selbst einzulassen und den Schmerz freizusetzen, den ich erlitten hatte? War ich selbst heil genug, um diese Zeremonie durchzuführen? Mir blieb nichts anderes übrig, als um Hilfe zu beten und mich einzulassen.

In dieser Zeremonie sollte es um die Würdigung unserer tiefen Wunden im Bereich Sexualität und Geschlecht gehen. Wir können die Erde nur heilen, wenn wir uns selbst heilen, und die tiefsten Wunden, die wir als Menschen in uns tragen, sitzen tief in unserer männlichen und weiblichen Psyche. Da diese beiden Energien schon so lange im Ungleichgewicht sind, ist fast jeder Mensch auf dem Planeten in diesem Bereich irgendwie unausgeglichen. Wird diese große Unausgewogenheit nicht geheilt, werden weder wir Menschen noch der Planet überleben. Das Weibliche auf dem Planeten muss geheilt und erweckt werden, damit die große Weisheit der Liebe, des Zartgefühls, des Mitgefühls, der Schönheit und Empfänglichkeit eine gesunde Art des Lebens auf der Erde und miteinander wiederbeleben kann. Die Weisheit des Mütterlichen und von Mutter Erde kann uns zurück in die Ganzheit führen. Doch auch das Männliche bedarf der Heilung und muss aus dem zerstörerischen Klammergriff der Kontrolle, des Ego und der Willkür befreit und zurück ins Herz geführt werden, wo es dem Leben dienen und es schützen kann.

Zunächst sprach ich zu der Gruppe über dieses große Ungleichgewicht; darüber, wie die kollektiven negativen maskulinen Energien durch Jahrtausende der Unterdrückung, der Vergewaltigungen, der Quälereien, des Kriegs, der Gewalt und schrecklicher Dinge im Umgang mit Frauen und Kindern dem Planeten eine große Wunde zugefügt haben. Sowohl Männer als auch Frauen tragen die Wunden dieser Herzlosigkeiten, dieser Traumata und der daraus entstehenden Entfremdung in sich.

Die meisten Männer im Kreis hatten keine Ahnung, was auf sie zukam, und das war vielleicht auch gut so, denn sonst wären einige von ihnen vielleicht lieber gegangen. *Spirit* hatte mir genaue Weisungen gegeben, in welchen Formationen sich die Männer und Frauen für diese Zeremonien anordnen sollten und was dann zu geschehen hatte. Ich bat die Männer aus dem Kreis, sich zusammenzustellen und an den Händen zu fassen. Mein Herz weinte mit ihnen, als ich ihnen erklärte, was zu tun war und worum sie gebeten wurden. Sie sollten so tief wie möglich in sich gehen und Zeugen sein all der Schrecklichkeiten, Zeugen sein des Schmerzes und des Kummers des Weiblichen; sie sollten diese negativen Energien fühlen und freilassen, nicht nur die aus ihrem eigenen Leben, sondern auch der Leben, die dem ihren vorausgegangen waren. Während ich sprach und diese gutherzigen Männer bat, so etwas Schweres zu tun, zitterte mein Körper vor Kummer und Schmerz, die sich allmählich auch in mir aufbauten. Die Männer im Kreis gehörten zu den stärksten und reinsten Herzen, denen ich je begegnet bin. Ich versicherte ihnen, dass es nicht darum ging, sie persönlich irgendwie zu beschuldigen, und ich schwor, sie die ganze Zeit fest in Mutter Erde und Vater Himmel verankert zu halten. Ich bat alle Frauen des Kreises, sich in einem größeren Kreis um die Männer zu stellen, um den Raum zu halten und ihnen Liebe, Licht und Energie zu schicken, während sie sich ihrer Aufgabe stellten.

Ich weine, wenn ich mich daran erinnere, was in dem Kreis geschah. Als wir anfingen und die Männer sich an den Händen hielten, begannen die ersten Tränen zu fließen. Auch die Frauen, die um die Männer im Kreis standen – manche von ihnen waren ihre Ehemänner oder Partner –, begannen zu weinen. Es fällt mir schwer, die Worte zu finden, mit denen sich das Leiden beschreiben lässt, das diese wundervollen Männer durchmachten. Ihr Stöhnen und ihre Schreie waren tief und roh. Manche von ihnen husteten qualvoll, um sich von Gedanken und Bildern zu befreien. Manche kämpften gegen den Drang, sich zu übergeben, andere weinten, von Krämpfen geschüttelt, überwältigt vor Schmerz. Während ich so geerdet blieb, wie ich konnte, ging ich von Mann zu Mann, erhöhte meine Energie, so weit ich konnte, um sie zu sichern, und verankerte sie in Mutter Erde und Vater Himmel, wie es mir meine Geistführer zeigten, damit der Schmerz und das Leiden durch ihre Hände und Füße abfließen konnten. Die Frauen, die um die Männer im Kreis standen, begannen, liebevolle Laute zu summen und zu singen, um den Männern zu helfen, im Herzen und geerdet zu bleiben. Ein Mann fiel zu Boden und hatte eine Art Zusammenbruch. Ich war alarmiert und merkte, dass ich den Raum nicht mehr alleine halten konnte. Ich bat die Energieheiler und Reiki-Meister der Gruppe, vorzutreten und den Männern die Hände aufzulegen, um ihnen zu helfen. Ich sah zu und lauschte, betete darum, dass es bald vorüber sei und mir gezeigt würde, dass es genug sei, denn der Schmerz der Männer war fast unerträglich für alle.

Ich beobachtete während dieses ganzen Prozesses nicht nur die Männer genau, sondern auch die männlichen Ahnen, die aus der riesigen Menschenmenge um uns herum hervortraten und einer nach dem anderen in die Männer fuhren und sie dann wieder verließen. Wenn das geschah, veränderten sich die Schreie und das Weinen der Männer und brachten so das Leiden und den Schmerz der verschiedenen Geistwesen zum Ausdruck, die sich an dem Geschehen beteiligten.

Schließlich hörte ich eine ruhige, aber kraftvolle Stimme sagen: »Es ist vollbracht!« Schnell gab ich weiter, dass wir getan hatten, worum wir gebeten worden waren, und bat alle Frauen, zu den Männern zu gehen, sie zu halten, ihnen zu danken, sie zu lieben. Wir weinten alle miteinander, hielten uns in den Armen und waren völlig erschöpft. Ich hatte gewusst, dass dieser Tag schwer sein würde, aber auch mir war nicht klar gewesen, wie mächtig und lebensverändernd diese Zeremonie für uns und wahrscheinlich auch für den Planeten sein würde.

Wir machten eine lange Pause, bevor wir mit der Heilung des Weiblichen begannen. Diesmal hatte ich die Anweisung, die Frauen einen Halbkreis bilden zu lassen, wie ein Kelch oder eine Gebärmutter. Die Männer sollten in einer geraden Linie die beiden

Enden des Kelchs verbinden. Wieder hielten wir uns alle an den Händen, während ich die Frauen bat, tief in sich zu gehen und all den Missbrauch, all den Kummer und die Wut, die die Erfahrung des Weiblichen im Laufe der Jahrtausende mit sich gebracht hatte, an die Oberfläche kommen zu lassen. Ich rechnete damit, dass die Zeremonie zur Heilung des Weiblichen sehr viel schwerer würde als die des Männlichen, aber es kam anders. Es begann mit leisem Weinen, während die Frauen an ihre eigenen Missbrauchserfahrungen, an den Missbrauch an ihren Kindern, ihren Müttern, Großmüttern und Urgroßmüttern dachten und an das, was sie als Frauen mitgemacht hatten. Dieses stille Weinen ging über eine lange Zeit. Dann sollte ich meine Hand auf die Bäuche der Frauen legen. Zunächst verstand ich zugegebenermaßen nicht, was mir da aufgetragen wurde. Doch während ich von einer zur anderen ging, erkannte ich, was passierte. Die Frauen hatten noch an ihrem verborgenen Schmerz festgehalten, ihn unterdrückt, so wie wir das alle gut gelernt haben, um zu überleben. Doch als ich so von Frau zu Frau ging, brachen das Stöhnen und die Schreie sich Bahn. Eine riesige Welle des Schmerzes tauchte auf. Viele Frauen fielen zu Boden. Manche lagen auf dem Bauch, andere auf dem Rücken, viele in Fötushaltung, während sie all die Misshandlungen und die Ungerechtigkeit, die Vernachlässigung, die Entwürdigung und die Unterdrückung herausheulten, denen Frauen ausgesetzt waren.

Ähnlich wie in der Zeremonie der Männer sah ich auch hier, wie die Geister der Ahnen nacheinander in die Frauen fuhren und sie wieder verließen. So wurde auch ihr Schmerz durch die am Boden liegenden Frauen sichtbar. Ich sah, wie eine Frau zu einem hellen, fast metallischen Licht wurde, und wie ich nach der Zeremonie erfuhr, hatten auch einige andere das gesehen. Die Männer standen um die Frauen herum, schützten sie, waren ihre Zeugen und unterstützten sie in ihrem Kummer.

Als ich wieder die Stimme hörte: »Es ist vollbracht!«, gingen die Männer zu den Frauen, dankten ihnen und bezeugten ihnen ihre Liebe. Nachdem die Frauen eine Weile liebevoll gehalten worden waren, beendeten wir die Zeremonie. Wir waren alle emotional sehr erschöpft, aber auch tief beglückt. Es war, als hätte jeder von uns mitgeholfen, die Last des Kummers der Welt zu erleichtern, die das kollektive menschliche Herz schwer bedrückt hatte.

Etwas Monumentales war freigesetzt worden. Wir hatten nicht nur um uns selbst getrauert, sondern auch für Generationen unserer Ahnen, unzählige tief verwundete Männer und Frauen. Wir hatten im menschlichen Herzen mehr Freiraum geschaffen, indem wir die Wunden der Männer und Frauen, des Männlichen und des Weiblichen würdigten und bezeugten. Ich war besorgt gewesen, ob ich den Raum würde halten können, doch diese Zeremonie erwies sich als riesiges Geschenk für mich und als die größte Lektion und die größte Heilung, die ich bis dahin erfahren hatte. Ich konnte viele meiner Urteile und meiner Ängste gegenüber dem Männlichen loslassen, die ich seit meiner Kindheit in mir trug. Jetzt hatte ich liebevolle Männer gesehen, die von ganzem Herzen um all das getrauert hatten, was dem Weiblichen angetan worden war, hatte gesehen, welches Leid ihnen diese Last selbst bereitet hatte und was sie als Männer durchmachten.

Ich fühlte echte Liebe für die anwesenden Männer und empfand sie als meine Brüder. Ich wusste, es gibt viele wundervolle, liebevolle Männer auf dem Planeten, und auch viele Männer waren Opfer des unausgeglichenen Männlichen geworden. Ich wusste, wir stecken da zusammen drin, und beide, das Männliche und das Weibliche, tragen wesentlich dazu bei, eine wundervolle neue Erde hervorzubringen.

Dieser Tag heilte mich auf eine Weise, wie ich es nie erwartet hatte, und ich bin den Männern und Frauen, die daran teilnahmen, zutiefst dankbar. Es hat mir sehr dabei geholfen, die Jahre des Missbrauchs, all die Wut und den Kummer, die ich deswegen und wegen all dem, was Frauen und Kindern angetan wurde, in mir trug, zu heilen. Zum ersten Mal in meinem Leben konnte ich sehr viel mehr Mitgefühl und Liebe für Männer empfinden. Jetzt wusste ich: Veränderung ist möglich, wir können die Dinge verändern und heilen, und wir werden es tun.

3. Tag: Weisheiten und Prophezeiungen

Der dritte Tag war den Lehren der Weisheitshüter gewidmet, den Lehren, die ich seit meiner Kindheit empfangen hatte, und den Prophezeiungen, die mir von der anderen Seite übermittelt wurden, damit ich sie weitergebe. Dieser Tag war sehr viel leichter als die ersten beiden. Ich sprach von den kommen Zeiten und davon, dass wir als Kinder unserer Mutter Erde uns an das große ICH BIN erinnern müssen, das wir sind, und wie wir vom Herzen aus leben können statt vom Kopf aus. Dieser Tag war dem Flug des Kondors des Südens mit dem Adler des Nordens gewidmet, dem symbolischen Ereignis, das die Prophezeiungen der indigenen Völker seit Jahrtausenden erwarten, wenn endlich die Zeit kommt, in der sich die Menschheit daran erinnert, dass das Herz die Verbindung zum großen ICH BIN ist, das uns hierher geschickt hat.

An diesem letzten Tag verkündete ich Informationen, die andere Weisheitshüter und ich über die Veränderungen empfangen haben, die dem Planeten bevorstehen. Bei einigen dieser Informationen geht es um Sternenwesen, die schon immer hier waren und die sich schon bald als unsere kosmischen Verwandten offenbaren werden, was die Art, wie wir Menschen die Wirklichkeit und unseren Platz im Kosmos sehen, auf unvorstellbare Weise verändern wird. Diese Sternenwesen haben, wie bekannt ist, schon vor den uns bekannten Zivilisationen diesen Planeten besucht und hier Wahrheiten und Lehren versteckt, die wiederentdeckt werden und zur Anwendung kommen, wenn die Menschheit spirituell dafür bereit ist. Diese Versammlung der Rückkehr der Ahnen und die dazugehörigen weltweiten Zeremonien markieren den Anfang einer Phase der beschleunigten spirituellen Evolution der Menschheit, in der sich all dies ereignen und offenbaren wird.

Für mich persönlich bedeutete dieser dritte Tag den Anfang von etwas Tiefem und Unvorhergesehenem. Die Zeremonie in Santa Fe war eine Erfahrung, die mich tief beeindruckt hatte und aus der ich sehr viel lernte. Ich lernte, dass ich mich mit vollem Vertrauen auf die innere Führung durch *Spirit* auch auf Beängstigendes einlassen kann. Ich erkannte, dass Hilfe kommt, wenn ich nur zuhöre und vertraue, und dass diese heiligen Zeremonien letztlich von der anderen Seite aus durchgeführt werden – nicht nur von uns! Falls ich gedacht hatte, ich hätte das hier irgendwie im Griff, war das ein Irrtum gewesen. Ich war zutiefst dankbar und wusste, *Spirit* war in all diesen Tagen bei uns gewesen.

Ich ahnte jedoch nicht, wie sehr diese Zeremonie mein Leben verändern würde. Meine über YouTube verbreitete Beschreibung hat die Herzen vieler Menschen berührt und sie inspiriert, sich selbst und Mutter Erde zu lieben und zu heilen. Kurze Zeit nach jenem Ereignis im April 2009 erhielt ich zunehmend Einladungen aus fernen Ländern, mit größeren Gruppen zu arbeiten und öffentliche Vorträge zu halten. Wieder musste ich mich meiner Versagensangst stellen, wieder musste ich auf *Spirit* vertrauen. Ich wollte nie eine öffentliche Person sein, und bis heute könnte ich wohl keinen einzigen zusammenhängenden Vortrag halten, wenn ich mich nicht vertrauensvoll für *Spirit* öffnen und darauf verlassen würde, dass dies genau das ist, was ich tun soll, und wenn ich nicht erleben würde, wie dann tatsächlich etwas die Führung übernimmt.

Tatsächlich bin ich bei meinem ersten internationalen Vortrag in Dänemark auf der Bühne in Ohnmacht gefallen. Ich war noch im Jetlag und von der ganzen Situation etwas überfordert; plötzlich merkte ich, wie ich mitten im Reden wegdriftete. Als ich wieder zu mir kam, lag ich hinter der Bühne auf dem Boden, und ungefähr zehn Leute standen um mich herum und machen Energiearbeit mit mir. Das war etwas mehr Drama als geplant. Zum Glück ist so etwas nie wieder vorgekommen und ich weiß jetzt, wie ich mich auf öffentliche Auftritte energetisch besser vorbereiten kann. Trotzdem fällt mir das öffentliche Reden immer noch schwer. *Spirit* wirkt auf mysteriöse Weise. Diese Botschaft muss wirklich dringend sein, denn sonst würde ich mich sicherlich weiter im Wald herumtreiben, mit den Vögeln reden und in sicherer Anonymität den Tieren nachspüren, wie ich es die ersten dreißig Jahre meines Lebens getan habe.

Vom Verstand zum Herzen

Es gibt zwei große alte Zivilisationen, die über Schlüssel zum Leben aus dem Herzen verfügen: die Maya und die Aborigines. Sie leben noch aus dem Herzen, und sie können uns heute lehren, wie *wir* wieder aus dem Herzen leben können. Über Jahrtausende hinweg hat die Menschheit den Verstand sehr weit entwickelt; wir haben große Erfindungen gemacht und große Städte errichtet sowie in neuerer Zeit unglaubliche technologische Fortschritte erzielt. Zweifellos haben wir erstaunliche Dinge vollbracht. Aber leider haben wir dabei das Herz zurückgelassen. Wir handeln und entscheiden nicht mehr vom Herzen aus, spüren unsere Verbindung zu allem Lebendigen nicht mehr. Wir haben den rationalen, logischen Verstand überbewertet und glauben nur noch, was wir sehen und mit unseren physischen Sinnen wahrnehmen können. Doch so war es eigentlich nicht geplant. Jetzt werden wir aufgefordert, wieder aus dem Herzen zu leben, und das ist eine der Botschaften, die zu verbreiten ich direkt aufgefordert wurde.

Es gibt ein universelles Gesetz: Je mehr du liebst, desto intelligenter wirst du. Denke nur an all die unglaublichen technischen Erfindungen, die unser Verstand allein in den letzten zehn Jahren hervorgebracht hat. Und doch können wir einige der drängends-

ten Probleme unserer Zeit nicht lösen. Das größte Problem ist, wie wir mit dem umgehen, was wir unserer Erde angetan haben, und wie wir mit dem aufhören können, was wir ihr antun, seit die Menschen ihre Verbindung zum Netzwerk des Lebens vergessen haben.

Wenn wir so viel allein mit unserem Verstand bewerkstelligen konnten, was könnten wir dann wohl erschaffen, wenn wir vom Herzen ausgingen?! Der Verstand wäre dann nicht inaktiv oder nutzlos, sondern viel kraftvoller, weil er in rechter Beziehung zum Herzen, zur Quelle des Seins und der Schöpfung stünde. Wenn wir aufhören würden, aus einem egozentrischen, mentalen Bewusstsein heraus zu funktionieren, würden wir auch nicht mehr nach bedeutungslosen Dingen streben, die nur einen winzigen Teil unserer selbst zufriedenstellen. Wir würden unsere mentale Energie nicht mehr vergeuden und anfangen, unser ganzes Herz und unseren ganzen Verstand der Heilung der Erde und der Erzeugung von Fülle für alle Wesen zu widmen. Wir würden ein Paradies auf Erden schaffen, wie wir es noch nie gesehen haben.

Mutter Erde ist heilig, und es wird nicht zugelassen, dass die Menschen sie umbringen; das habe ich von *Spirit* gelernt. Sie ist allen Lebensformen des Universums heilig, nicht nur uns Menschen. Wir müssen unsere Schwingung so weit erhöhen, dass wir uns mit ihr in einen höheren Bewusstseinszustand aufschwingen können.

Wir haben ihr so lange schwer geschadet; nun muss etwas Großes geschehen, um uns wieder auf den richtigen Weg zu bringen, damit sie wieder zu Atem kommt. Die Situation ist dringlich für die Menschen. Wenn wir hier auf Mutter Erde als ihre Kinder bleiben wollen, müssen wir eine höhere Bewusstseinsform annehmen.

Keiner der indigenen Ältesten und Weisheitshüter auf unserem Planeten sagt: »Tu etwas!«; sie sagen vielmehr: »Sei!« Sie fordern uns auf, die Veränderung zu sein, uns endlich mehr auf das Sein zu konzentrieren als auf das Tun. Wenn genug von uns sich mit ihrem Herzen verbinden und mit der Liebe, die da ist, der Liebe überall um uns herum in der Natur, und die Schönheit und Heiligkeit des uns gegebenen Lebens begreifen, können wir das Bewusstsein auf dem Planeten vom herrschenden Verstand ins Herz lenken.

Den Schwimmer des globalen Bewusstseins kippen

Ich empfange spirituelle Botschaften und Informationen unter anderem durch eine Art großen Bildschirm, der sich innerlich vor meinem Blick öffnet. Auf diese Weise kommuniziere ich auch mit anderen Weisheitshütern und Wesen auf dem Planeten. Ich nenne es meine »Picture Show« oder »Bilder-Schau«. Einmal wurde mir auf diese Weise eine Lektion darüber erteilt, wie dieser Sprung vom mentalen zum Herz-Bewusstsein vor sich gehen wird: Ich sah einen Schwimmer auf dem Wasser tanzen, so wie beim Angeln. Wenn ein Fisch anbeißt, wird er unter Wasser gezogen. Der Schwimmer, den ich sah, war halb weiß und halb rot. Er repräsentierte das globale Bewusstsein. Bei dem Bewusstsein, das zurzeit auf dem Planeten vorherrscht, ist die weiße Seite des Schwimmers sichtbar, die rote befindet sich unter Wasser. Das Weiße steht für das mentale Bewusstsein, die Obsession der Menschheit mit Denken, Urteilen und eingeschränkter Wirklichkeitswahrnehmung. Die rote Seite steht für das Herz-Bewusstsein, das Leben aus der Realität der Liebe – ein sehr viel umfassenderes Bewusstsein; es lässt uns erkennen, dass wir alle Brüder und Schwestern sind und unsere eigene Wirklichkeit erschaffen. Die weiße Seite war zwar oben, aber wie ich sah, fängt der Schwimmer an zu kippen. Tausende von Menschen auf diesem Planeten sind zurzeit sehr intensiv darauf konzentriert, das Bewusstsein auf dem Planeten zu verändern, und wirken eifrig darauf hin. Jeden Tag wachen mehr und mehr Menschen auf und werden sich bewusst, dass jeder von uns einen göttlichen Funken in sich trägt, dass das, was wir sind, sehr viel größer ist, als wir uns je vorgestellt haben.

Je mehr Menschen ihr Bewusstsein verändern und zu dem erwachen, was sie sind, desto mehr helfen wir mit, den Schwimmer ins

Herz-Bewusstsein kippen zu lassen. Nicht jeder auf dem Planeten muss diesen Bewusstseinssprung vollziehen, denn die Liebe ist die höchste Schwingung, die es gibt – viel machtvoller als der Verstand oder das Ego-Bewusstsein. Wenn genügend Menschen aufwachen und anfangen, vom Herzen her zu leben, werden wir das herrschende Bewusstsein auf dem Planeten verändern. Wir sind fähig, den Schwimmer zu kippen, ja es ist nur eine Frage der Zeit, und ich glaube, es wird bald so weit sein. Und wenn er kippt, wird sich alles verändern.

Unsere Welt wird sich wandeln. Wir werden kollektiv begreifen, dass wir die Art von Leben, die wir uns hier auf der Erde miteinander wünschen, erschaffen können, dass wir alles erschaffen können, was wir uns erträumen. So werden wir anfangen, das Paradies auf Erden zu erschaffen, und Lösungen für unsere dringendsten Probleme finden; zu bereinigen, was wir Mutter Erde angetan haben, und eine ausgeglichenere, gerechtere, wundervolle menschliche Gesellschaft aufzubauen. Die Art, wie wir die Wirklichkeit sehen, wie wir einander sehen, wie wir unsere Fähigkeiten und Unfähigkeiten sehen – all das wird sich ändern. Wir werden plötzlich erkennen, dass wir die Wirklichkeit so erschaffen können, wie wir sie uns wünschen, dass wir zu Erstaunlichem fähig sind.

Der Schlüssel liegt darin, sich zu erinnern, dass wir Götter und Göttinnen sind und nicht die beschränkten Wesen, für die wir uns halten. Wir sind Funken des göttlichen Bewusstseins. Das große ICH BIN hat einen Funken hierher gesandt, um aus der Erfahrung der menschlichen Verkörperung und des erstaunlichen menschlichen Herzens zu lernen.

Indem wir aus der Liebe und aus dem Herzen leben, werden wir uns der heiligen Wahrheit erinnern, dass wir alle Brüder und Schwestern sind, Kinder *einer* Mutter – Kinder von Mutter Erde. Wir sind weder voneinander noch von irgendeiner anderen Lebensform getrennt. Was einem von uns widerfährt, erfahren wir alle. Weil die menschliche Energie mit der Erdenergie identisch ist, widerfährt alles, was der Erde zugefügt wird, auch uns – und umgekehrt. Doch wir sind fähig, diese Welt, in der wir leben, zu verändern. *Spirit* hat mir gezeigt, dass die Menschheit sich zu einer einzigen Familie vereinen wird, wenn der große Wandel auf der Erde stattfindet, zu einem einzigen Stamm, dem Regenbogen-Stamm, dem Stamm der vielen Farben. Dieser Stamm kann nur durch die Erkenntnis zusammenfinden, dass wir alle *ein* Herz und nicht voneinander getrennt sind. Was eine Person oder ein Volk fühlt, fühlen wir alle. Wenn ein Mensch oder ein Teil der Schöpfung ungesund ist, sind wir alle ungesund. Unsere ökologischen Systeme zeigen uns diese wechselseitige Abhängigkeit seit Jahrhunderten, doch wir fangen gerade erst an, sie wirklich zu begreifen. Wir sind nicht getrennt, weder voneinander noch von Mutter Erde. Wir sind hier, um zu lernen, zu lieben, zu erschaffen – wir sind hier, um einander und alles Leben zu lieben. Der Planet Erde ist der Planet des Herzens, das Herz-Chakra des Kosmos. Unsere Fähigkeit, zu lieben und zu fühlen, ist unsere größte Gabe. Das ist es, was uns für die anderen Wesen im Kosmos (und es gibt viele davon!) so interessant macht.

Jeden Tag können wir uns von der Schönheit der Schöpfung, der Schönheit dieser Erfahrung, das Herz öffnen lassen. Wir können uns jeden Tag Zeit nehmen, Dankbarkeit zu empfinden, für Mutter Erde, für den Großen Geist, für alles, was wir sind und haben. Wir können anfangen, jene Überzeugungen und Ideen loszulassen, die uns individuell und kollektiv nichts mehr nützen. Wir sind nicht das, womit wir unser Geld verdienen oder wie viel wir haben; wir sind nicht das, was andere von uns denken oder was wir selbst über uns denken; wir sind nicht unsere Identität, unser Status, unsere Lebenserfahrung, unsere Erfolge und Niederlagen, unsere Persönlichkeit. Wir müssen alles loslassen, was wir anzustreben und wertzuschätzen gelernt haben, und aus dem Herzen heraus neu entscheiden. Was ist am wichtigsten? Was macht dir wirklich Freude? Wer bist du? Wofür würdest du leben, wenn du den Mut dazu hättest? Was lässt Tränen der Dankbarkeit und des Staunens in dir aufsteigen? Wann fühlst du dich am meisten in dir zu Hause? Das Eintauchen in solche Fragen ist ein erster Schritt, um zu spüren, wie es sich anfühlt, aus dem Herzen zu leben.

Wie fangen wir an, aus dem Herzen zu leben?

Aber wie können wir anfangen, aus dem Herzen zu leben? Wie können wir wissen, wann wir im Herzen sind? Wie bei vielen Dingen im Leben ist die Antwort recht einfach, aber unser Verstand macht es kompliziert, und deshalb erscheint es manchmal zunächst schwierig. Für mich hat Im-Herzen-Sein mit Präsenz zu tun, nicht nur gegenüber meiner Umgebung, sondern auch gegenüber mir selbst, meinen jeweils gegenwärtigen Gefühlen. Viele spirituelle Lehrer und Wege weisen in dieselbe Richtung, wenn auch vielleicht mit unterschiedlichen Worten; sie weisen auf denselben Seinszustand hin, voller Unbefangenheit und Offenheit gegenüber dem Leben.

Wenn ich davon rede, aus dem Herzen zu leben, meine ich, aus einer Präsenz heraus zu leben, die nicht vom Verstand bestimmt ist. Dann denke ich nicht über alles nach, während ich es erfahre, sondern ich fühle es. Ich spüre es und spalte mich nicht von der Erfahrung ab, indem ich über sie nachdenke. Die Wirklichkeit eher durch das Herz als durch den Verstand wahrzunehmen, impliziert eine Verbindung zwischen meinem inneren Wesen und allem, was ich sehe, berühre, spüre. Wenn wir aus dem Herzen leben, fühlen wir, dass wir eins sind mit anderen Lebewesen, mit allem, was ist; wir fühlen, dass alles, was einer Person widerfährt, auf einer gewissen Ebene auch anderen geschieht, weil wir alle lebendig sind und aus Bewusstsein und Energie bestehen. Wir sind nicht voneinander getrennt. Unserem Intellekt erscheint das weit hergeholt und widersprüchlich zu dem, was wir über die Wirklichkeit gelernt haben. Doch wir haben alle diesen Seinszustand schon erlebt, und sei es nur für Augenblicke.

Manchmal geht dieser Zustand mit einer stillen Zufriedenheit einher, einem Gefühl tiefen Friedens; manchmal entsteht er in einer Art Ekstase, in purer Seligkeit darüber, lebendig zu sein, aus reiner Liebe zum Leben. Doch er kann sich auch aus einer erhöhten Wahrnehmung des Leidens ergeben, aus dem jetzt, in diesem Augenblick erlebten Schmerz anderer Wesen auf dem Planeten; und er kann aus der Erfahrung des großen Mysteriums der Existenz hervorgehen, zu der Seligkeit genauso gehört wie Qual und alles dazwischen, in jedem Augenblick. In diesem Zustand fühlen wir mehr – wir sind bereit, alles zu fühlen, was diese manchmal verrückte Existenz uns anbietet. Wir lassen uns vom Leben öffnen. Wir machen uns empfänglicher füreinander, jeden Tag, jeden Augenblick.

Jeder von uns tut das auf seine eigene, natürliche Art, ohne viel darüber nachzudenken. Wahrscheinlich hast auch du eine ganz eigene Art, dich auf dein Herz einzustimmen, zu dir selbst zurückzufinden. Für mich ist die Beschäftigung mit der Natur ein sicherer Weg, mich in mein Herz, in eine tiefere Präsenz zurückzubringen. Denn um wirklich auf ein Tier einzugehen, muss ich meine Wahrnehmung und meine Sinne auf eine andere Art verwenden, als uns gewöhnlich gelehrt wird. Ich muss meinen Sinnen und meinen Instinkten vertrauen. Ich muss mich der Wirklichkeit öffnen, in der das Tier lebt: vollkommen im Augenblick und in Harmonie mit Mutter Erde. Wir können nicht mit Tieren kommunizieren, wenn wir im Ego und im Verstand sind. Wir müssen reinen Herzens sein und lernen, wirklich zuzuhören.

Was bringt dich in Einklang mit deinem tiefsten Herzen? Für manche Menschen ist es das Zusammensein mit Kindern oder Tieren. Andere können am besten mit Musik ein Gefühl von Getrenntheit in Einheit und Harmonie verwandeln. Um herauszufinden, wann du im Herzen bist, achte auf die Gefühle. Wahrscheinlich wirst du größere Gefühle haben, wenn du im Herzen bist. Das müssen nicht immer positive Gefühle wie Freude, Dankbarkeit und Glück sein. Wenn du lange nicht im Herzen warst, tauchen vielleicht zuerst Dinge auf, die du nicht fühlen wolltest, wie Traurigkeit oder Kummer. Vielleicht fängst du dann erst einmal an, das zu fühlen, was du zurückgehalten hast. Das ist notwendig, damit sich dein Herz reinigen und heilen kann. Du musst spüren, was in deinem Herzen ist, damit es frei wird von dem Kummer und den Verletzungen, die du festhältst. So entsteht Raum für noch mehr Liebe, noch mehr Schönheit in dir. Dafür müssen wir bereit sein, aufrichtig zu fühlen, was auch immer im jeweiligen Augenblick auftaucht.

Bevor ich einen Vortrag halte oder ein Seminar gebe, stimme ich mich manchmal mit Musik auf mein Herz ein. Wenn ich mich in meinem Denken festgefahren habe oder mich als kleine »Kiesha« fühle und mich mit meinem höheren Selbst verbinden will, höre ich Musik, die meine höchsten Gefühle anspricht. Wenn es mir gelingt, mich zu Tränen rühren zu lassen, mein Bewusstsein ganz für die Musik zu öffnen, dann finde ich auch die innere Führung, die ich brauche. Wenn ich zur Musik werden kann, wenn ich aus dem Weg gehe, dann können meine Geistführer klar mit mir kommunizieren. Tatsächlich schwinge ich mich dabei zu einer höheren Frequenz auf. Wenn die Wirklichkeit multidimensional ist, dann existieren wir auf vielen Ebenen gleichzeitig. Es gibt Bereiche des Lichts und der höheren Liebe, auf die wir uns einstimmen können. Unser höheres Selbst steht mit diesen Bereichen immer in Verbindung, aber wir müssen Raum dafür schaffen und uns auf sie einschwingen. Die Schwingung ist immer da, aber die meiste Zeit richten wir uns einfach nicht darauf aus.

Wenn du mit dem Herzen fühlst und dich weigerst, deine Gefühle wegzudenken oder dich zu verurteilen, lädst du dein höheres Selbst ein, dein Leben zu bestimmen. Wir wissen so viel, doch wir weigern uns immer wieder, darauf zu achten. Oft spüren wir, welches der richtige Weg wäre, doch weil es unvernünftig erscheint oder wir nicht verstehen, wie A zu B und B zu C führen kann, hören wir nicht darauf. Wir halten bestimmte Dinge für unmöglich, glauben lieber dem falschen Schein, der uns als Realität verkauft wurde.

Wir haben viel mehr Auswahl, als wir meinen. Wenn wir uns darauf verlassen, dass unser Herz uns führt, werden wir ganz anders leben. Wir werden unsere Urteile und unser Handeln auf das gründen, was uns die Liebe sagt, und nicht auf das, was uns am gewinnträchtigsten, einfachsten oder sichersten erscheint. Dann kann sich die Menschheit zu *einem* Herzen, zu *einem* Stamm vereinen. Wenn das geschieht, werden wir füreinander sorgen und einander lieben wie unsere eigene Familie, und die Welt, in der wir leben, wird sich in einem Maße verändern, wie wir es uns kaum erträumen können.

Du bist das große ICH BIN

Nachdem ich Little Grandmother geworden war, lernte ich ein paar wesentliche Dinge darüber, was wir verstehen und erinnern müssen, um unser Potenzial als menschliche Wesen auf der Erde ganz auszuschöpfen.

Eine der ersten Lektionen drehte sich um das Verständnis des höheren Selbst. *Spirit* verwendete mir gegenüber einen Ausdruck, der mir neu war. *Spirit* sagte: »Erinnere dich daran, dass du das große ICH BIN bist.«

Vielleicht verwendest du eine andere Sprache, um die Idee des höheren Selbst und seiner Verbindung mit *Allem,* mit der göttlichen Quelle, zu beschreiben, aber so wurde es mir vermittelt. Es bedeutet, dass du ein Funken des göttlichen Lichts bist, aus Liebe erschaffen. Mir wurde gezeigt, dass jedes menschliche Wesen ein göttlicher Funke ist und dass wir Göttern und Göttinnen ähnlicher sind, als wir meinen. Wir verfügen über so viel mehr kreatives und spirituelles Potenzial, als uns bewusst ist. Wenn wir um einen Zugang zu unserem höheren Selbst und seiner unendlichen Weisheit wüssten, könnten wir Wunder bewirken und unsere Erfahrung der Wirklichkeit auf dieser Erde grundlegend verändern.

Unsere größte Begrenzung ist die irrtümliche Annahme, wir seien makelbehaftet, sündig und unvollkommen. Genau so, wie du bist, bist du vollkommen. Dein höheres Selbst ist göttlich, und was du als dich selbst erfährst, ist nur ein kleiner Funke der Göttlichkeit, die du wirklich bist. Dieser göttliche Funke, der du bist, kam zur Erde, um bestimmte Dinge zu lernen und bestimmte Erfahrungen zu machen. Diese Reise, auf der du dich befindest, ist genau das, was du brauchtest und was du lernen wolltest. Es gibt keine Fehler. Dein höheres Selbst liebt dich und führt dich dorthin, wo du hinmusst. Jeder von uns lebt auf einer anderen Ebene oder in einem anderen Spektrum der menschlichen Erfahrung, nicht weil wir erhabener oder geringer wären, sondern weil wir genau deshalb hierher gekommen sind. Wir bringen eine bestimmte Schwingung und Dimension des Seins zum Ausdruck. Es ist sinnlos, sich selbst oder seinen Nächsten zu verurteilen, denn jeder von uns ist auf seiner eigenen Reise. Der Weg, auf dem wir uns befinden, ist perfekt für uns; wir haben ihn gewählt, bevor wir hierher kamen. Wenn wir uns dessen bewusst sind, wie können wir dann uns selbst oder jemand anderen für das verurteilen, was er oder sie ist?

Damit will ich nicht sagen, dass niemand etwas falsch macht oder Menschen keine schädlichen Entscheidungen fällen. In dieser menschlichen Erfahrung geht es vor allem um Dualität und freien Willen. Ich habe unter den armseligen Entscheidungen anderer gelitten, als ich in meiner Kindheit von gewissen Erwachsenen misshandelt wurde. Die Entscheidung, einen anderen Menschen zu verletzen, ist immer falsch – das ist ein kosmisches Gesetz. Doch ich habe gelernt, dass jene frühen schmerzhaften Erfahrungen für meine Reise wichtig waren und mich zu der Person machten, die ich heute bin. Alles was wir erfahren, trägt zu dem bei, wer wir sind und wie wir uns entwickeln. Wie mich Schmerz und innere Kämpfe gelehrt haben, können auch Erfahrungen, die vollkommen negativ und schädlich erscheinen, einen verborgenen Segen in sich tragen.

Doch jeder Mensch entscheidet selbst, wie er die Ereignisse in seinem Leben interpretiert. Ich persönlich könnte zwar die Miss-

125

handlungen, die stattgefunden haben, niemals gutheißen, aber ich kann die Göttlichkeit jener anerkennen, die mich misshandelten, denn auch sie hatten ein höheres Selbst und stammten aus derselben göttlichen Quelle. Ich habe mich dafür entschieden, meinen Missbrauch als etwas anzusehen, das einen Sinn und Zweck hatte. Doch ich würde niemals jemandem, der Opfer war, sagen: »Du hast dir das ausgesucht«, und würde auch niemals versuchen, einem Menschen zu erklären, welcher Sinn hinter seinem Missbrauch gestanden hat. Das wäre herzlos und nicht mitfühlend. Niemand kann von außen beurteilen, was etwas für eine andere Person bedeutet oder was dieser Mensch daraus lernen sollte. Das Wissen um den spirituellen Sinn einer Sache ändert nichts an der Ungerechtigkeit oder dem Schmerz, den dies in einem Menschen auslösen kann, wenn er sich als Opfer fühlt. Vielleicht hat mein großes ICH BIN sich für die Erfahrung des Missbrauchs entschieden, um sich in bestimmter Weise zu entwickeln und zu lernen. Aber ich habe es mir nicht ausgesucht. Ich kann mir nur aus der kosmischen Perspektive der Seele vorstellen, dass das Leiden eines Kindes einen Sinn hat. Mein höheres Selbst mag es gewählt haben, aber ich habe es nicht gewählt. Das ist ein wichtiger Unterschied.

Der Schlüssel zur Heilung liegt in der Erfahrung der Freiheit, zu wissen, dass wir viel größer und grenzenloser sind, als uns bewusst ist; Heilung bedeutet auch, sich immer in die Richtung zu bewegen, die unserem höchsten Wohl dient. Wir haben die Wahl, wie wir mit unseren Erfahrungen umgehen wollen – das ist ein entscheidender Punkt. Wir können uns durch sie kleiner, beschädigt und als Opfer fühlen, oder wir können sie als Chance betrachten, über uns selbst hinauszuwachsen, liebevoller, mitfühlender und weiser zu werden. Wir können unsere Urteile so weit wie möglich loslassen und ein Gefühl des Mysteriums und des Staunens pflegen. Dies ist nur möglich, wenn wir größer werden als unsere Erfahrung, und wissen: Wir sind nicht das beschränkte Selbst, für das wir uns oft halten; wir sind nicht nur das, was wir erfahren – unsere Persönlichkeit, unsere Identität –, sondern ein Funken Gottes, göttlicher Liebe und göttlichen Lichts. Das größere Wesen, das wir sind, bleibt von allem, was uns hier widerfährt, unberührt.

Wenn wir nicht alles verurteilen, kann das viel Freiraum schaffen, um zu den liebevollen Wesen zu werden, die wir sind. Wenn ich nicht damit beschäftigt bin, dich und deinen Lebensweg zu verurteilen, kann ich dich so lieben, wie du bist. Ich kann das große ICH BIN lieben, das du bist, wissend, dass du hier auf einer bestimmten Reise bist, um bestimmte Dinge zu lernen und das Leben durch eine bestimmte Linse zu erfahren. Ich muss dich nicht verändern, und du musst mich nicht verändern. Ich kann die spannende Vielfalt des menschlichen Ausdrucks schätzen, die wir hier auf diesem Planeten haben; ich kann mich von dem Gedanken befreien, ich sei besser und du solltest wie ich sein – oder du seist besser und ich sollte wie du sein. Diese Art von Urteilen entsteht aus der Vorstellung, wie seien so, wie wir sind, nicht gut genug. Wir sind es gewohnt, Leute nach ihrer Erscheinung zu begutachten und alle möglichen Vermutungen über sie anzustellen. Doch – und das vergessen wir dabei leicht – auch sie sind göttliche Funken; auch sie sind hier, um eine bestimmte Schwingung zum Ausdruck zu bringen: Alles ist Teil des großen kosmischen Gewebes des Lebens hier auf dem Planeten.

Mit dem Herzen sehen

Als ich vor einer Weile in Arkansas war, um eine Zeremonie durchzuführen, lernte ich in einem Traum eine Lektion über das Urteilen – wie wir manchmal wirklich den Wald vor lauter Bäumen nicht sehen. In meinem Traum war ich mit einem furchterregenden Mann konfrontiert, der wie ein Landstreicher aussah, mit Bart und Zahnlücken, wilden Augen und dreckigen Kleidern. In meinem Traum habe ich ihm sofort misstraut, weil er aussah, als hätte er keinen festen Wohnsitz. Ich ging auf Abstand zu ihm und bewegte mich auf eine Gruppe junger Leute zu, die hübsch angezogen waren und sich wie normale Leute verhielten.

Als ich erwachte, wusste ich: Dieser Traum war wichtig. Ich setzte mich hin, um darüber zu meditieren. *Spirit* sagte mir, der

Mann habe mir etwas Wichtiges beibringen wollen. Er hätte eine Botschaft für mich gehabt, die ich verpasst hatte, weil ich mich abwandte. Ich hatte seine Erscheinung verurteilt und ihn nicht mit dem Herzen angeschaut.

Zur menschlichen Erfahrung gehört auch das Unterscheidungsvermögen, Dinge als gut oder schlecht, sicher oder gefährlich, erwünscht oder unerwünscht zu erkennen. Die Dualität ist einer der Grundsteine der menschlichen Erfahrung. Doch wenn unser Herz offen ist, neigen wir nicht zu solchen automatischen Einschätzungen. Dann sehen wir mehr als die für das Auge sichtbare Oberfläche. Oft ist hinter einer unattraktiven oder bedrohlichen Erscheinung ein Juwel verborgen. Wir müssen unsere Herzen öffnen, um zu erkennen, wie die Dinge wirklich sind, und nicht, wie sie erscheinen. Wir könnten so viel lernen, wenn wir uns den Dingen öffneten, statt uns vor ihnen zu verschließen. Das kann eine schwere Aufgabe sein, wenn etwas bedrohlich oder gefährlich wirkt. Doch es geht darum, zu lernen, nicht mehr nur mit den Augen und dem Verstand hinzuschauen, sondern mit dem Herzen. Ich hätte in meinem Traum innehalten und den Mann mit meinem Herzen fühlen können, mir die Zeit nehmen können, herauszufinden, wer er ist; ich hätte mit ihm reden können. Oft ist es das Risiko wert. Wenn wir die Dinge nach ihrer Erscheinung beurteilen, entgeht uns oft ihr wahrer Wert oder ihre Schönheit und das Kostbare, was sie uns lehren könnten.

Wir fürchten uns auch davor, selbst derart beurteilt zu werden. Doch eigentlich geht es uns nichts an, was andere über uns denken. Das zu begreifen ist so wichtig! Du bist so viel mehr als das, was andere von dir halten, und auch als deine eigenen Vorstellungen von dir selbst. Dein großes ICH BIN hat dich aus einem bestimmten Grund hierher gesandt. Du brauchst nicht die Welt zu retten oder berühmt zu sein, um diesen Grund zu erfüllen. Vielleicht kommt dein Daseinssinn darin zum Ausdruck, ein guter Vater oder eine gute Freundin zu sein oder die Natur zu lieben. Es hat nichts mit deiner Arbeit, mit deinem weltlichen Status oder deiner Identität zu tun.

Wer bin ich? Warum bin ich hier?

Der Grund für dein Hiersein und deine Erfahrung als Mensch kann sich in allen möglichen äußeren Umständen und Erfahrungen spiegeln. Doch ob du wohlhabend bist oder arm, verheiratet, allein oder geschieden, gebildet oder ungebildet – all diese äußeren Umstände und Kleider, die du im Laufe deines Lebens anlegst, sind nicht der Grund. Du bist nichts von alledem. Um den Grund zu entdecken, aus dem deine Seele hierher gekommen ist, musst du zunächst einmal erkennen: Du bist nichts von diesen Äußerlichkeiten.

Wer bist du also? Manchmal hilft es, damit anzufangen, was du *nicht* bist: Du bist nicht deine Arbeit; du bist nicht deine gesellschaftliche Stellung; du bist weder eine der Rollen, die du in der Familie spielst, noch deine Erfolge und Niederlagen; du bist nicht deine Beziehungsgeschichte, dein Erfahrungsschatz, deine Persönlichkeit, deine Identität oder dein Körper. Du bist nicht das, was andere von dir halten, ob das nun gut oder schlecht ist. Schäle die Zwiebel weiter, Schicht um Schicht. Was bleibt dir, wenn alles fort ist, auch dein physischer Körper, dein Name, dein Gesicht? Der Intellekt schafft diese Übung nicht, er stößt da gegen eine Wand. Diese Wand löst sich nur in Meditation oder Kontemplation auf. Was bleibt dir, wenn du alles fortlässt, wofür du dich normalerweise hältst? So kannst du mit deinem höheren Selbst in Kontakt kommen, deinem großen ICH BIN – so kannst du die Größe in dir finden, die du bist, die frei ist von all den Dingen, für die du dich gewöhnlich hältst. Wenn du alles Unwesentliche weglässt, fängst du an, dein höheres Selbst, dein großes ICH BIN, deine Seele zu spüren.

In gewisser Weise ist es merkwürdig, diese verschiedenen Schwerpunkte zu fühlen, fast als würde man in zwei Wirklichkeiten gleichzeitig leben. Doch wir Menschen müssen fähig werden, diesen Übergang in eine kosmische oder göttliche Perspektive willentlich herzustellen. Wir müssen uns daran gewöhnen, zwischen den Dimensionen hin und her zu wechseln und das kosmische Licht und die kosmische Liebe, aus der wir stammen, zu erfahren.

Mit den Augen des Universums sehen

Ich werde mich immer daran erinnern, wie ich zum ersten Mal mein großes ICH BIN erlebte. In diesem Moment hat sich alles für mich verändert. Ich hatte mich einfach nur hingelegt, ohne etwas Bestimmtes im Sinn zu haben, als ich mich plötzlich in einem stark veränderten Zustand befand, einem Zustand, der weder Anfang noch Ende hatte, keinen Klang, kein Licht, weder Raum noch Zeit. In diesem Augenblick hatte alles plötzlich einen Sinn, alles diente einem großen Zweck, alles war auf wundervolle Weise ein einziges, vereintes, kosmisches Bewusstsein. Mein Körper hatte kein Gewicht mehr, als hätte ich keinen Körper, keine Wahrnehmung von etwas Getrenntem außerhalb von mir. In diesem Zustand wusste ich: Ich war nichts von Gott oder der Göttin Getrenntes, sondern Teil der göttlichen Essenz. Ich war das große ICH BIN! In diesem Zustand wusste ich auch: Wir alle sind Funken dieser großen Energie, des Lichts und der Liebe, die alle Dinge, alle Zeiten und Ereignisse erschafft.

In diesem Zustand absoluter Seligkeit sah ich in der Ferne einen Planeten, einen wundervollen Planeten in einem der vielen herrlichen Universen. Angesichts seiner Schönheit empfand ich eine tiefere und stärkere Liebe als jemals zuvor. Und schon bald wurde mir klar: Das war die Erde. Dann sah ich in meinem Bewusstsein große und kleine Kreaturen, Täler und Berge, Dschungel und Wüsten und das ganze Leben in ihnen. Ich sah Menschen aller Farben und Rassen und aus allen möglichen Verhältnissen, vom Anfang aller Zeiten bis zur Gegenwart. Es war großartig und begeisternd. Doch etwas war schrecklich verkehrt: Die Menschen waren sich überhaupt nicht bewusst, wie sehr sie geliebt wurden; sie hatten vergessen, dass sie selbst Geschöpfe des Großen Geistes waren. Vor meinen Augen sah ich solch wundervolle Manifestationen des Großen Geistes, so vieler Dinge fähig und doch blind für ihre eigene Herrlichkeit. Massen von Menschen gingen ihrem Tagewerk nach, ohne jedes Gefühl von Freude, Sinn oder Bedeutung.

Mir fiel ein Mann auf, der indisch aussah. Er trug nichts als ein altes weißes Tuch um die Hüften, während er auf einer Baustelle unbrauchbare Backsteine in einen Korb sammelte. Um ihn herum bewegten sich viele andere auf Mopeds, Fahrrädern und zu Fuß durch die Stadt. Es war ein trauriges Bild, alle hatten einen leeren Gesichtsausdruck. Mein Bewusstsein wanderte rasch von Stadt zu Stadt, von Ort zu Ort, ganz schnell, als ob ich über die Landschaft flöge. Ich sah auch, wie ich auf diesen Planeten geboren wurde, als Kind meiner Eltern, mit einem kleinen, vollkommenen Körper. Ich sah kurze Eindrücke von meiner Jugend, verschiedene Aspekte meines Lebens, die ich bis dahin nur als Hindernisse betrachtet hatte. Jetzt sah ich die Ordnung der Dinge und wie diese Zeiten in meinem Leben große Chancen, Lehren und Segnungen mit sich brachten, die mich zu der Frau werden ließen, die ich heute bin.

Dann sah ich mich im gegenwärtigen Augenblick, wie ich im Haus meines Freundes meditierte. Ich dachte, wie merkwürdig es doch ist, mich selbst so aus einer anderen Sicht zu betrachten, nicht in dem Körper zu sein, den ich anschaute ... Und in dem Augenblick, als sich mein Bewusstsein so seiner selbst gewahr wurde, war ich sofort wieder in meinem Körper. Ich versuchte noch eine Weile, wieder in diesen Zustand zurückzukommen, aber ohne Erfolg. Inzwischen war ich zu sehr in meinem Verstand, also hörte ich damit auf und sann über das nach, was ich gerade erlebt hatte.

Intensive Gefühle stiegen in mir auf, und ich begann, vor lauter Freude zu weinen. Ich hatte mein Leben von meiner Geburt bis zum jetzigen Augenblick gesehen, und alles war in göttlicher Ordnung gewesen. Aus dieser Perspektive konnte ich endlich all die Urteile loslassen, die ich noch über mich selbst und andere hatte, und aufhören, mich als Opfer zu fühlen. Ich fand das Leben auf eine neue Weise aufregend, denn jetzt war ich frei von allen Geschichten über meine Vergangenheit. Ich hatte mich aus einem bestimmten Grund dafür entschieden, auf diesen Planeten zu kommen, nicht nur um all die Schönheit zu erfahren, das Leben zu sehen, zu hören, zu schmecken und zu spüren, sondern auch um das Leben mit anderen Wesen zu teilen und miteinander schöpferisch zu wirken. Mein Herz war von dieser Erfahrung erfüllt, ich dachte, es müsste gleich platzen. Ich fühlte mich zutiefst verändert.

Wenn du dich selbst als das große ICH BIN erfährst, weißt du, dass es keine Fehler gibt. Dein Leben wird von deinem eigenen höheren Selbst gelenkt, ähnlich wie eine Schachfigur auf dem Brett geführt wird. Mein höheres Selbst oder mein großes ICH BIN führt mich in jedem Augenblick des Tages in Situationen, damit ich etwas lerne und wachse. Im Leben geht es darum, zu lernen – nicht darum, etwas zu verdienen oder sich Gottes würdig zu erweisen. Wir sind ein Teil Gottes, nichts von ihm Getrenntes!

Spirit hat mir gezeigt, dass es keinen Gott gibt, der uns auf diesen Planeten geschickt hat, uns die Erinnerung an unser göttliches Zuhause nahm und sagte: »Viel Glück, ich hoffe, ihr schafft es, wieder zu mir zurückzufinden, denn wenn nicht, kommt ihr in die Hölle!« Wir sind Götter und Göttinnen, die hierher gekommen sind, um zu lernen und spirituell zu wachsen. Wir können nicht darüber urteilen, was unser Nächster durchmacht oder wie er sich entscheidet, doch das bedeutet nicht, die Augen davor zu verschließen, wenn jemand etwas falsch macht oder jemanden verletzt. Wenn wir so etwas mitkriegen, ist es ein Teil unserer Erfahrung, und wir können entscheiden, wie wir uns dazu verhalten wollen. Wenn du deinem Herzen und deinem höheren Selbst vertraust, wirst du meistens die richtige Entscheidung fällen – »richtig« im Sinne von Ganzheit und Integrität.

Die schwierigen Dinge im Leben helfen uns, zu lernen und zu wachsen. Selbst wenn du auf etwas zurückschaust und sagst: »Ich wünschte, ich hätte das nicht getan«, heißt das nicht, dass es ein Fehler war, sondern eine Gelegenheit, etwas zu lernen. Und wenn wir aus den Situationen, vor die uns unser höheres Selbst stellt, nichts lernen, was passiert dann wohl? Wir dürfen es noch einmal versuchen! Wie oft fragen wir uns im Leben: »Warum passiert mir das immer wieder?«, anstatt zu fragen: »Was versucht mich diese Situation zu lehren?«

Es ist Zeit, dich daran zu erinnern, wer du bist, dich zu erinnern, dass du größer bist, als du je für möglich hieltest; dass dein höheres Selbst dein Leben lenkt und dich in die Situationen führt, die du erlebst, damit du lernst und wächst. Es ist Zeit, dich daran zu erinnern, warum du hierher gekommen bist und welche Gaben du der Welt in diesen entscheidenden Zeiten geben kannst. Jedes Lebewesen ist Ausdruck des großen ICH BIN, verbunden mit der Quelle aller Liebe und allen Lichts, der Quelle von allem. Es kann keinen Grund mehr dafür geben, dich klein und unbedeutend zu fühlen – du bist wundervoller, als du dir vorstellen kannst!

Übung: Der Schlüssel der Dankbarkeit

Eine der kraftvollsten Arten, sich mit dem großen ICH BIN zu verbinden, ist auch eine der einfachsten. Es gibt Gefühlszustände, die uns mit dem Herzen und mit dem ganzen Universum verbinden. Wenn du dankbar bist für alles, was du hast, für die Erfahrung, am Leben zu sein, für die Schönheit der Schöpfung, verändert sich deine Resonanz. Dann verlieren sich deine Mangelempfindungen, deine Enttäuschungen und deine unerfüllten Verlangen, und ein Teil deiner selbst wird freigesetzt, der das Leben einfach preisen möchte, der Freude fühlen möchte. Das ist unser essenzielles Wesen. Dann kommst du in Harmonie mit dem Kosmos und erschließt dir die spirituelle Kraft deines höheren Selbst. Dein Herz öffnet sich und beginnt, richtig zu fließen. Vielleicht steigen Tränen auf und du fängst an, Liebe und Zärtlichkeit für kleine Dinge in deinem Leben zu empfinden, die du jahrelang nicht bemerkt hast. Dein Herz fühlt sich leicht an, vielleicht fühlst du dich wieder wie ein Kind. Dankbarkeit ist so mächtig. Sie ist der Schlüssel, der die Tür zu unserer Göttlichkeit öffnet, der uns über das Herz mit allem im Universum verbindet. Dann fühlen wir uns begeistert und geläutert, und die Welt scheint wieder neu. Dankbarkeit ist ein kraftvolles Gegengift gegen Selbstmitleid, Depression und Ohnmacht. Es ist sehr schwer, sein höheres Selbst wahrzunehmen, wenn man sich klein, wertlos und als Opfer fühlt. Dankbarkeit hat die Macht, uns da herauszuheben und uns unser ursprüngliches Empfinden von Ganzheit und Kostbarkeit wiederzugeben.

Der Zustand der Dankbarkeit ist für mich selbst am besten über das Gebet zu erreichen. Ich beginne meine Gebete immer damit, dem Großen Geist und Mutter Erde für ihre Segnungen zu danken, für die Segnungen der vier Richtungen zu danken, für die Führung, die ich erhalte, für alles, was mich nährt, und die Geschenke, die mir jeden Tag zuteil werden. Mir hilft es, mir detailliert klarzumachen, wofür genau ich dankbar bin. Wenn wir sehr im Kopf sind, kann es manchmal eine Weile dauern, bis wir wieder ins Fühlen hinabsinken, bis wir wirklich Dankbarkeit empfinden. Dann hilft es mir, die Dinge zu benennen, für die ich dankbar bin, so lange, bis sich mein Herz eingeschwungen hat und sich wieder spüren kann.

Du kannst diese Übung der Dankbarkeit jedoch unabhängig davon durchführen, ob du das Beten gewohnt bist oder nicht. Manchen Menschen liegt das Beten näher, anderen die Meditation oder die Kontemplation. Entscheidend ist, Dankbarkeit und die ihr verwandten Gefühle des Staunens, der Zärtlichkeit und der Freude im Herzen zu spüren.

Die Konzentration auf Mutter Erde bringt die Menschen ins Herz (und in den Körper). Weil die Menschen Mutter Erde kollektiv vergessen und es sich angewöhnt haben, sie zu missachten und ihre Gaben für selbstverständlich zu halten, empfehle ich, als Heilmittel für diese kollektive Wunde jeden Tag Dankbarkeit für Mutter Erde zu empfinden. Dankbarkeit für Mutter Erde, für die Pflanzen, Tiere und Insekten, für das Wasser, den Wind, den Sonnenschein und den Boden bedeutet, auch Dankbarkeit für unseren Körper zu empfinden, der auch Erde ist. Allzu lange haben wir nicht darauf geachtet, welch heiliges Geschenk es ist, hier zu sein, lebendig, auf Mutter Erde, mit kostbaren menschlichen Körpern. Eine Haltung der Dankbarkeit für Mutter Erde zu pflegen hilft uns, uns wieder mit unseren Wurzeln zu verbinden. Es heilt sie und es heilt uns.

Doch vielleicht brauchst du es eher, dich statt auf etwas Abstraktes wie »Mutter Erde« auf etwas Konkretes zu konzentrieren, um Gefüh-

le der Dankbarkeit hervorzurufen. Ich fange immer gerne mit etwas Spezifischem an. Beginne mit dem, wofür du in deinem Leben am meisten dankbar bist. Vielleicht ist es das Gesicht deines Kindes, wie es dir morgens entgegenschaut, vielleicht dein Haustier, vielleicht ein besonders schöner Sonnenuntergang, an den du dich erinnerst, vielleicht eine kleine Blume. Was auch immer deine Gefühle der Liebe und Dankbarkeit anregt, kann als Fokus dienen. Am Anfang hilft es meistens, sich auf Dinge zu konzentrieren, die außerhalb von uns zu liegen scheinen, doch allmählich kannst du deinen Fokus dann erweitern und immer mehr und mehr einschließen: die Welt, andere Menschen und auch dich selbst.

Wenn du Dankbarkeit und Liebe für andere Menschen und dich selbst empfinden kannst – für alles, was du bist und was du nicht bist –, bist du auf dem besten Weg, das Geheimnis des Kosmos zu erschließen. Wenn du für die gesamte Existenz dankbar sein kannst, mitsamt ihren schmerzhaften und verwirrenden Aspekten, mitsamt jenen Teilen von dir selbst und anderen, mit denen du ringst, dann trittst du ein in die kosmische Wirklichkeit, in der alles Liebe ist. Jedes menschliche Wesen, das heute auf der Erde lebt, ist aufgerufen, das zu erkennen. Dankbarkeit hat das größte Potenzial, die Tore des Herzens und zum großen ICH BIN zu öffnen.

Wenn du je von Chaos und Verunsicherung umgeben bist, versuche, für irgendetwas Dankbarkeit zu empfinden. Das wird dich mit deinem höheren Selbst verbinden und dir helfen, die Stürme des Lebens besser und in Harmonie mit der Aufgabe deiner Seele zu überstehen.

Erwartungen loslassen

Wir Menschen sind merkwürdige Wesen. Wir haken uns immer emotional und mental an dem fest, was uns fehlt und was gerade falsch ist: Unser Liebesleben oder unsere Arbeit erfüllen uns nicht, oder unsere Beziehungen entsprechen nicht unseren Erwartungen. Doch genau diese Erwartungen sind das Problem; denn damit bereiten wir Enttäuschungen und Niederlagen schon den Weg. Ich habe in meinem Leben oft mit Erwartungen gerungen, und jetzt, da ich öffentlich auftrete und mehr Verantwortung übernommen habe, lerne ich immer neue Lektionen über Erwartungen, die meist davon handeln, sie nicht zu haben oder mich nicht um ihre Erfüllung zu sorgen.

Als ich 2010 in Schweden war, lehrte mich ein großartiger Mann namens Lhaka Lama etwas Wesentliches über Erwartungen. Er lebt in Schweden, hatte von meinem Besuch gehört und sich vor meinem Vortrag zu einem Besuch angemeldet. Ich wusste, er war ein tibetischer Lama, und fühlte mich etwas nervös und verlegen ihm gegenüber.

Zu meiner Erleichterung kam er in ganz normaler europäischer Kleidung. Er stellte sich ohne besondere Förmlichkeiten vor, setzte

sich einfach aufs Sofa und bat mich, neben ihm Platz zu nehmen. Ich bot ihm Schokolade an, und er aß sie entspannt und mit Genuss. Er ruhte völlig in sich selbst.

Allein in seiner Gegenwart zu sein, lehrte mich viel. Er sagte mir, ich solle keine Energie in Erwartungen geben – meine Aufgabe in dieser Welt sei es, so gut ich kann in Liebe zu leben und andere auf ihre eigene Weise leben zu lassen. Ich sollte dort vor mehreren Hundert Menschen sprechen und war deshalb ziemlich nervös. Er wusste darum, klopfte mir zart auf die Brust und sagte, ich solle mich entspannen. Es sei nicht meine Aufgabe, die Menschen davon zu überzeugen, mir oder meiner Botschaft zu glauben, sondern ich habe einfach nur die Botschaft zu übermitteln. Und dann sagte er etwas, was ich nie vergessen werde: »Deine Aufgabe ist es, den Stein ins Wasser zu werfen. Du bist nicht dafür zuständig, wie viele Wellen er schlägt oder wie hoch die Wellen schlagen.« Er sprach noch davon, wie Erwartungen oft zu Gefühlen wie Verzweiflung und Versagen führen und uns urteilen und zweifeln lassen.

Seine Worte sind mir seitdem immer bewusst geblieben. Wenn ich mich unter Druck fühle, die Erwartungen von anderen oder meine eigenen erfüllen zu müssen, oder wenn ich mich in dem verwickle, was andere über mich denken, erinnere ich mich an seine Analogie des Steins, der frei von Erwartungen geworfen wird. Es ist so wichtig, sich daran zu erinnern, um weder andere noch uns selbst zu verurteilen. Wir können nicht steuern, wie unsere Worte oder unser Tun von anderen aufgenommen werden. Wir können nur aus dem tiefsten Drängen unserer Seele sprechen und handeln, zum höchsten Wohl. Ob wir geliebt oder gehasst werden, ob unsere Bemühungen von Erfolg gekrönt werden oder nicht – wir können nur unser Bestes tun, um uns von Anhaftungen und Erwartungen zu befreien.

Das ist ein wichtiger Schritt zur Transformation jener einschränkenden Denkmuster, die uns daran hindern, die Aufgabe unserer Seele zu erfüllen. Jeden Tag versuche ich, die Angst vor dem, was

137

in der Zukunft geschehen könnte, loszulassen und mich in meinem tiefsten Wissen darüber zu verwurzeln, wofür ich hier bin, was ich zu tun und was ich mitzuteilen habe. Jeden Tag versuche ich, keine Erwartungen zu haben und zu tun, was sich mein Herz am meisten ersehnt, selbst wenn es schwierig ist.

Wenn du dich von Erwartungen befreist, davon, wie die Dinge sein sollten und was dabei herauskommen sollte, schaffst du Freiraum, um in jedem Augenblick ganz lebendig zu sein und dem Ruf deiner Seele zu folgen.

Den Kanal wechseln

Bei all den katastrophalen Ereignissen, die in der heutigen Welt geschehen, und all der Ungewissheit bezüglich der Zukunft ist es ungeheuer wichtig, darauf zu achten, wie viel Negativität wir aufnehmen, denn das hat eine direkte Auswirkung auf unsere Fähigkeit, im Herzen zu bleiben, vor allem dann, wenn es am dringendsten notwendig ist. Unbewusst aufgenommene Bilder der Angst und Zerstörung machen uns passiver und ohnmächtiger und trennen uns mehr von *Spirit* und unserem höheren Selbst. Vor allem die Medien nutzen Bilder der Zerstörung und des Chaos, um die Leute vor den Bildschirmen zu halten: Sie erzeugen ein Netz der Angst, weil Angst die Leute dabeibleiben lässt. Auch wenn es schwer ist, Tod und Zerstörung zu sehen, ohne in Angst und Verzweiflung zu verfallen, ist doch genau das jetzt notwendig. Wir müssen fähig sein, zu merken, wenn wir uns von Negativität überwältigen lassen, und dann den Kanal wechseln.

Es ist leicht, bezüglich der Zukunft in Angst und Pessimismus zu verfallen. Die Erdölkatastrophe im Golf von Mexiko und das atomare Desaster in Fukushima sind zwei Ereignisse aus jüngster Zeit, welche die ganze Welt in Schrecken versetzt haben. Ich glaube, es gab kaum jemanden, der angesichts dieser Bilder nicht

von Sorge und Angst erfüllt war. Das ist nur natürlich; es ist menschlich, auf Leiden mit Kummer und Mitgefühl zu reagieren. Doch es ist möglich, Mitgefühl zu empfinden, ohne seine Energie der Negativität zu überlassen. Du kannst dich entscheiden, wie du innerlich damit umgehst, wenn um dich herum Feindseligkeit oder Chaos herrschen. Du kannst dich entscheiden, auf die höheren Schwingungen des Herzens eingestimmt zu bleiben und so deine Wirklichkeit zu verändern.

Möchtest du im Himmel oder in der Hölle leben? Beides steht uns in jedem Augenblick frei, wie auch immer unsere äußere Umgebung aussieht. Wir können immer wählen, welche innere Haltung wir einnehmen wollen, egal was wir außerhalb von uns sehen. Wenn uns das gelingt, verändern wir nicht nur das, was wir individuell erfahren – wir verändern die Welt.

Wenn ich überall auf der Welt mit Leuten darüber rede, den »Kanal zu wechseln«, werde ich oft gefragt, ob ich damit meine, man solle nicht auf die Nachrichten oder das Weltgeschehen achten. Das ist es jedoch überhaupt nicht, was ich sagen will. Wir müssen uns dessen bewusst sein, was in der Welt vor sich geht, um uns aktiv für die Veränderungen einzusetzen, nach denen unser Herz verlangt. Aber wir müssen die Negativität, die ständig aus vielen Richtungen auf uns einströmt, nicht in uns aufnehmen. Den Kanal zu wechseln bedeutet, nicht nach Dingen zu streben, durch die du dich schlecht, gering, ängstlich, verwirrt oder klein fühlst. Stattdessen kannst du dich auf etwas Schönes, Positives, Inspirierendes oder Hoffnungsvolles konzentrieren und dich dadurch vor Energieverlusten bewahren. Wenn du der Negativität viel von deiner Aufmerksamkeit und deinen Emotionen gibst, verstärkst du sie eher noch. Du löst kein Problem und keine Krise, indem du niedergeschlagen oder ängstlich wirst oder innerlich immer wieder durchspielst, wie schrecklich das alles ist.

140 Um etwas Besseres zu erschaffen, musst du als göttlicher Mitschöpfer in deiner höchsten Energie sein, verbunden mit deinem höheren Selbst, deinem Herzen.

Das Fernsehen und das Internet sind zwei der mächtigsten Kräfte in unserem Leben, durch die wir unbemerkt sehr viel Unrat aufnehmen. Im Laufe der Zeit gewinnen sie Einfluss auf unsere Gefühle über uns selbst und die Welt. So viel mentale Informationen von niedriger Energie aufzunehmen, bewirkt genau das Gegenteil von einem Aufenthalt in der Natur: Es baut unser Energiefeld ab. Du hängst im Kopf fest, und deine Aufmerksamkeit wird in eine Million Richtungen gezogen, die alle gleichermaßen flach und unbedeutend sind. Immer mehr von uns geraten zunehmend in Abhängigkeit von Computern und Hightech-Geräten; ich bilde da keine Ausnahme, aber je weniger wir uns diesem sinnlosen Geschwätz aussetzen, desto besser. Wenn du in den Nachrichten etwas Negatives hörst, mache dir klar, dass du den Kanal wechseln kannst. Es geht nicht darum, abzuschalten und die Dinge auszublenden, sondern dir bewusst zu machen, dass du nicht aufgrund der Ansichten von jemand anderem darüber, was wirklich und möglich (oder unmöglich) ist, in Angst leben musst. Du brauchst deine Energie nicht an Negativität zu verschwenden, was auch immer gerade um dich herum oder in der Welt geschieht. Es ist deine Aufgabe, deine kraftvollste und kreativste Ressource zu schützen: dein eigenes Bewusstsein. Du kannst dich entscheiden, deinen Fokus auf das zu lenken, was lebensspendend, hoffnungsvoll, nährend, inspirierend, heilend und ganzheitlich ist.

Dies gilt auch in alltäglichen Situationen. Wenn jemand in deiner Gegenwart schlecht über jemand anderen redet oder zynisch ist, scheue dich nicht, die Person zu bitten, den Kanal zu wechseln, oder weigere dich einfach, an solch einem negativen Austausch teilzunehmen. Du kannst aufhören zuzuhören – oder versuchen, das Gespräch auf etwas Positiveres zu lenken. Auch wenn wir in geistlosen Konsum gezogen werden, nehmen wir viel Negativität auf. Wir lassen uns oft unbewusst manipulieren und meinen dann, wir brauchen Dinge, obwohl sie unnötig sind. Statt unsere kreative Kraft dafür einzusetzen, Glück und Schönheit für uns selbst und andere zu erzeugen, lassen wir uns weismachen, wir müssten diese Dinge einfach kaufen und wären verloren, wenn wir es nicht tun. Auch so vergeuden wir unsere Kraft.

Wenn du merkst, du versinkst in diesen Geisteszustand und lässt dich von deinen Gefühlen zur Kauflust verleiten, kannst du dich entscheiden, den Kanal zu wechseln. Statt dieses tolle neue Gerät zu kaufen, kannst du etwas bauen, malen, dichten, mit einem Kind spielen oder eine Wanderung unternehmen. Du kannst etwas tun, was dir wirklich mehr Lebensenergie gibt und nicht nur die schnelle Dröhnung, die dir der Konsum verschafft. Wenn du deine Energie an Konsum und energieraubende Dinge verschwendest, vergisst du, wie spirituell stark und wie frei du tatsächlich bist; du vergisst, dass das, was wir haben und erschaffen können, weit über die kurzweiligen Vergnügungen hinausgeht, die uns solche Ablenkungen verschaffen. An diesen Dingen ist nichts Schlechtes, doch wenn wir uns darin verfangen, erschöpfen wir uns, vergeuden wir unbewusst unsere Kraft und Energie.

Du kannst jeden Morgen und jeden Abend in den Himmel schauen und tief in dir bestätigen: »Alles ist gut und schön. Ich bin Schöpfer und Schöpferin; ich bin Gott und Göttin. Ich kann meine Welt verändern.« Das wird deine energetische Schwingung sehr erhöhen. Wenn du etwas in der Zeitung liest und dich in ängstlicher Negativität verfängst, stürzt deine Energie ab. Du hast immer die Wahl: Entweder du steuerst deinen Seinszustand, dein Bewusstsein, oder du bist der Sklave dessen, was außerhalb von dir passiert.

Im vergangenen Jahr hatte ich viel Gelegenheit, das Wechseln des Kanals zu üben. Es hat durchaus Nachteile, bekannt zu werden. Meine Online-Videos haben Millionen von Menschen erreicht. Das war ein Segen, und die überwältigende Mehrheit dieser Menschen war äußerst liebevoll und unterstützend. Doch viel Licht bringt immer auch Dunkelheit mit sich. Ich musste leider erleben, wie einige Leute, als ich einen gewissen Bekanntheitsgrad erreicht hatte, anfingen, mich anzugreifen und online absolut falsche, teilweise geradezu aberwitzige Behauptungen über mich zu verbreiten. Zuerst versuchte ich, mit diesen Menschen gutwillig und im Sinne der Wahrheit Kontakt aufzunehmen, aber ich musste feststellen, dass manche Menschen versuchen, dich lächerlich zu machen, egal was du sagst oder tust. Leider gibt es für jeden Menschen, der in der Welt die Stimme erhebt oder sichtbar aktiv wird, einen anderen, der Steine auf ihn wirft und ihn kritisiert. Eine Weile ließ mich das nachts nicht schlafen. Dann erkannte ich, wie viel Energie und Kraft ich mir dadurch rauben ließ.

Der einzige Weg, solche Negativität zu besiegen, besteht darin, an der Schwingung der Liebe und des Mitgefühls festzuhalten, komme, was wolle. Wenn du mit Ärger oder Abwehr reagierst, gibst du dem Negativen nur mehr Macht. Es war nicht immer einfach, aber um mein Werk für Mutter Erde fortzuführen und mich nicht von meinem Weg abbringen zu lassen, musste ich es meistern, den Kanal zu wechseln. Ich musste mich in der Wahrheit meines Seins verankern und unwandelbar zu dem stehen, was ich als die Aufgabe meiner Seele erkannt habe. Ich musste aufhören, mich auf das Negative zu konzentrieren, und mich an das Positive halten. Mit anderen Worten: Ich musste den Kanal wechseln.

Wir Menschen meinen manchmal, wenn wir nur gut und liebevoll sind und alles richtig machen, würde uns niemand kritisieren oder unfreundlich behandeln. Doch das ist nicht immer der Fall. Wir leben in der Dimension der Dualität, wo es Licht und Schatten gibt. Manchmal treffen wir scheinbar grundlos auf Negativität. Wir müssen das nicht akzeptieren. Manchmal versuchen sogar uns sehr nahestehende Menschen, uns zu sabotieren oder uns niederzumachen, um sich besser zu fühlen. Meistens geschieht das unbewusst, und es hat immer mit der Person zu tun, die urteilt, nicht mit dem Menschen, über den geurteilt wird. Wir können den Kanal wechseln und damit die negativen Projektionen und Urteile der anderen daran hindern, uns kleiner zu machen.

Wir können uns daran erinnern, dass wir ein Funken göttlicher Liebe sind und so, wie wir sind, vollkommen sind. Niemand hat das Recht oder die Macht, uns zu erniedrigen, uns Energie zu rauben – wir allein können unsere Energie weggeben. Es ist so viel besser, unsere Energie auf das zu richten, was unser Herz inspiriert und unser Selbstwertgefühl und unsere Einschätzung unserer

Fähigkeiten erweitert. Es mag nicht immer leicht sein, aber es ist eines der Werkzeuge, die uns Menschen helfen werden, vor allem wenn wir es mit Zerstörung und Angst zu tun haben. Statt sie aufzunehmen, können wir uns nach innen wenden und uns entscheiden, mit der Liebe verbunden zu bleiben.

Deine Worte haben Macht

Die Menschen verfügen über eine mächtige Gabe, die keinem anderen Wesen auf der Erde verliehen wurde: die Macht der Sprache. Auch Tiere kommunizieren ständig – miteinander und mit uns –, aber die Kommunikation durch Worte ist einzig dem Menschen gegeben. Mit unseren Worten sind wir auch fähig, auf besondere Weise zu kreieren. In der Bibel (Johannes 1,1) steht: »Im Anfang war das Wort (...) und Gott war das Wort.« Dahinter steht das Verständnis der schöpferischen Wirkung des Wortes. Wir sind fähig, unsere Gedanken und Gefühle und damit die Grundlage menschlicher Erfahrung verbal zum Ausdruck zu bringen. Doch die meisten von uns nehmen das als selbstverständlich hin und sind sich der schöpferischen oder zerstörerischen Macht unserer Worte nicht bewusst.

Wir leben zu einer Zeit auf der Erde, wo wir immer mehr mit Chaos, Veränderung und Zerstörung konfrontiert sind. Leider sind wir süchtig geworden nach dem, was uns die Medien als Wirklichkeit verkaufen, und absorbieren passiv den Zynismus und die Angst, mit der uns ihre Sprache in einem Zustand der Abhängigkeit hält. Es ist leicht, auf dieses oder jenes hereinzufallen und den Zynismus, die Negativität und die Angst in unserer Sprache

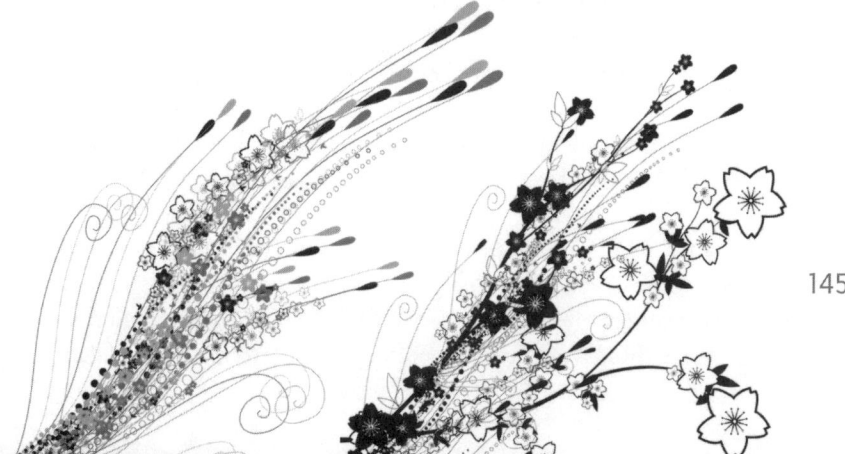

nachzuplappern, doch wir müssen uns der Macht unserer Worte wieder aktiv bewusst werden. Wir müssen uns weigern, über die Welt in der althergebrachten Weise zu reden, ja zu denken. Wir können eine neue Vision entwickeln, und unsere Worte können diese neue Vision ins Sein holen. Wir können um uns Zerstörung sehen und von Herzen darauf eingehen und doch darauf bestehen, nicht nur Zerstörung, sondern auch potenzielle Schöpfung wahrzunehmen. Das ist der Trick, das ist es, was mir als für die Menschen in dieser Zeit extrem wichtig gezeigt wurde. Konzentriere dich nicht auf das Auge des Sturms, sondern schaue darüber hinaus: auf den Regenbogen am Horizont, der nur kommen kann, wenn die alten Dinge sterben dürfen. Was auch immer geschieht, wir können darin eine Chance und eine Hoffnung erkennen – oder Zerstörung, Chaos und Sinnlosigkeit sehen. Das bestimmt die Wirklichkeit, in der wir leben werden.

Unsere Stimmen sind unsere Schwingung, deshalb müssen wir uns bewusst sein, ob die Energie hinter unseren Worten zerstörerisch oder konstruktiv ist. Welche Worte du auch sprichst, lass deine Energie in sie einfließen. Wenn du von Tod, Zerstörung, Angst, Chaos oder Mangel sprichst, denkst du auch an diese Dinge und stellst sie dir vor, vielleicht sogar sehr detailliert. Auf einer gewissen Ebene haben wir die Wahl. Wir können uns dessen bewusst sein, was wir uns vorstellen und in was wir unsere Energie stecken, bevor wir reden. Du kannst deine Gedankengänge mittendrin abbrechen und dich weigern, ihnen weiter zu folgen. Du kannst den Kanal wechseln und die Wirklichkeit anders sehen.

Dies ist der Schlüssel zu einer neuen Zukunft für die Menschheit. Wir müssen fähig sein, angesichts einer gewissen Realität durch unsere innere Ausrichtung, unsere Worte, unsere Rede und unsere spirituelle Absicht etwas anderes aufrechtzuerhalten.

Dies trifft auch auf der persönlichen Ebene zu. Die Worte, die wir verwenden, erzeugen auch in unserem individuellen Leben positive und negative Ergebnisse. Schlechte Nachrede ist nicht nur eine Vergeudung von Lebensenergie; die Negativität bindet sich auch gleichermaßen an uns und an die Person, über die wir reden. Energie fließt immer in beide Richtungen, deshalb wird das, was wir in die Welt hinaustönen, zu uns zurückkehren – das heißt, wenn wir mit anderen kritisch und engherzig umgehen, werden wir uns auch so fühlen. Mangelnde Großzügigkeit gegenüber anderen ist Ausdruck von mangelnder Großzügigkeit sich selbst gegenüber. Wenn jemand in einer Gruppe über jemanden tratscht, sinkt die Energie von allen Mitgliedern der Gruppe.

Doch wir können solch eine Situation aktiv verändern, wenn wir daran beteiligt sind. Durch die Macht unserer Worte können wir den Kanal wechseln und die Energie verändern. Wir können über die angegriffene Person etwas Positives sagen, und sei es nur eine Kleinigkeit. Dazu musst du tiefer gehen und die Großzügigkeit in deinem eigenen Herzen finden, damit du nicht nur etwas Nettes sagst, sondern die Person wirklich anders sehen kannst. Einfach indem du etwas Positives sagst und es wirklich fühlst, hältst du die negative Spirale auf und bringst eine großzügige und mitfühlende Atmosphäre in den Raum.

Wir haben zwar keine Macht über das, was andere um uns herum sagen, aber wir können die Wirkung beeinflussen, die die Worte anderer auf uns haben. Das ist wichtig, denn was andere zu uns oder über uns sagen, hat oft Einfluss darauf, wie wir uns selbst wahrnehmen, und kann uns belasten, wenn wir es zulassen. Angenommen, du gehst die Straße entlang und ein verärgerter Mensch rempelt dich an und blafft: »Pass doch auf, du fette Kuh!« Lässt du diese Worte in dich eindringen? Betrachtest du sie als wahr? Nur allzu oft lassen wir uns von den Worten anderer verschrecken und nehmen sie für wahr, und selbst wenn sie uns nur ein Fremder in seiner Wut an den Kopf geworfen hat, können sie ein Leben lang in unserem Kopf stecken bleiben.

Wir müssen begreifen, dass wir die Macht haben, die Worte anderer anzunehmen oder nicht. Du hast die Wahl, wie du auf verbale Negativität reagieren willst. Neunundneunzig Prozent der Zeit reagieren Menschen in der Energie, in der sie angesprochen werden. Wenn dir jemand ein Kompliment macht und freundliche, liebevolle Worte an dich richtet, wirst du meistens etwas Freundliches erwidern. Doch wenn dir jemand etwas Negatives an die Stirn knallt, reagierst du mit Ärger oder Abwehr, und die negative Energie wächst und nimmt zu. Wir haben alle schon erlebt, wie solch eine Spirale außer Kontrolle geraten kann. Doch als bewusste Wesen, die die Macht der Worte und der Rede begreifen, können wir unser Bestes tun, um eine Situation zu wandeln; wir können uns weigern, unsere Worte zerstörerisch zu verwenden und uns in negative Reaktionen zu verstricken.

Weil die Liebe die stärkste Energie ist, wird sie am Ende immer gewinnen. Wenn dich jemand anschreit oder niedermacht, kannst du dich entscheiden, seine Worte nicht zu akzeptieren und etwas Freundliches zu erwidern – und wandelst dabei die Energie von negativ zu positiv. Selbst wenn die Person, die dir mit Ärger entgegentrat, nicht mit deiner Freundlichkeit umgehen kann und etwas Grobes erwidert, wird sie mit deinen Worten im Kopf weggehen, und sie werden weiterwirken.

Vor allem Kindern gegenüber haben Worte große Macht. Wie oft werden wir als Eltern wütend oder sind einfach erschöpft und herrschen dann unsere Kinder an, sie sollen still sein. Oder wir sagen: »Hör auf, so herumzuhopsen, das macht mich ganz verrückt!« Das Kind hat vielleicht versucht, sich zum Ausdruck zu bringen, und der starke Eingriff durch die Eltern kann bewirken, dass es sich in Zukunft eher scheut, sich frei auszudrücken. Dabei war das überhaupt nicht beabsichtigt.

Wenn wir negativ sprechen, drängen wir der Wirklichkeit ein Bild auf; wenn wir es oft genug wiederholen, und sei es nur innerlich, beginnt die Wirklichkeit, sich unseren Worten anzupassen. Sage ich einer Freundin gegenüber: »Bei mir klappt auch gar nichts«, zeige ich der Wirklichkeit, wie sie auf meine Bemühungen reagieren soll, vor allem wenn meine Worte durch entsprechende Gefühle unbewusst bestätigt werden. Dann sind meine Anstrengungen zur Vergeblichkeit verdammt. Sage ich jedoch zu meiner

Freundin: »Ich weiß, es wird alles gut gehen«, lasse ich genau dies zu und ebne den Weg zum Erfolg. In diesem Sinne haben unsere Worte eine geradezu magische Wirkung auf unsere Realität.

Wenn du positiv, aufrichtig, großmütig und anmutig kommunizierst und zu deinem Wort stehst, werden dir andere mit Vertrauen, Offenheit und Achtung begegnen. Dann bereitest du den Weg für schöne und positive Dinge, die auf dich zukommen können, weil du sie mit deinen Worten aktiv anziehst. Was du aussendest, wird energetisch zu dir zurückkehren. Wenn dir das bewusst ist, kannst du anfangen, die Welt der Liebe und Freundlichkeit zu erschaffen, die du um dich haben möchtest, indem du so oft wie möglich liebevoll und freundlich kommunizierst.

Zu meinen Vorträgen kommen oft Menschen, die sich darum sorgen, was 2012 passieren wird. Sie fragen sich berechtigterweise, ob sich die magnetischen Pole verschieben werden und was das für sie, ihre Familien, ihre Umgebung und ihren Alltag bedeutet. Beim Beantworten solcher Fragen bin ich mir sehr bewusst, wie sorgfältig ich meine Worte wählen muss. Auch wenn mir Bilder gezeigt und Informationen über Veränderungen auf der Erde vermittelt wurden, achte ich sehr darauf, sie anderen nicht als real zu präsentieren (sie mögen meine Realität sein, aber jeder kann für sich selbst entscheiden, was für ihn real ist) und über diese Dinge zu reden, ohne Angst zu erzeugen. Das ist sehr wichtig, denn die Art, wie wir jetzt unser Bewusstsein einsetzen, ist von höchster Bedeutung. Unser Massenbewusstsein hat eine Wirkung auf unsere Zukunft, und Angst trägt dazu bei, furchterregende Situationen entstehen zu lassen. Vielleicht können wir letztlich nicht ändern, *was* auf der Erde geschehen soll, doch *wie* es geschehen wird, das bestimmen wir Tag für Tag, in jedem Augenblick. Deswegen kann niemand voraussehen, was genau auf der Erde geschehen wird und wann. In gewisser Hinsicht existiert die Zukunft bereits und in gewisser Weise nicht. Wir erschaffen sie jetzt, in diesem Augenblick! Deshalb sollten wir alle aktiv das Höchste, Beste und Schönste vor uns sehen und zum Ausdruck bringen, was wir erschaffen möchten.

149

Wenn wir alle das tun – wenn wir alle die Vision einer neuen Erde nähren, auf der das höchste Prinzip der Liebe die Menschen regiert –, helfen wir dem Kosmos, genau dies zu erschaffen. Indem wir nur in Liebe und in hoher Schwingung reden, erschaffen wir eine höhere Schwingung auf der Erde. So bauen wir unsere kollektive spirituelle Kraft auf und sammeln sie, um entsprechend unserer göttlichen Gabe schöpferisch zu wirken.

Das Erwachen des heiligen Weiblichen

Seit sehr langer Zeit gibt es in den menschlichen Gesellschaften
auf der Erde und in unserem Miteinander ein deutliches Missverhältnis. Seit Jahrtausenden wird die menschliche Gesellschaft von
Macht und rationalem Denken angetrieben, und während eines
großen Teils der Menschheitsgeschichte wurden Frauen wie Vieh
behandelt, wurden unterdrückt, kontrolliert und beherrscht. Sogenannte »weibliche« Qualitäten wie Zärtlichkeit, Mitgefühl, Empfänglichkeit, Zusammenarbeit und Demut wurden als schwach
und geringer angesehen als sogenannte »männliche« Qualitäten
wie Durchsetzungskraft, Aggression, Dominanz, Individualität
und Selbstbezogenheit. Männer und männliche Qualitäten haben
die Werte und die Organisation der menschlichen Gesellschaft so
lange bestimmt, dass sie wie die natürliche Ordnung der Dinge
erscheinen; wir können uns an keine Zeit erinnern, in der es
anders gewesen wäre. Das Problem sind jedoch nicht die männlichen Qualitäten, sondern das Missverhältnis zwischen Männlichem und Weiblichem. Es ist Zeit für eine echte Veränderung.

Das Problem ist nicht die Männlichkeit an sich, sondern das unaus-
geglichene Männliche. Darin herrschen der Verstand, das Ego und
die Macht über das Herz und seine Gefühle; der Körper wird nicht

wertgeschätzt, und Lebendiges und Göttliches gelten als getrennt. Weichheit, Sanftmut, Empfänglichkeit, Liebe, Demut und Mitgefühl werden nicht geschätzt, während Durchsetzungskraft, Stärke, Individualität, Gier und Ego belohnt und gefördert werden.

Sieh dich um, wie sehr sich der Umgang mit Frauen und der Umgang mit der Erde entsprechen. Beide wurden missachtet und missbraucht, ihre wahren Gaben, ihre Kraft und ihre Schönheit wurden unterdrückt und beherrscht. Das gegenwärtige Missverhältnis bringt Mutter Erde bald um und macht die Menschheit krank. Die so lange unterdrückte weibliche Weisheit und Macht, die in vieler Hinsicht der Macht der bedingungslosen Liebe entspricht, muss auferstehen, um uns zurück ins Gleichgewicht zu führen.

Die Rolle der Männer und des Maskulinen

Das Weibliche bezieht sich nicht nur auf Frauen, es lebt auch in Männern, und Männern fällt dabei eine besondere Rolle zu. Die heiligen weiblichen Prinzipien werden sich in den Herzen der Männer wie der Frauen entfalten, und bereits jetzt verkörpern viele Männer die weiblichen Qualitäten im Gleichgewicht mit den männlichen. In Zukunft geht es darum, Männer zu Beschützern und Hütern des Weiblichen zu machen: der Erde, der Frauen, der Kinder – von allem, was weich, unschuldig und verletzlich ist. Die Männer werden ihre Kraft, ihren Willen und ihren Verstand einsetzen, um dem heiligen Gleichgewicht des Lebens zu dienen, um der Liebe zu dienen, vom Herzen her zu handeln, im Wissen um die große Schönheit, für die sie damit sorgen.

Verbindet es sich mit dem Herzen, wird das Männliche in seiner Heiligkeit und gemäß seinem eigentlichen Wesen wiederhergestellt werden und sein altes Verlangen wiederfinden, dem heiligen Weiblichen zu dienen und es zu schützen. Diese Männer werden ganz mit ihren Emotionen verbunden sein, sie werden Krieger der Liebe sein, stark, fähig und mutig. Sie werden nicht mehr von Herrsch-sucht und dem Ego getrieben sein. Sie werden freudig im Hin-tergrund wirken und zulassen, dass das Weibliche seine Stimme wiederfindet und seine Weisheit verkündet. Sie werden offen dafür sein, zu empfangen und zuzuhören, nicht nur zu sprechen und aktiv zu handeln. Dies ist nicht nur eine Fantasie, dies wird und muss kommen, damit es auf der Erde wieder ein Gleichgewicht und Harmonie geben kann.

Sowohl das Männliche als auch das Weibliche bedürfen tiefer Heilung, wenn wir auf der Erde wieder ins Gleichgewicht kom-men sollen. Während der Zeremonie, die wir 2009 in Santa Fe im Zusammenhang mit dem Return of the Ancestors Gathering durchführten, war – wie weiter vorne geschildert – der gesamte zweite Tag der Heilung der Wunden des Männlichen und Weib-lichen gewidmet. Mir war sehr mulmig dabei, diese Zeremonie leiten zu sollen, weil ich selbst in diesem Bereich viel Heilung brauchte. Was dann geschah, zeigte mir, wie tief diese Wunden in Männern und Frauen sitzen; möglicherweise ist das für uns alle der wichtigste Aspekt der Heilung. Wie mir die Erfahrung die-ser Zeremonie ebenfalls zeigte, können wir über die Heilung des Weiblichen und das Erstarken des heiligen Weiblichen in der Welt nicht reden, ohne über Mutter Erde zu sprechen.

Mutter Erde als das göttliche Weibliche

Wenn wir das Weibliche heilen und erwecken wollen, müssen wir zunächst eine Beziehung zu Mutter Erde haben. Die Erde ist wahr-haftig unsere Mutter. Die meisten Menschen denken beim Wort »Mutter« an Fürsorge und Zärtlichkeit. Eine gute Mutter würde ihren Kindern alles geben. Sie gibt ihnen zu essen, bevor sie selbst isst; sie läuft in ein brennendes Haus, um ihre Kinder zu retten; sie schenkt Leben und nährt das Leben, auch wenn sie keinen Dank und keinen Lohn dafür erhält. Genauso sorgt Mutter Erde für uns Menschen. Jeder Atemzug, den wir nehmen, kommt von ihr; jedes

Mahl, das wir zu uns nehmen, ist von ihr gegeben; diese wundervollen Körper sind ein Geschenk von ihr. Doch wie oft danken wir für dieses Geschenk des Lebens? Die meisten Menschen im Westen haben gelernt, zum heiligen Vater zu beten – viele Religionen lehren das. Doch wie viele Menschen lernen, zu Mutter Erde zu beten, ihr zu danken, sie zu lieben wie die eigene Mutter, sie um Hilfe zu bitten? In der Religion, in der ich aufgewachsen bin, wurde die heilige Mutter nie erwähnt. Das Weibliche war völlig aus der Religion entfernt worden. Diese Vernachlässigung war angesichts der engen Verbindung mit unserer großen Mutter in jedem Augenblick unseres Lebens ein großer Fehler und ein großer Verlust für die Menschen.

Ich will damit nicht sagen, dass Mutter Erde (oder das Weibliche) immer lieblich und sanft ist. Mutter Erde kann auch zerstörerisch und wütend sein. Sie kann unparteiisch sein. Zu ihrer Wirklichkeit gehören auch Tod, Schmerz und Leiden. Und doch ist sie das *Alles,* in dem wir leben und atmen. So wie wir nicht hier auf der Erde sein könnten, wenn uns nicht eine Frau ausgetragen hätte, könnten wir ohne die Fürsorge von Mutter Erde – ohne ihre Erde, ihre Luft, ihr Feuer, ihr Wasser – keine Sekunde lang leben. Ihr Atem erhält uns am Leben. Wenn Mutter Erde erkrankt, erkranken auch wir. Wenn irgendein Teil von ihr stirbt oder siecht, siechen auch wir dahin und sterben. Das ist die Realität unseres irdischen Daseins – doch erstaunlicherweise machen wir weiter, als wäre nichts.

Mutter Erde zu lieben geht Hand in Hand mit dem Ausgleich des Weiblichen und Männlichen, mit der Liebe und Wertschätzung für die weiblichen Qualitäten in Männern und Frauen. Beides ist nicht voneinander zu trennen. Am besten fangen wir wohl damit an, Mutter Erde zu lieben und uns mit ihr zu verbinden. Für mich ist sie das göttliche Weibliche, eine Göttin, die all unserer Liebe, Zuwendung und Hochachtung würdig ist. Ich glaube, damit anzufangen ist einfacher, weil das unsere Herzen auf natürliche Weise weich macht und unserer Energie zu einem gesunden Fluss verhilft. Je ausgeglichener wir werden, desto leichter öffnen sich unsere Herzen und arbeiten an unseren tiefen Wunden im Bereich Sexualität und Geschlecht. Für mich ist Mutter Erde das heilige Weibliche – und wenn das heilige Weibliche nicht wieder in der Welt erwacht und regiert, haben wir als Art keine Zukunft. Mutter Erde ist, so wurde mir mitgeteilt, allen Wesen im Universum heilig – sie ist ein Paradies ohnegleichen, ein Wesen von berückender Schönheit. Das Universum wird die Zerstörung dieses Paradieses durch die Menschen nicht zulassen. Doch wir fügen ihr immer noch Schaden zu, vergewaltigen sie – und wenn wir das menschliche Bewusstsein nicht dramatisch verändern, wird das zu unserem Untergang führen.

Das Würdigen von Liebe, Schönheit und der weiblichen Eigenschaften der Seele

Vielen von uns wird allmählich bewusst, dass das Zarte, Schöne, Liebevolle und Demütige in unserer Welt wieder mehr gewürdigt und geehrt werden muss. Die Liebe muss wieder zur wichtigsten Qualität werden, nach der wir streben und an der wir alles messen. Wir müssen über alles weinen, was wir unserer Mutter angetan haben, und aufrichtigen Herzens zu ihr beten und ihr Liebe und Dankbarkeit für dieses Leben senden. Es ist wichtig, diese Liebe aufrichtig zu spüren und sich jeden Tag energetisch mit ihr zu verbinden. Es gab Situationen, wo sie mir das Leben gerettet hat, und sie kann auch dein Leben retten, wenn du in Not bist. Sie ist die Essenz von Mitgefühl und Liebe. Die Weisheit des Weiblichen wird wieder in der Welt erstehen – und damit werden Frauen in Führungspositionen gehen und uns zurück ins Gleichgewicht führen, nicht indem einfach Männer durch Frauen ersetzt werden, sondern indem der Führungsstil des Getrenntseins, des Individualismus, der Gier, der Kontrolle und des Ego ersetzt wird durch einen der Kooperation, der Harmonie, des Mitgefühls, der Fürsorge und der Großzügigkeit.

155

Zum heiligen Weiblichen gehört auch die Qualität der Schönheit. Es ist unmöglich, das Weibliche zu ehren, ohne die Schönheit zu würdigen. Ich meine damit nicht das, was dem Auge schön erscheint, sondern die tiefere Schönheit der Dinge zu erkennen, die das Herz erfreut und dem Leben Sinn verleiht. Würden wir die Schönheit unserer Mutter Erde wirklich sehen und schätzen, wären wir voller Lobpreis und würden weinen vor Dankbarkeit. Allein die Tatsache, am Leben zu sein, würde uns mit Begeisterung erfüllen. Das ist der Zustand, in dem wir leben müssen: erfüllt von Dankbarkeit, Staunen und Ehrfurcht, bereit, alles zu tun, um sie zu retten und sie wieder auf ihren Thron zu setzen. Wenn das heilige Weibliche auf seinen Thron steigt, wird diese Erde wieder zu einem Paradies werden. Mögen wir alle diesen Tag erleben!

»Mutter« ist das profundeste Wort unserer Sprache. Die Wörter »Liebe« und »Mutter« haben von allen Wörtern die höchste Schwingung. Wenn das Wort »Mutter« ausgesprochen wird, steigt die Energie sprunghaft an, das habe ich selbst gesehen, und zwar weil »Mutter« und »Liebe« für die meisten von uns dieselbe Energie enthalten, unabhängig davon, welche Mutter wir hatten. Es sind sozusagen die Worte, die unserem Herzen vom ersten bis zum letzten Atemzug an nächsten liegen.

Ohne Mutter gäbe es nichts. Es heißt immer, hinter jedem großen Mann stehe eine Frau. Aber hinter jeder großen Frau steht auch eine Frau. Wir alle sind von einer Frau geboren, von einer Mutter. Mutter ist alles. Jeder Atemzug, den du nimmst, jedes Glas Wasser, das du trinkst, jedes Mahl, das du je zu dir genommen hast, alles Schöne, was du je gesehen hast, jeder Freund und jede Liebste, die du je hattest, wurden dir von der großen Mutter gegeben. Allzu lange haben wir das Weibliche, die große Mutter missachtet. Mutter Erde kann erst dann ihr himmlisches, hohes Selbst werden, wenn ihre Kinder sie als das göttliche Weibliche anerkennen, als ein Wesen von großer Zartheit, Weisheit und grenzenloser Liebe.

Durch das Weibliche lernen wir die Qualitäten von Zärtlichkeit,
Mitgefühl, Schönheit und Liebe. Ohne die Rückkehr des Weiblichen werden wir weiter Kriege führen und einander umbringen, die Bedürfnisse und das Leiden der anderen ignorieren und uns

nur darauf konzentrieren, uns selbst und unsere Bedürfnisse zu schützen. Das Weibliche ist das Einzige, was uns retten kann, weil es einen Herzenswandel bedeutet.

In Zukunft werden wir dann nicht mehr sagen: »Ich sorge für mich, und du sorgst für dich«, sondern: »Lass uns füreinander sorgen und einander helfen.« Lass uns einander nicht umbringen, weil wir an unterschiedliche Dinge glauben. Setzen wir uns doch zusammen und reden wir darüber! Wenn die Gewässer verschmutzt sind, was können wir tun, um sie zu reinigen? Wie können wir alle ernähren? Die Mutter sagt: »Gebt allen zu essen, damit niemand leer ausgeht, damit kein Kind hungern muss.« Das Weibliche will sich um die Alten kümmern, um die Kinder und die Tiere, um den heiligen Kreislauf des Lebens ins Gleichgewicht zu bringen.

Wir haben zwei Eltern: den Großen Geist und Mutter Erde, die heilige Mutter und den heiligen Vater. Der heilige Vater schenkt uns unseren Geist, und die heilige Mutter schenkt uns unseren Körper. Wären wir nur Geist, dann wären wir nicht hier; wir würden nicht miteinander interagieren und diese gesegnete Existenz auf Erden erfahren. Wir müssen der Mutter danken für das Geschenk dieser kostbaren Körper, das es uns ermöglicht, das große Mysterium des Lebens zu erfahren, all die Emotionen, die wir je gefühlt, all die Schönheit, die wir je geschaut, jeden Liebsten, den wir je gehalten haben. Ohne die Mutter würde nichts existieren. Selbst der Große Geist wurde von der großen Mutter geboren – sie gebärt alles.

Eine besondere Zeremonie für das heilige Weibliche

Im Oktober 2010 reiste ich nach Eureka Springs in Arkansas. Ich erfuhr erst in letzter Minute, dass ich dorthin geschickt wurde, um eine ganz besondere Zeremonie für das Erwachen des heiligen Weiblichen und die Heilung der heiligen Wasser abzuhalten. Jennifer, die mich meistens auf meinen Reisen begleitet, kam ebenfalls mit, aber *Spirit* hatte mir gesagt, sie würde mir diesmal auch bei der Durchführung der Zeremonie helfen und das heilige Weibliche auf besondere Weise repräsentieren. Ich bat sie, die Ereignisse, die zu dieser Reise führten, sowie die Zeremonie aufzuzeichnen. Ihre Beschreibung wurde sehr schön, und mit ihrem Einverständnis füge ich sie hier ein, um dir einen Eindruck von dem Fluss und der Energie dieser kraftvollen Zeremonie zu geben – und wie *Spirit* mir mitteilt, was wann und wie geschehen soll.

- *Jennifers Aufzeichnungen:*
  Der 10.10.2010 in Eureka Springs, Arkansas

Eine der ersten Einladungen, die Kiesha in ihrem ersten Jahr als Schamanin erhielt, kam von Marie, einer Frau aus Arkansas, die an dem Wochenende vom 10. Oktober 2010 in Eureka Springs in Arkansas eine Healing Path Expo organisierte. Wenn Kiesha solche Einladungen erhielt, spürte sie nach, meditierte und achtete darauf, wie leicht sich alles ergab. Im Zusammenhang mit der Healing Expo ergab sich alles fließend und positiv. Kiesha nahm die Einladung an. Ich wusste, dass der 10.10.2010 ein wichtiges Datum war, und fragte mich, warum sie ausgerechnet nach Arkansas geschickt wurde. Keine von uns war je in Arkansas gewesen, und wir wussten, es würde ein Abenteuer werden.

An dem Wochenende davor gab Kiesha einen zweitägigen Workshop in Santa Fe, an dem sechzig Menschen teilnahmen. Am Morgen des zweiten Tages erwachte sie mit einem merkwürdigen Gefühl – »wie zwischen den Welten«, meinte sie. Auf unserem Weg zum Workshop bekam sie Nasenbluten, was oft geschieht, bevor sie eine Botschaft von *Spirit* erhält. Als wir gerade das Auto auf dem Parkplatz abgestellt hatten, kam die Botschaft durch. Ich konnte nichts hören, aber Kiesha wurden offensichtlich Fragen gestellt, die sie mit Ja oder Nein oder einer Nachfrage beantwortete. Ich schnappte mir Papier und Stift und machte mich bereit mitzuschreiben.

Als die Kommunikation vorüber war, sagte mir Kiesha, eine männliche Stimme habe sie gefragt, ob ihr die Bedeutung des »10/10/10« bewusst sei. Sie antwortete mit einem unbestimmten Ja und wurde aufgefordert, noch mehr darüber zu lernen, es sei wichtig. Kiesha wurde außerdem aufgetragen, einen bestimmten Bergkristall mit nach Arkansas zu nehmen. Die Beschreibung traf genau auf Kieshas Kristall zu, der in seiner Mitte einen horizontalen Sprung hat. Wir sollten auch einen kleinen rosa Bergkristall aus meiner Obhut mitnehmen, der das heilige Weibliche repräsentierte, und einen weiteren Kristall »aus dem Teppich«, der sich auch in meiner Obhut befand. Die beiden ersten würden in Arkansas in die Erde kommen, der dritte würde wieder mit mir nach Hause zurückkehren.

Nach einer Weile Rätselraten wurde uns klar, dass er mit dem letzten Kristall einen ganz besonderen Stein meinte, den mir Kiesha vor Jahren geschenkt hatte und den ich auf meinem Altar in einer bestickten Schatulle aufbewahrte. Es war ein mit Kupferdraht umwickelter, weinfarbener Doppelender aus Tibet, ein starker Leiter. Dieser Kristall würde die Energien dessen, was wir dort tun würden, aufnehmen und mit uns nach Hause zurückkehren. An jenem Abend nach dem Workshop fanden wir genau die Kristalle unter unseren Steinen, die *Spirit* beschrieben hatte und die in Arkansas eine wichtige Rolle spielen sollten.

In der nächsten Woche erhielt Kiesha weitere Informationen über das, was sie in Arkansas zu tun hatte. Ich selbst sollte in der Zeremonie eine aktive Rolle übernehmen und dafür verantwortlich sein, den kleinen Rosenquarz-Kristall in den Boden zu tun. Das sollte das heilige Weibliche repräsentieren. Die beiden Kristalle, die wir in den Boden legen würden, sollten sich berühren. Sie würden sich mit den anderen zu diesem Datum erweckten Kristallen in aller Welt verbinden. Wir erfuhren, dass auf dem Mount Magazine in Arkansas eine machtvolle Aktivierung von atlantischen Kristallen erfolgen sollte.

Im Nordwesten des mittleren Arkansas, wo wir uns aufhalten würden, befindet sich eine der höchsten Konzentrationen von

Kristallen der ganzen Welt. Einige der mächtigsten atlantischen Meister-Kristalle liegen unter Mount Magazine vergraben und sollten zu dem dreifachen Portal des 10/10/10 erweckt werden. Mächtige Energien würden aus den Tiefen der Erde aufsteigen und die Menschheit dem spirituellen Aufstieg näher bringen. Jetzt wusste ich, warum wir nach Arkansas fuhren.

Kiesha sollte die Zeremonie am 10.10.2010 um 10.10 Uhr durchführen. In Eureka Springs gibt es heilige Quellen. Die Kristalle würden nicht nur die Aktivierung der Rückkehr des heiligen Weiblichen unterstützen, sondern auch mithelfen, die Wasser dieses Gebiets zu heilen. In einer Vision sah Kiesha, wie alle im Kreis nach unserer Anleitung ihren Seelenton in die Kristalle hineinschickten.

Als wir in dem Camp in den wunderschönen Ozark-Bergen ankamen, wo die Expo abgehalten wurde, bemerkten wir gleich die sanfte Energie üppiger Lebendigkeit, die diesen Ort auszeichnete. Überall waren Tiere. Bienen, Heuschrecken und Schmetterlinge schwirrten um die kleine Hütte, wo wir wohnten. Die Bäume und Pflanzen schienen uns in ihre saftige Schönheit einzuhüllen. Jeden Abend legten wir unsere Kristalle unterm Sternenhimmel und Mondschein auf die Erde und beteten mit ihnen, dankten dem Großen Geist und Mutter Erde und baten die Große Mutter, die Kristalle für die Heilung und Erweckung des Planeten zu segnen. Das ganze Wochenende über herrschte eine Atmosphäre des Friedens und des Segens. Alle warteten gespannt auf den Sonntag. Die Leute waren aufgefordert worden, ihre eigenen Kristalle zur Zeremonie mitzubringen, und die Spannung, mit der dieses bedeutende spirituelle Datum erwartet wurde, lag spürbar in der Luft.

Am Tag vor der Zeremonie ging Kiesha barfuß über das Land, um zu erspüren, wo genau die Zeremonie abgehalten werden sollte. Schließlich fand sie den Ort, wo sich zwei Ley-Linien kreuzten. Sie konnte spüren, wie die Erdenergie durch ihre Füße aufstieg und wo genau die beiden Energiebahnen in Nord-Süd- und in Ost-West-Richtung verliefen. Wir markierten den Umfang des Kreises und die Mitte, wo die Kristalle in den Boden kommen sollten.

Am Sonntagmorgen versammelten sich etwa hundert Menschen in einem großen Kreis an der markierten Stelle und wurden nun ganz still und andächtig, um einen Rahmen für das Heilige zu schaffen. Kiesha übernahm die Rolle der Schamanin; als Little Grandmother begann sie, den heiligen Boden des Kreises vorzubereiten. Vom Nordpunkt ausgehend schritt sie nacheinander zu jedem im Kreis und reinigte jede Person und ihre Kristalle mit Salbei-Rauch. Dann betete sie von der Mitte des Kreises aus zu den vier Himmelsrichtungen, zum Großen Geist und zu Mutter Erde. Als sie sich hinkniete und zu Mutter Erde betete, konnten wir spüren, wie sich aller Herzen öffneten, während sie sich ebenfalls hinknieten und die Erde berührten. Viele waren zu Tränen gerührt.

Jetzt stellte Little Grandmother eine Person in jede der vier Himmelsrichtungen, um die jeweilige Energie zu verankern: eine Frau aus Arkansas im Norden, einen Mann aus Arkansas im Süden, eine Großmutter im Westen und einen Großvater im Osten. Dann goss sie etwas Wasser aus einer nahe gelegenen heiligen Quelle auf die Erde, um den Ort zu markieren, wo die Kristalle hinkommen würden. Danach empfing sie die Anleitung von *Spirit,* jeder Person in das Dritte Auge, den Ort der Verbindung zum Großen Geist, und in den Nabel, die Verbindung zu Mutter Erde, Tabakrauch zu blasen.

Unter einer sengenden Sonne begann sie wieder im Norden und arbeitete sich so um den Kreis, blies jedem Rauch in die Stirn und in den Bauch, während die Leute ihre Kristalle in der Hand hielten. Die linken Hände sollten auf den Bauch gelegt werden. Als Little Grandmother ein Viertel des Kreises weit gekommen war, geriet sie in einen veränderten Bewusstseinszustand. Sie musste zwischen den Welten sein, um die Anleitungen von *Spirit* wahrzunehmen und gleichzeitig präsent und geerdet die Zeremonie durchzuführen und nichts zu vergessen.

Sie stellte sich in die Mitte des Kreises und erklärte die Bedeutung der Zeremonie – wie die Kristalle helfen würden, das heilige

Weibliche zu aktivieren und zu erwecken und die heiligen Wasser hier zu heilen. Sie sagte, wir hätten die Aufgabe, uns vom Verstand und Ego zurück ins Herz zu bewegen, uns an Mutter Erde und das göttliche Weibliche zu erinnern und sie zu lieben. Sie sprach davon, dass selbst der Große Geist nur durch das Weibliche geboren werden konnte und wie wichtig es sei, das Weibliche wieder seinen Thron und seinen rechtmäßigen Platz in der Welt einnehmen zu lassen.

An mehreren Punkten riefen die Teilnehmer laut ihre Zustimmung aus. Die Emotionen nahmen spürbar zu, die Vision der Rückkehr des heiligen Weiblichen bewegte die Leute offensichtlich tief. Little Grandmother wies nachdrücklich darauf hin, dass kein großer, prächtiger Kristall gewählt worden war, um das heilige Weibliche zu repräsentieren, sondern ein kleiner, unscheinbarer Rosenquarz.

Während sie sprach, hielt ich den kleinen, gebogenen Rosenquarz in meiner Hand. Little Grandmother schloss mit den Worten: »Und jetzt wollen wir SIE ehren«, und setzte sich in den Kreis. Ich wusste, jetzt war ich dran. Ich stellte mich hin und hielt meinen kleinen Kristall empor. Während ich mit geschlossenen Augen sprach, wallten tiefe Gefühle in mir hoch. Ich betete: »Mögen alle Wesen wissen, dass sie geliebt werden und Liebe sind! Möge alles, was ausgeschlossen und vergessen wurde, wieder erinnert und in die Ganzheit zurückgebracht werden. Möge die Erde wieder ein Paradies werden und die Schönheit in allen Herzen erwachen.«

Wie Little Grandmother es vorhergesehen hatte, baten wir alle, sich die Schwingung herzerweichender, bedingungsloser Liebe zu vergegenwärtigen und den Ton erklingen zu lassen, in dem diese Liebe für jeden schwingt. Wir baten die Teilnehmer, ihre einzigartigen Seelenklänge in die Kristalle zu projizieren. Das Tönen baute sich langsam zu einer wundervollen Harmonie auf. Manche der Frauenstimmen schienen sich in Engelssphären zu erheben. So sandten wir unsere Stimmen etwa eine Viertelstunde lang in die Kristalle. Schließlich begann Little Grandmother wieder zu beten und bat mich, meinen gebogenen Kristall so hinzulegen, dass er genau in die Beugung ihres größeren Kristalls passte. Wir banden die Kristalle mit rotem Tuchstreifen zusammen. Dann goss Little Grandmother das restliche Quellwasser über sie und reinigte sie noch einmal mit Rauch. Sie segnete sie mit den vier Elementen Erde, Luft, Feuer und Wasser, wie *Spirit* es ihr gezeigt hatte.

Nun nahm Little Grandmother eine Schaufel und begann, das Loch zu graben. Nach ein paar stillen Gebeten bettete ich das Kristallbündel in das Loch. Little Grandmother warf betend eine Handvoll Erde über sie, und nach ihr trat jeder aus dem Kreis vor und legte etwas Erde hinzu, bis die Kristalle ganz bedeckt waren.

Sie bat alle, ihre Kristalle, die jetzt all die Gebete und Schwingungen der Zeremonie enthielten, Mutter Erde zurückzugeben, indem sie sie in »wildes Wasser«, in natürliche Fließgewässer gaben. Das würde helfen, die Schwingung der Liebe, die wir in die Kristalle getönt hatten, weit zu verbreiten, weil Wasser der beste Energieleiter ist. Diese Kristalle würden so nicht nur helfen, die Gewässer zu heilen, sondern beim Verdunsten würden all die Gebete und Schwingungen, die wir erzeugt hatten, auch in die Luft getragen, durch den Regen Mutter Erde segnen und sich mit den anderen erwachten Kristallen verbinden.

Als wir langsam den Kreis verließen, spürten wir alle, dass etwas von großer kosmischer Bedeutung stattgefunden hatte. Unsere Herzen strömten über vor Dankbarkeit und Freude, Teilnehmer dieser Zeremonie gewesen zu sein. Manche Menschen knieten noch auf der Erde, beteten über ihren Kristallen, berührten die Erde mit tiefer Ehrerbietung. Es war ein wundervolles Bild, das ich nie vergessen werde. Ich glaube, alle Anwesenden fühlten sich wirklich als *ein* Herz, als *eine* Familie. An jenem Nachmittag strahlte jedes Gesicht ein wunderschönes Licht aus!

Die Bedeutung der Kristalle

Kristalle sind erstaunliche Geschenke von Mutter Erde. Sie sind machtvoller, als wir uns überhaupt vorstellen können. In ferner Vergangenheit wussten die Menschen um die Macht und den Gebrauch der Kristalle. Mir wurde gezeigt, dass die Menschen in der Zeit von Atlantis, etwa 40.000 bis 10.000 v. Chr., ihre Städte und ihre Behausungen durch Kristalle mit Energie versorgten, sie nutzten, um Krankheiten und psychologische Störungen zu heilen, zu kommunizieren, sich spirituell weiterzuentwickeln und schöpferisch tätig zu sein. Der kleinste Bergkristall kann eine riesige Menge an Wissen und Energie speichern, denn Kristalle sind Lebewesen mit Bewusstsein.

In unserer Technologie, vor allem in Computern, beginnen wir gerade erst, das Potenzial von Kristallen zu begreifen. Wir wissen, dass Kristalle ein Gedächtnis haben. Sie können darauf programmiert werden, eine bestimmte Frequenz zu speichern und spirituelle Energie und Absichten weiterzuleiten. Sie können spirituelles Wissen verstärken und bewahren. Wüsste die Menschheit um das ganze Potenzial der Kristalle, würden wir staunen. In der Weiterentwicklung unserer Art und der Zukunft unserer Erde spielen sie eine enorme Rolle. In den letzten paar Jahren wurden mächtige

Kristalle, die in der Zeit von Atlantis verwendet und programmiert wurden, wiedererweckt, um Mutter Erde und der Menschheit zu helfen, in eine höhere Dimension zu kommen.

Nachdem ich Little Grandmother wurde, wurden mir sieben ganz besondere Kristalle anvertraut. Mir wurde gesagt, diese Kristalle seien in der Zeit von Atlantis verwendet worden. Jetzt würden sie verschiedenen Weisheitshütern auf dem Planeten gegeben, damit sie wieder geöffnet und in die Erde gelegt würden. Sie müssten an bestimmte Orte kommen, wo sich starke Ley-Linien kreuzen, um das Energienetz von Mutter Erde zu stärken, bevor sie ihre große Wandlung durchmacht. Mir wurde gesagt, dass die atlantischen Priester diese Kristalle mitsamt einer Gebrauchsanleitung von Sternenwesen erhalten hätten. Jeder von ihnen enthält eine andere kosmische Energie und hat eine andere Aufgabe. Zur Zeit des Untergangs von Atlantis wurden sie verschlossen, um Missbrauch zu vermeiden. Priester mit reinen Herzen verwahrten sie an sicheren Orten, damit sie zu dieser Zeit, wenn Mutter Erde in eine höhere Dimension übergeht und die Menschen die Chance haben, mit ihr zu gehen, wieder zur Verfügung stehen.

Diese Kristalle enthalten nicht nur Energie von Mutter Erde, sondern auch kosmische Energie einer höheren Frequenz. Wenn diese Kristalle geöffnet und an einer der Arterien von Mutter Erde platziert werden, verbreitet sich diese höhere Frequenz durch die ganze Erde und verbindet die heiligen Kraftorte miteinander. Zurzeit strömen Energien aus höheren Dimensionen auf die Erde und aktivieren diese Energien in den Kristallen, die dann das Energienetz von Mutter Erde aufladen. In den letzten drei Jahren haben Weisheitshüter diese Kristalle an bestimmten Orten auf der Erde platziert. Laut wissenschaftlichen Berichten weist seit drei Jahren interessanterweise sowohl das Energiefeld des menschlichen Körpers als auch das der Erde höhere Schwingungen auf als je zuvor.

Als diese Kristalle zu mir kamen, wurde mit auch mitgeteilt, dass mir meine Geistführerin sagen würde, wo jeder dieser Kristalle genau hinsollte. Ich musste schwören, das nie selbst zu entscheiden, sondern auf genaue Anweisungen zu warten. Bis heute habe ich vier dieser Kristalle wieder in Mutter Erde gelegt, im Norden Neu-Mexikos, in den Redwoods von Kalifornien, auf Maui und in Schweden. Einige dieser Kristall-Zeremonien waren öffentlich, andere eher privat. Dieses Zurückbringen der Kristalle zu Mutter Erde war meine heiligste Aufgabe, seit ich Little Grandmother wurde. Während ich dies schreibe, warte ich noch auf Anweisungen, wohin die letzten drei Kristalle gehen sollen.

Die Kristall-Zeremonien für Mutter Erde

* *In Santa Fe, die Öffnung des alten Anasazi-Lands*

Der erste der Kristalle aus meiner Obhut wurde im Zusammenhang mit der Zeremonie zur Rückkehr der Ahnen nördlich von Santa Fe in die Erde gegeben. In früheren Zeiten lebten in dieser Gegend die Anasazi, ein Volk, das von den Sternenwesen unterwiesen wurde und in eine höhere Bewusstseins-Dimension aufstieg, bevor sie in die Erde verschwanden. Der erste Kristall sollte in diese Gegend gehen, um das Wissen dieses alten Volkes wiederzuerwecken. Vor dieser wichtigen Kristall-Zeremonie erhielt ich viele Informationen von meiner Geistführerin: Diese Gegend des nördlichen Neu-Mexikos würde wieder fruchtbar und grün werden, und die Weisheit des göttlichen Weiblichen würde hier früher fließen als an anderen Orten. Santa Fe würde zu einem Zentrum des neuen Bewusstseins und der Rückkehr der Weisheit des Weiblichen werden.

Ich werde nie vergessen, wie die etwa fünfundsiebzig Teilnehmer, die während der Zeremonie dort im Kreis saßen, ganz still und konzentriert wurden, als sie die Liebe aus ihren Herzen in diese etwa dreißig Zentimeter hohe Kristallsäule sandten, die ich in der Mitte des Kreises halb in die Erde eingegraben hatte. Wir richteten unseren Fokus darauf, unsere gesegnete Mutter Erde zu lieben und zu heilen, und mindestens eine Stunde lang saßen wir alle zwischen Himmel und Erde verankert, zwischen dem Großen Geist und Mutter Erde, und sandten unsere höchsten Schwingungen der Liebe in diesen machtvollen alten Kristall. Ich sah, wie von den ausgestreckten Händen und Armen der Teilnehmer Farben in den Kristall strömten – Gold und Rosa und Blau –, ich konnte sehen, wie tief wir alle unsere Mutter liebten und für sie weinten, wie sehr wir uns wünschten, ihr etwas zurückzugeben und ihr zu helfen, wieder gesund zu werden.

Am dritten und letzten Tag der Zeremonie vergruben wir den mit unseren Gebeten und Absichten erfüllten Kristall an einer verborgenen Stelle abseits des Kreises, im Schutz von Bäumen, damit er nie gestört würde. Während jeder von uns das Loch mit einer Handvoll Erde wieder auffüllte, legten wir Herzensgaben dazu, die dort bleiben sollten, Geschenke der Dankbarkeit und der Würdigung des Großen Geistes und von Mutter Erde.

• *Ein Kristall für die Redwoods, unsere großen Ältesten*

Etliche Monate nach der Zeremonie in Santa Fe nahm einer der weisen indigenen Ältesten dieses Planeten mit mir Kontakt auf und sagte mir, der nächste Kristall aus meiner Obhut solle in die Redwood-Wälder in Kalifornien gehen, zu den großen Ältesten des Planeten. Die uralten Mammutbäume dieser Wälder gehören zu den weisesten der einbeinigen Wesen auf dieser Erde, und es ist an der Zeit, sie wieder zu ehren und zu schützen. Dieser Kristall würde mitwirken, ihre Weisheit wiederzuerwecken und sie energetisch mit anderen Kraftorten auf der Erde zu verbinden, die jetzt erwachten. Er würde auch dazu dienen, das heilige Weibliche wiederherzustellen, weil die weibliche Weisheit des Herzens jetzt nötig war, um das menschliche Bewusstsein zu wandeln und unsere Art, auf Mutter Erde zu leben, zu heilen.

167

Die Redwoods bewahren eine besondere Frequenz für uns. Die Geister einiger unserer weisesten menschlichen Ahnen sind in

Form dieser stillen Giganten zurückgekehrt, um über uns zu wachen und die Schwingung der Erde mit zu erhöhen. Wenn die Menschheit wieder aus dem Herzen lebt, werden wir ihre Weisheit hören und verstehen und mit diesen großen Geistwesen kommunizieren können.

Für diese spezielle Zeremonie kamen sechs von uns aus aller Welt zusammen. Einer der Männer war ein befreundeter Weisheitshüter, dem ich schon begegnet war. Ich war die einzige Frau und die Jüngste. Als einzige Frau der Gruppe repräsentierte ich die weibliche Energie und trug die Verantwortung dafür, im Wald den richtigen Platz für den Kristall zu finden und ihn dort in die Erde zu geben. Ich war nervös, denn dies war erst meine zweite Kristall-Zeremonie, und ich musste dafür allein für eine Woche nach Kalifornien reisen. Zu jenem Zeitpunkt war ich noch nicht viel gereist, und es war alles neu für mich. Mir blieb jedoch kaum etwas anderes übrig, als meine Ängste beiseitezulassen und darauf zu vertrauen, dass *Spirit* mich führen würde.

Ich flog nach Kalifornien und traf mich dort mit den anderen zu einigen Tagen des Gebets und der Vorbereitung der eigentlichen Zeremonie. Unser verehrter Ältester hatte uns genaue Anweisungen gegeben, was zu tun war. Nach mehreren Tagen des Meditierens, Betens, Singens und Geschichten-Erzählens waren unsere Herzen im Einklang vereint, sodass die Zeremonie stattfinden konnte. Am Tag der Zeremonie war es sehr kalt, windig und regnerisch – ein typisches Wetter für diesen Teil des nördlichen Kaliforniens. Wir begannen den Tag mit einem Gang zum Meer und beteten dort um Führung, um den genauen Platz für den Kristall zu finden. Dann gingen wir den Waldweg entlang. Wir befanden uns auf öffentlichem Gelände, doch nur wenige Touristen verirrten sich in diese Gegend.

An jenem Morgen geschah etwas sehr Interessantes, was keiner von uns erwartet hatte. Wir gingen einen schmalen Pfad entlang, das Meer lag südlich von uns und der Wald nördlich. Ich ging etwas abseits von der Gruppe näher zum Meer hin. Ich umklammerte meine heilige Erdtrommel und meinen Beutel mit meinen heiligen Zeremonialgegenständen und hoffte, sie würden nicht völlig durchweicht sein, bis wir den Ort gefunden hatten. Während ich so dahinging, hörte ich plötzlich ein Krachen aus dem Unterholz. Eine ganze Herde Wapiti-Hirsche trat unmittelbar um mich herum aus dem Wald und versperrte mir den weiteren Weg. Der Leithirsch kam bis auf anderthalb Meter an mich heran und starrte mich an. Seiner Haltung nach war er unentschlossen, ob er mich angreifen oder durchlassen sollte. Dies hier war sein Wald, wie mir klar wurde, und wir brauchten seine Erlaubnis, um hineinzugehen. Ich stand ganz still, sah auf seine Hufe und seine Nüstern, um von ihnen seine Stimmung abzulesen, und gab ihm durch meine Gefühle zu verstehen: Ich bin mir bewusst, dies hier ist dein Reich. Ich bat um Erlaubnis einzutreten, und erklärte ihm, warum wir hier waren. Er behielt mich eine Weile im Auge, aber dann wandte er den Kopf und begann zu grasen. Er erlaubte uns, in den Wald zu gehen. Langsam wanderte er wieder auf genau demselben Weg in den Wald zurück, den er gerade gekommen war. Die anderen Hirsche blieben da und sahen zu, wie unsere Gruppe weiterzog. Wir betraten den Wald mit einem tiefen Gefühl der Achtung und im Bewusstsein der Heiligkeit unseres Unterfangens.

Im Wald wanderten wir langsam und ehrfürchtig zwischen den Giganten – sie waren alle so groß und schön, herrlicher als alles, was ich je gesehen hatte. Ihre Präsenz war atemberaubend. So gingen wir etwa eine Stunde lang, und ich hielt mein Herz so offen und empfänglich wie möglich, um ein Zeichen für den richtigen Ort wahrzunehmen. Man konnte in diesem Wald meilenweit gehen. Ich betete die ganze Zeit: »Bitte lass mich den rechten Platz finden.«

Gerade als ich anfing, mich zu sorgen, ob ich ihn auch finden würde, ging ich eine kleine Erhebung hinauf und hörte eine Stimme deutlich sagen: »Hier ist es.« Mein Blick wurde auf einen riesigen Baumstumpf gelenkt, der direkt vor mir stand. Er war offenbar vom Blitz getroffen worden und auf etwa drei Metern Höhe abgebrochen. Ich war mir nicht ganz sicher, weil es ein toter

Baum war, und begann, um ihn herumzugehen. Auf der Rückseite des Stammes war eine große Spalte, durch die man hineingehen konnte. Zu meiner Verblüffung war der Baum innen völlig hohl, wie eine kleine Kathedrale von mindestens drei Meter Durchmesser. Unsere ganze Gruppe kam herein, und es wäre noch Platz für mehr Leute gewesen. Jetzt wusste ich, dies war der Ort, an dem wir unsere Zeremonie abhalten und den Kristall vergraben würden. Wir zündeten Kerzen an und stellten sie in die vier Himmelsrichtungen, und ich begann, meine heilige Erdtrommel zu schlagen. Ich werde den Klang nie vergessen, der tief wie die Erde selbst unsere Körper und den Baum in Schwingung versetzte. Wir begannen die Zeremonie und brachten unsere Gebete dar.

In dem Bewusstsein, dass dieser Kristall tief im Körper dieses Baumes vergraben sein würde, stiegen mir Tränen in die Augen. Nachdem wir mit den Händen ein etwa neunzig Zentimeter tiefes Loch gegraben hatten, hielt ich den Kristall hoch. In jenem Augenblick brach zu unserem Erstaunen die Sonne durch die Wolken und schien durch eine Spalte im Baum direkt auf den Kristall. Das Licht schoss nach oben. Uns allen lief ein Schauer über den Rücken. Als ich den Kristall in das Loch fallen ließ und er mit einem dumpfen Geräusch den Boden berührte, schien der ganze Baum mitzuklingen. *Spirit* vermittelte mir, dass dieser Ort in keiner Weise markiert und nie erwähnt werden solle. Es sollten keine Fotos gemacht werden, und er würde nie wieder gefunden werden, selbst von den Teilnehmern unserer Gruppe nicht. Die Geistwesen, die uns umgaben, waren stark zu spüren.

Wir meinen immer, etwas Heiliges müsse auch besonders groß oder schön sein und die mächtigsten und besten Dinge müssten auch für das Auge am eindrucksvollsten sein. Bei unserem Mammutbaum war das nicht der Fall. In einem Wald voller herrlicher, gesunder Bäume sollten wir den Kristall bei einem Baum lassen, den man leicht hätte übersehen können, weil er abgestorben war. Doch in diesem Baumstamm liegt jetzt etwas enorm Mächtiges, und die Energie, die durch ihn strömt, wirkt auf alle Einbeinigen der gesamten Gegend, ja auf den ganzen Planeten und auf alle Menschen.

Im Kapitel »Die Rückkehr der Sternenwesen / Lichtwesen« berichte ich davon, wie einst mehrere Kahunas in meinem Zimmer auftauchten, um mich während einer energetischen Umprogrammierung meines Körpers zu heilen. Diese alten Medizinmänner hatten mir gesagt, ich würde schon bald in ihr Land reisen, um dort einen heiligen Ort zu öffnen. Zu jenem Zeitpunkt ahnte ich noch nicht, dass diese Kahunas aus Hawaii kamen, aber ich erinnerte mich daran, als sich ein bis zwei Monate nach meiner Rückkehr aus den Redwoods mein innerer Bildschirm öffnete. Über die Erde fliegend wurde ich zu einer kleineren Insel des hawaiianischen Archipels geführt. Mir wurde gesagt, ein heiliger Kristall sollte dorthin gebracht werden, um dieses alte lemurische Land und seine Weisheit wiederzuerwecken.

Die Lemurier waren eine hoch entwickelte Kultur vor der Zeit von Atlantis, die sehr im Herzen verankert war. Sie waren sehr weiblich und hatten eine starke Verbindung zu den Sternenwesen. Vieles an ihrer Zivilisation war sehr schön. Diese Energie lebt noch in der Urbevölkerung von Hawaii und auf anderen polynesischen Inseln. Es war an der Zeit, dass diese weibliche Herzensenergie wieder erwachte und Mutter Erde in ihrer Transformation unterstützte.

Mir wurde genau gezeigt, welchen Kristall ich nach Hawaii bringen sollte, aber ich wusste nicht, wohin genau oder wie alles zustande kommen sollte. Also bewahrte ich diese Informationen in meinem Herzen und wartete ab.

In jener Zeit hatte ich angefangen, in Santa Fe individuelle Heilsitzungen zu geben. Eine Frau kam zu mir, die bei einem meiner Vorträge gewesen war. Sie lebte zeitweise in Santa Fe und wollte gerne mit mir arbeiten. Als unsere Sitzung etwa zur Hälfte vorüber war und ich gerade nach weiteren Informationen zu ihr fragte, öffnete sich plötzlich mein Bildschirm. Ich erfuhr, dass sie die Hüterin des Kristalls sein würde, den ich nach Hawaii bringen sollte: Er wollte auf dem Land vergraben werden, dessen Hüterin sie gerade war.

171

Ich sollte nach drei Steinen Ausschau halten, Großvater, Großmutter und Kind, daran würde ich den genauen Platz für den Kristall erkennen.

Als ich ihr diese Informationen weitergab, erfuhr ich, dass sie die übrige Zeit auf Hawaii lebte, genauer gesagt auf Maui. Vor einigen Jahren hatte sie dort ein Stück Land gekauft, weil sie in ihrem Herzen um seine Besonderheit wusste. Die Bilder, die ich ihr beschrieb, passten genau auf ihr Land. Alles fügte sich, und so machte ich Pläne, ein paar Wochen später nach Maui zu fliegen, um diesen heiligen Kristall nach Hause zu bringen und die besonderen Energien dieses alten lemurischen Landes zu erwecken.

Ich war noch nie auf Hawaii gewesen und staunte über die Blüten, die Früchte und die weiche, duftende Luft. Es schien mir einer der weiblichsten Orte auf dem Planeten zu sein, und auf jeden Fall einer der schönsten, die ich je gesehen hatte. Das Land, auf dem die Zeremonie stattfinden sollte, lag an der Nordküste von Maui, in der Nähe von Paia. Das Grundstück war ursprünglich von dichtem Dschungel überwuchert gewesen und erstreckte sich bis hinab an den Strand. Ein kleiner Bach floss über das Gelände ins Meer. Am Tag vor der Zeremonie ging ich barfuß umher, um den genauen Ort zu erspüren, wo der Kristall in die Erde kommen sollte. *Spirit* hatte mich angewiesen, nach drei großen, alten, heiligen Steinen Ausschau zu halten, die wie die drei Sterne im Gürtel des Orion angeordnet wären. Die Ureinwohner von Hawaii hätten dort heilige Zeremonien abgehalten, und diese Steine seien der Großvater, die Großmutter und das Kind dieses Landes.

Ich wurde den Abhang hinauf in den lianenüberwucherten Dschungel geführt, von dem aus man einen weiten Blick über den Pazifik hatte. Unter Gebüsch und Lianen fand ich schließlich die drei Steine. Wir legten sie etwas frei – sie waren herrlich. Der Großvater war mindestens zwei Meter hoch und aufrecht, ein wunderschöner Frangipanibaum wuchs auf ihm. Die Großmutter hatte die Form eines großen Herzens, und der dritte Stein, das Kind, saß zwischen den beiden Giganten. Die Steine strahlten eine milde Energie von großer Zärtlichkeit aus. Ich wusste, ich hatte den richtigen Platz gefunden. Die Energie zwischen den Steinen war so stark, dass sie beinahe greifbar war. Wir entfernten noch etwas Unterholz und bereiteten den Platz für die Zeremonie am nächsten Tag vor.

Am selben Tag geschah noch etwas Ungewöhnliches, das mir bestätigte, dass diese Zeremonie genau so stattfand, wie sie sollte. Ein paar von uns spielten gerade auf dem Rasen, als einer der Hüter des Grundstücks zu uns kam. »Draußen am Tor steht ein Kahuna«, sagte er. »Habt ihr ihn eingeladen?« Wir sahen einander an. Niemand von uns hatte mit einem Kahuna irgendwie Kontakt gehabt. »Er hat gefragt, ob eine junge blonde Frau hier sei.« Mir liefen Schauer über den Rücken, und ich wusste, es war etwas Bedeutendes im Gange. Nur sehr wenige Leute wussten überhaupt von dieser Zeremonie. Ich hatte im Herzen gewusst, dass die Ältesten der hawaiianischen Ureinwohner irgendwie an der Zeremonie beteiligt sein sollten, aber ich hatte keine Ahnung, wie das zustande kommen könnte. Man ruft einen Kahuna nicht einfach an und lädt ihn ein. Ich hatte befürchtet, sie würden die Zeremonie als eine Sache der weißen Außenseiter betrachten und nichts damit zu tun haben wollen. Doch dem war nicht so.

Ich ging hin, um diesen hawaiianischen Ältesten zu begrüßen. Als er mich sah, nahm er meine Hände und schenkte mir das freundlichste Lächeln, das ich je gesehen habe. Er war einer der sanftesten, herzlichsten, schönsten Menschen, die mir je begegnet sind. Schon bald rannen ihm Tränen über die Wangen. Er erzählte mir etwas Märchenhaftes und doch Wahres: In seinem Volk gab es seit Jahrhunderten eine Prophezeiung über eine Zeremonie, die zu dieser Zeit stattfinden würde, um einige der heiligen rituellen Orte wieder zu öffnen. Die Person, die helfen würde, die Zeremonie zu führen und heilige Energien zum Land zurückzubringen, würde mit einem sanften Regen kommen und sei am Ende eines besonderen Regenbogens zu finden. An jenem Tag hatte er gerade zu Mittag gegessen, als er aufsah und jenen besonderen Regenbogen erblickte. Er ließ alles stehen und liegen und stieg ins Auto, weil sich, wie er spürte, die Prophezeiung erfüllte. Er folgte dem Regenbogen zu seinem Ende, und das führte ihn an unser Tor. Dort sprach er den Haushüter an und fragte ihn, ob hier eine junge blonde Frau sei. Er hieß mich mit offenem Herzen willkommen und bat mich eifrig um Verzeihung – er hatte schon von der Zeremonie gehört, aber ihre Bedeutung angezweifelt. Jetzt wusste er, dies war die Zeremonie, die sein Volk vorausgesehen hatte. Mein Herz sang vor Freude – die hawaiianischen Ureinwohner würden jetzt doch bei der Zeremonie anwesend sein und sie mitführen!

Der Morgen der Zeremonie begann zum Sonnenaufgang über dem Meer mit Gebeten und Trommeln. Es waren nur etwa ein Dutzend Personen anwesend, die alle irgendeine Verbindung mit dem Land hatten. Einer blies auf einer traditionellen Nasenflöte, der Kahuna hatte seinen Neffen mitgebracht, einen jungen Mann, der wunderschön sang und heilige Lieder und Geschichten einbrachte – unter anderem über die alte Mythologie dieses besonderen Ortes. Zum Beginn der Zeremonie rief der Kahuna in einem heiligen, kraftvollen Lied die Ahnen und Mutter Erde an. Er segnete den Anfang der Zeremonie und gab mir Geschenke von einem Lakota-Bruder, der die Insel vor langer Zeit besucht hatte. Er nannte mich »Kleine Schwester« der hawaiianischen Kahunas und hieß mich auf der »blauen Straße« willkommen, dem spirituellen Weg der Hawaiianer, die der »roten Straße« der amerikanischen Ureinwohner entspricht. Er gab auch vielen anderen Anwesenden Geschenke.

Als schließlich der Zeitpunkt gekommen war, den Kristall zu versenken, wechselten wir uns damit ab, die Erde auszuheben, um dem Kristall ein neues Zuhause zu bereiten. Viele Tränen flossen, und Herzen öffneten sich, während wir unsere Liebe der Heilung der heiligen Mutter, der Heilung jedes Einzelnen von uns und der Anhebung des Bewusstseins auf dem Planeten widmeten. Als Erster warf ein zehn Jahre alter Junge Erde auf den Kristall. Er stand für das reine, intakte Männliche, das das wundervolle Weibliche segnet. Er war still und ein bisschen schüchtern, aber eine wundervoll reine Seele.

174

Als Nächstes reichte ich mit gebeugtem Knie und geneigtem Haupt dem Kahuna eine Handvoll Erde. Tränenüberströmt legte er die Erde auf den Kristall, und dann tat ich dasselbe, mit innigen Gebeten für unsere geliebte Mutter. Mir folgte die Frau, welche die Hüterin dieses Kristalls sein würde. Dann gaben alle anderen eine Handvoll Erde dazu. Wir schlossen die Zeremonie mit Liedern, Gebeten, Musik und weit geöffneten Herzen ab, indem wir unsere Leis, unsere Blumenhalsbänder, auf die heilige Stelle legten.

Dies war eine der magischsten Kristall-Zeremonien, an denen ich je teilgenommen habe. Als ich nach der Zeremonie über das Land ging, hörte ich immer wieder die Worte »Wahi kapu«. Später erfuhr ich, dass dies in der Sprache der Hawaiianer »heiliger Ort« bedeutet.

Etwa eine Woche, nachdem ich von Maui zurückgekehrt war, erhielt ich einen Anruf von einem indigenen spirituellen Ältesten, der von der Kristall-Zeremonie auf Maui gewusst hatte und in Kontakt damit geblieben war, wie sich alles entwickelte. Er sagte mir, ich müsse noch einmal zu der Insel zurückkehren, weil etwas Wichtiges ausgelassen worden sei. Ich müsse den Schutzgeist des Ortes finden und ihm Ehre erweisen. Also flog ich zurück, um zu tun, was er gesagt hatte und die Zeremonie zu vervollständigen.

Diese zweite Reise war in gewisser Weise genauso erstaunlich. Ich musste die Knochen eines Ahnen finden, der jenen heiligen Ort gehütet hatte, und ihm in einer weiteren Zeremonie Gebete darbringen und Ehrerbietung erweisen. *Spirit* zeigte mir, wo er zu finden war. Er war aufrecht stehend in den Klippen begraben worden, mit Blick über das Meer. Um zu ihm zu gelangen, musste ich hoch über dem Meer über die Kante der Klippen herabgelassen werden, nur an den Fußgelenken gehalten, um dort einem Skelett von Angesicht zu Angesicht gegenüberzustehen. Nachdem dieser Schutzgeist gebührend geehrt und seine Erlaubnis eingeholt worden war, konnte ich endgültig nach Hause zurückkehren, in dem Wissen, dass die Zeremonie vollbracht und die Prophezeiung erfüllt worden war.

- *Ein Kristall zur Erweckung der »Völker des Nordens«*

In dem Kapitel »Rückkehr der Sternenwesen / Lichtwesen« berichte ich von der Begegnung mit einem Wesen aus der anderen Welt namens »Lightning Woman« (Blitzfrau). Sie hatte mir sehr spezifische Informationen über die »Völker des Nordens« gegeben und mir gezeigt, dass sie die Welt als Erste daran erinnern würden, wer wir sind. Ich würde schon bald in den Norden reisen, und ihre Herzen und Seelen seien bereit, erweckt zu werden. Diese nördlichen Länder würden zum Brotkorb der Welt werden.

Zu jener Zeit war mir nicht ganz klar, was sie meinte. Ein paar Monate nach dieser merkwürdigen Begegnung erhielt ich jedoch eine Einladung aus Schweden, an einem gut eingeführten spirituellen Kulturfestival, dem »No-Mind Festival«, teilzunehmen. Meine Intuition sprach stark darauf an, und ich sagte zu. Das Festival fand an einem ländlichen Ort namens Angsbacka statt, einige Stunden nördlich von Stockholm, und ich sollte eine Woche lang dort sein.

Etwa einen Monat bevor ich nach Schweden fuhr, öffnete sich mein Bildschirm, und mir wurde gezeigt, dass ich einen bestimmten Kristall mitnehmen sollte. Er würde helfen, die alte Weisheit dieses Landes und seine Bevölkerung wiederzuerwecken, damit sie ihre Aufgabe erfüllen und die Menschheit zu gegebener Zeit anleiten könnten. Mir wurde klar, dass ich dort in Schweden eine Kristall-Zeremonie durchführen sollte; das war der eigentliche Zweck meiner Reise. Ich stellte meine Planung rasch um und nahm mit den Organisatoren Kontakt auf, denn jetzt würden wir während des Festivals eine große Zeremonie durchführen. Die praktische Seite der Sache war nicht ganz einfach, denn es wurden über tausend Teilnehmer erwartet und davon würden wahrscheinlich viele an der Zeremonie teilnehmen wollen, die gegen Ende des Festivals stattfinden sollte.

176

Bis heute war die Zeremonie in Angsbacka die größte öffentliche Zeremonie, die ich je durchgeführt habe. Es nahmen mindestens achthundert Leute teil, die alle in konzentrischen Kreisen auf einer großen Wiese standen. Es war auch eine der machtvollsten Zeremonien, schon allein durch die Anzahl der Menschen, die ihre Gebete und Absichten in den Kristall projizierten. In letzter Minute tauchte eine Sami-Frau auf und segnete die Zeremonie mit einem wunderschönen traditionellen Lied. Als Vertreterin der Urbevölkerung dieses Landes legte sie den Kristall in den Boden, um die Weisheit ihrer Urahnen wieder lebendig werden zu lassen.

Ich werde nie vergessen, wie sich viele der Teilnehmer, die einer nach dem anderen eine Handvoll Erde auf den Kristall warfen, hinknieten, weinten und mit Inbrunst beteten. Manche küssten sogar den Boden. Männer, Frauen, Kinder, alle warteten geduldig, bis sie an der Reihe waren. Als der Kristall fertig eingebettet war, geschah etwas sehr Schönes: Die Leute begannen zu tanzen, zu singen und zu trommeln; sie tanzten auf der Stelle, wo der Kristall lag, und segneten ihn mit dem Ausdruck ihrer Freude. Ein Gefühl von Verbundenheit, Stolz und freudig gespannter Erwartung der Zukunft lag in der Luft.

Da konnte ich verstehen, warum diese Menschen beim Erwachen der Welt eine führende Rolle spielen würden. Ihre Herzen waren jetzt schon so offen, sie strömten über vor Kreativität und Geist. Sie feierten bis in den Abend, und das Land selbst summte regelrecht mit neuer Energie.

Warum es wichtig ist, einen Bergkristall zu tragen

Weil jetzt in der Erdmutter viele mächtige Kristalle erwachen und mit ihnen das alte Wissen und die Weisheit, die ihnen eingeprägt wurden, ist es wichtig, dass wir Menschen in dieser Zeit auch ein kleines Stück Bergkristall tragen. Bergkristalle gehören zu den besten elektrischen Energieleitern. Du kannst dich mit den enormen Mengen an kosmischer Energie verbinden, die in den Meisterkristallen erwachen, einfach indem du ein kleines Stück Bergkristall um den Hals trägst. Das wird eine Wirkung auf dein Energiefeld haben. Es wird dir helfen, diese kosmischen Energien zu assimilieren und für dein Erwachen zu nutzen.

Ich wurde gebeten, die Botschaft zu verbreiten, dass möglichst jeder Erwachsene und jedes Kind ein kleines Stück Bergkristall tragen sollte. Doch Eltern, deren Kinder sich dagegen wehren oder ihn wieder auszuziehen, brauchen sich keine Sorgen zu machen. Kinder sind natürlicherweise mehr mit der Erdenergie verbunden, genau wie Tiere, und ihre Energiefelder stimmen sich leichter von alleine ein. Doch im Allgemeinen wird es allen Menschen helfen, einen kleinen Bergkristall bei sich zu tragen, während Mutter Erde ihre Energie erhöht und das alte Wissen auf dem Planeten erwacht.

Würdigung unserer kostbaren menschlichen Schätze

Wenn es um die Rückkehr der alten Weisheit und das Leben aus dem Herzen geht, müssen auch ein paar soziale Dinge geändert werden, damit wir uns weiterentwickeln können. Unser Umgang mit Mutter Erde ist zunächst das dringendste Problem, mit dem wir zu tun haben; ein anderes Thema ist die Heilung der Art und Weise, wie Frauen und allgemein das Weibliche behandelt werden. Allzu lange haben wir das, was als verletzlich, weich, weiblich, machtlos, schwach oder abhängig gilt, als wertlos betrachtet.

Weil das »Tun« so viel höher geschätzt wurde als das »Sein«, ist unsere ganze Wahrnehmung dessen, was wertvoll ist, verzerrt. In der westlichen Welt spiegelt sich das besonders in unserer Art, mit Alten, Kindern und Behinderten umzugehen, wider. Wenn wir kollektiv ins Herzensbewusstsein gelangt sind, werden wir sehen, wie kostbar diese Menschen sind, welch ein Geschenk sie sind – und dass sie Würdigung, Liebe und Schutz verdienen.

Würdigung unserer Alten

In früheren Zeiten wurden die Alten in vielen Kulturen als die weisen Großväter und Großmütter der Gemeinschaft betrachtet. Sie wurden geehrt, geachtet und von der ganzen Familie versorgt. Sie erhielten als Erste Nahrung, und ihr Wort und ihr Rat wurden beachtet. Sie galten als Hüter der Weisheit und des Wissens, das aus Erfahrung kommt, und allen war bewusst, dass sie ihren Kindern und Enkeln und der gesamten Gemeinschaft etwas sehr Wertvolles zu geben hatten. Ein alter Mensch musste sich nicht davor fürchten, gebrechlich, unproduktiv oder eine Belastung seiner Kinder zu werden. Wer alt wurde, wusste, für ihn würde gesorgt werden und er müsste keinen einsamen Tod fürchten. Er würde durch das Alter nicht unsichtbar oder unbedeutend. Leider gilt das in der modernen Welt nicht mehr.

Es schmerzt mich, zu sehen, wie heutzutage die Alten behandelt werden. Wenn sie zur Belastung werden, verwahrt man sie oft irgendwo, wo man sie nicht sieht, oder sie entschließen sich selbst, so lange allein zu leben, wie es irgendwie geht, um ihre Unabhängigkeit und ihre Identität nicht zu verlieren (die in der modernen westlichen Gesellschaft ja ach so wichtig sind) oder um ihre Kinder nicht zu belasten. Viele Erwachsene fühlen sich nicht mehr dafür verantwortlich, sich um ihre alten Eltern zu kümmern, und auch gesamtgesellschaftlich werden die Alten nicht mit Dankbarkeit und Achtung betrachtet. Das ist ein großer spiritueller Verlust, nicht nur weil die jüngeren Generationen nicht mehr von der Weisheit der Alten profitieren können, sondern auch weil die Alten (und wir alle sind es irgendwann) sich selbst nicht mehr wertschätzen. Es beraubt sie der natürlichen Würde, Weisheit und tieferen Präsenz, die sonst mit dem Alter einhergehen. Sie fühlen nur noch den Rückgang jener Dinge, die ihnen gesellschaftlichen Wert gaben, wie zum Beispiel Produktivität und Schönheit. Dieser Verlust ist für uns alle tragisch.

180

Doch es geht nicht einfach darum, die Menschen anzuklagen, die sich nicht mehr um die Alten kümmern – das Problem reicht sehr viel tiefer. Sehr viele Erwachsene fühlen sich heutzutage nicht mehr für ihre Eltern verantwortlich, weil sie ihre Eltern in ihrer Kindheit nicht als verantwortungsbewusst und liebevoll erlebt haben. Die Bande der familiären Verantwortung und Verbindung scheinen vielfach gebrochen, und das hat in unserem Leben und in unserer Gesellschaft viele Wunden angerichtet, die der Heilung bedürfen.

Zuwendung für unsere Zukunft, unsere Kinder

Als Gesellschaft müssen wir auch unsere Kinder wertschätzen. Die Kinder sind unsere wertvollste Ressource und unser kostbarstes Geschenk. Durch ihre reinen, liebesfähigen Herzen haben uns Kinder so viel zu lehren. Wir müssen ihnen im Gegenzug zeigen, was es bedeutet, im Herzen zu leben, wirklich liebevolle, zuverlässige, präsente und verantwortungsbewusste Menschen zu sein. Wir müssen uns bewusst sein, was wir ihnen beibringen, und uns nach Kräften bemühen, die Art von Menschen zu sein, die wir sein können – um unserer Kinder willen und um des Planeten willen.

Die Kinder, die zurzeit geboren werden und die noch klein sind, sind mit großen Gaben auf die Erde gekommen. Genau wie anderen auch wurde mir gezeigt, dass diese Kinder uns führen werden, wenn die Zeit gekommen ist. Sie werden die Ersten sein, die aus der Liebe leben, und sie werden uns zeigen, wie das geht. Wir Erwachsenen, die zurzeit leben, mögen die stärksten der starken Seelen sein, die das Sterben und die Wiedergeburt einer ganz neuen Art des Seins miterleben, doch die Kinder, die jetzt da sind, sind die Reinsten der Reinen, sie werden ihrem Herzen folgen und uns zeigen, wie diese neue Art zu leben geht.

Wenn wir wüssten, welche Kostbarkeiten uns da anvertraut wurden, würden wir alles tun, damit jedes Kind bekommt, was es braucht, um gesund und heil heranzuwachsen. Es sollte keine Rolle spielen, ob das »mein Kind« oder »dein Kind« ist; wir müssen uns als Gesellschaft dafür verantwortlich fühlen, jedes Kind zu schützen und darin zu fördern, sich in seiner Ganzheit zu entwickeln. Wir müssen unsere ganzen Fähigkeiten einsetzen und zu den Wesen werden, als die wir erschaffen wurden. Wir müssen uns erinnern, wer wir sind: Wir sind *nicht* verwundet, begrenzt, mangelhaft, sündig oder hilflos. Wir sind Mitschöpfer und tragen die göttliche Liebe, die uns erschaffen hat, in uns. Wir müssen verändern, wie wir mit Kindern umgehen, und damit uns selbst wiedergebären.

Die Schönheit des Andersartigen

Es gibt eine weitere Gruppe unter uns, die wir seit Jahrhunderten grob vernachlässigt und gering geschätzt haben: Unsere Behinderten spielen im Leben hier auf der Erde eine ganz besondere Rolle, doch häufig werden sie in den Familien und Gemeinschaften abgeschoben, missachtet, misshandelt oder mit Angst und Abscheu behandelt. Diese geistig und körperlich behinderten Menschen sind oft hier, um auf diesem Planeten eine sehr hohe Frequenz zu verankern. Wie viele von uns wissen, stecken in Menschen, die mit einer geistigen Behinderung geboren wurden, oft die reinsten, engelhaften Seelen. Ihre Energie schwingt oft zehnmal höher als die anderer Menschen. Sie sind unfähig zu Selbstsucht, Gemeinheit oder Hass. Würden wir uns dafür öffnen, die ganze Schönheit ihrer Unschuld wahrzunehmen, würden wir uns daran erinnern, in Liebe und Dankbarkeit für das Leben zu leben.

Spirit hat mir gezeigt, dass viele unserer Behinderten Lichtwesen sind; sie sind hierher gekommen, um eine hohe Frequenz zu halten, die der Menschheit hilft, sich weiterzuentwickeln. Sie haben sich einen Ort ausgesucht, an dem sie kaum jemand entdeckt und wo niemand nach ihnen sucht. Doch diese als behindert getarnten Wesen helfen dem Planeten auf unglaubliche Weise. Wenn du das nächste Mal einem Behinderten begegnest, geh nicht einfach mit gesenktem Blick vorbei; lächle die Person lieber an und schenke ihr einen Gruß, denn in ihr lebt eine wundervolle Seele.

Die Behinderten sind nicht hier, um zu lehren – sie halten einfach eine Schwingung der Liebe aufrecht, damit wir uns und den Planeten nicht zerstören, sondern uns weiterentwickeln. Unsere Behinderten sind genauso wie die Wale und Delfine aus dem Kosmos hierher gekommen, um die Schwingung auf dem Planeten hoch zu halten.

Ich hatte die Ehre, mit geistig behinderten Geschwistern aufzuwachsen. Bis heute betrachte ich es als eines meiner größten Geschenke, die Schwester dieser reinen, engelhaften Wesen sein zu dürfen. Meine Liebe zu ihnen übersteigt alle Worte, und was sie mich über Liebe, Schönheit und die Reinheit des Herzens gelehrt haben und immer noch lehren, ist unbeschreiblich. Ich wünsche mir für sie eine neue Welt, in der sie nie verlacht oder beschimpft werden, in der sich die Herzen der Menschen voller Zärtlichkeit und Liebe unseren kostbarsten menschlichen Schätzen zuwenden: unseren Alten, unseren Kindern und unseren Behinderten.

Voreingenommenheit loslassen

Wenn es in diesem Erdenleben wirklich darum geht, zu lernen und zu wachsen, und wir alle hier sind, um die Lehren und Erfahrungen zu durchleben, die uns unser höheres Selbst schickt, wie können wir dann uns selbst oder andere verurteilen? Wenn du so, wie du bist, vollkommen bist und ich dich als Gott oder Göttin anerkenne, dann habe ich kein Recht, dich oder deinen Weg zu verurteilen. Wollten wir perfekte Wesen sein, wären wir nicht hierher gekommen, in einen zarten, zerbrechlichen Körper, mit einem komplizierten, verletzlichen Herzen. Wir wären nicht an einen Ort gekommen, wo wir so große Fehler machen können. Doch unsere Fehler sind das, wodurch wir lernen, und sind letztlich überhaupt keine Fehler. Für die Seele gibt es keine Fehler, nur Lernmöglichkeiten.

Wir machen Fehler und tun Dinge, die uns wütend über uns selbst werden lassen. Wir sagen: »Ich wünschte, ich hätte das nicht getan«, und fühlen uns grässlich, weil wir uns für unfähig oder schwach, wertlos oder verkehrt halten. Wir sind so hart zu uns. Die meisten von uns können moralisch nachvollziehen, dass es nicht richtig ist, andere zu verurteilen, und geben sich Mühe, es zu vermeiden, doch wenn es um einen selbst geht, gibt es kein Halten.

Und meistens bemerken wir nicht einmal, wie hart wir mit uns ins Gericht gehen.

Durch Verurteilung unserer selbst dämpfen wir unser Licht, als stülpten wir einen staubigen Lappen darüber. Wir vergessen, dass wir Funken der göttlichen Liebe sind und dass unser höheres Selbst auf diese Erde gekommen ist, um bestimmte Dinge zu lernen. Wir sind so, wie wir sind, vollkommen, und wir erfahren, was wir erfahren sollen – inklusive der Fehler und Herausforderungen und sogenannten Niederlagen. Wenn wir uns in urteilenden Gedanken verfangen, vergessen wir, wer wir wirklich sind und wozu wir fähig sind. Wir sind Götter und Göttinnen, und könnten wir uns aus der universellen Perspektive sehen, würden wir das erkennen. Alles folgt der göttlichen Ordnung. Doch wenn wir uns oder andere verurteilen, fühlen wir uns von unserer Göttlichkeit getrennt und klein und hilflos.

Manchmal urteilen auch jene von uns, die spirituell bewusster sind, über andere Menschen, die nicht bewusst spirituell sind oder nach dem tieferen Sinn des Lebens suchen. Doch das unterscheidet sie dann kaum von religiösen Menschen, die anderen absprechen, »die Wahrheit zu sehen«, und sie deshalb als minderwertig oder sündig betrachten. Es passiert meistens unbewusst – wir denken, wir haben recht und haben einen Weg gefunden, dem jeder folgen sollte.

Doch wenn wir wirklich begreifen, dass jeder Mensch hier auf seiner eigenen Bildungsreise ist und ein großes ICH BIN hat, dass jeder Mensch so, wie er ist, vollkommen ist, dann können wir uns von diesen Voreingenommenheiten und Urteilen befreien. Dann kann ich meine Nachbarin so lassen, wie sie ist, ohne zu versuchen, sie zu ändern. Dann kann ich sie lieben, weil sie so, wie sie ist, vollkommen ist, ein göttlicher Funke wie ich, damit sie lernt, was ihr höheres Selbst ihr mitgegeben hat. Wir alle sind hier, um für unser Wachstum und unsere Evolution verschiedene Dinge zu lernen, und in diesem Sinne ist keine Lektion mehr oder minder spirituell, wichtiger oder unwichtiger als eine andere. 185

Dein eigenes höheres Selbst liebt dich mehr als alles andere im Universum. Statt dich, Gott oder das Universum anzuklagen, weil dir dieses oder jenes widerfahren ist und du schwierige Dinge durchgemacht hast, kannst du dich daran erinnern, dass dein eigenes höheres Selbst dich in Liebe leitet und dir genau die Erfahrungen und Gelegenheiten zuführt, die du brauchst, um zu lernen und zu wachsen. Statt dich als Opfer zu fühlen oder dir leidzutun, kannst du wissen, dass dein höheres Selbst alles im Griff hat und dich mit unendlichem Mitgefühl und großer Weisheit durchs Leben führt.

Andere so sein zu lassen, wie sie sind, ohne darüber zu urteilen, bedeutet auch, mich nicht darum zu kümmern, was andere von mir denken. Ein weiser Alter schenkte mir einst einen Rat, an den ich mich jeden Tag erinnere. Er sagte: »Was andere von dir denken, geht dich nichts an.« Egal ob sie viel oder wenig von mir halten, ich brauche meine Energie nicht von ihren Ansichten prägen zu lassen. Wenn man viel von uns hält, bemerken wir oft gar nicht, wie stark wir uns auf die Projektionen anderer einlassen, doch wenn wir in ein negatives Licht gesetzt werden und man uns nicht mag, merken wir, wie abhängig wir von der Meinung anderer sind und wie leicht wir uns von unserem Weg abbringen lassen. Wenn wir anfangen zu glauben, was andere über uns sagen oder denken, können wir sehr viel Kraft verlieren.

Seit ich begonnen habe, öffentlich zu arbeiten und zu sprechen, musste ich mich auch mit den Projektionen anderer auseinandersetzen, im Positiven wie im Negativen. Große Geschenke gehen oft mit großen Herausforderungen einher. Als es anfing und mir klar wurde, dass ich mich nicht mehr verstecken oder in die Anonymität zurückziehen kann, musste ich meine Seele tief erforschen und eine Entscheidung treffen: Wollte ich meinem Weg und dem Ruf meiner Seele treu bleiben? Oder würde ich nachgeben und mich dem Widerstand, der Kritik und dem Gespött beugen? War mein Glaube an mich selbst stark genug, um gegen Annahme und Ablehnung gefeit zu sein? Man hält Menschen, die öffentlich auftreten, leicht für unempfindlich gegen Kritik und Negativität, doch oft ist das Gegenteil der Fall. Dieser sehr schwierige Prozess brachte mich jedoch letztlich dazu, zu sagen: Ja, ich werde das tun, wofür ich hierher gekommen bin, unabhängig davon, was mir an Negativität entgegenschlägt, ob mich die Menschen mögen und meine Botschaft unterstützen oder ob sie mich kritisieren und lächerlich machen.

Manchmal müssen wir unseren inneren Krieger finden, uns tief in unserer Authentizität verankern und uns ganz und gar *Spirit* hingeben, um die Aufgabe unserer Seele hier zu erfüllen. Wie alle wissen, die irgendeine öffentliche Rolle übernommen haben, erfordert es großen Mut, hervorzutreten und sichtbar zu sein, in deine wahre Kraft zu gehen und dem Ruf deines Herzens zu folgen, egal was andere von dir denken.

Das Thema des Verurteilens unserer selbst und anderer ist wichtig, weil es sich auf unsere Energie und unsere Liebesfähigkeit auswirkt. Es prägt unser Fühlen und Sehen. Es heißt, es sei an der Zeit, aufzuhören, die Dinge nur mit den Augen und mit dem Verstand zu beurteilen, und anzufangen, unser Herz einzubeziehen. Unsere Augen und unser Verstand beurteilen die Dinge immer oberflächlich als gut oder schlecht, schön oder hässlich. Ich musste da selbst viel lernen. *Spirit* hat mich etliche Male darauf aufmerksam gemacht, wenn ich die oberflächliche Erscheinung für die Wirklichkeit hielt und dadurch eine wichtige Lernmöglichkeit verpasst hatte.

Voreingenommenheiten und Verurteilungen loszulassen ist nicht nur eine individuelle Aufgabe, sondern auch ein kollektives Menschheitsthema. Ich fand es schon immer absurd, wenn ich hörte, wie Menschen einander in der Vergangenheit für Dinge wie ihre Hautfarbe, ihre Religion, ihre Volkszugehörigkeit oder ihre Liebesneigungen verurteilten. Manches davon wird heute als Diskriminierung und dementsprechend als falsch und ungerecht betrachtet, aber anderes wird immer noch akzeptiert und praktiziert. In der amerikanischen Gesellschaft betrifft das zum jetzigen Zeitpunkt zum Beispiel den Umgang mit Schwulen und Lesben. Es erscheint mir absolut lächerlich, jemanden zu verurteilen, weil die Person, die er liebt, ein Mann oder eine Frau ist. In der Zukunft werden wir die dahinterstehende Diskriminierung sehen und den Mangel an Menschenrechten für Homosexuelle als unmenschlich empfinden, so wie wir heute die Rassentrennung als unmenschlich und rückständig betrachten.

Liebe ist das, was diesen Planeten retten kann, und sie ist das Wesentlichste, was es gibt. Wenn wir als Menschheit erwachen wollen, müssen wir unsere Ansichten über die Liebe und das menschliche Herz enorm erweitern und aufhören, Menschen, die anders sind als wir, zu unterdrücken oder zu verdammen.

Um ins Herz zu gehen und unsere kollektive Zukunft zu verändern, müssen wir die Neigung aufgeben, uns selbst und andere zu verurteilen, und uns für die Vollkommenheit und Freiheit öffnen, die als unser höheres Selbst in uns lebt.

Wir sind jene, die die Welt verändern werden, indem wir uns daran erinnern, wer wir als göttliche Wesen wirklich sind. Wir haben die Wahl getroffen, in dieser Zeit auf der Erde zu sein, um eine neue Welt zu erschaffen …

Erinnere dich an die große Aufgabe, für die du hier bist! Du bist viel mehr, als du dir vorstellen kannst. Es ist wichtig, in deinem Herzen ein Bild der Liebe und Schönheit zu tragen, zu wissen, dass du der Schöpfer bzw. die Schöpferin deiner Wirklichkeit bist.

Teil 3

Visionen der Gegenwart und der Zukunft

Geistführer, Lehrer und Kommunikation durch den »inneren Bildschirm«

Wie ich im Laufe dieses Buches schon mehrfach erwähnt habe, empfange ich Informationen oft durch bestimmte Geistwesen, die mir erscheinen und mich etwas lehren oder mir eine Botschaft vermitteln. Mein Hauptkontakt ist ein Geistwesen, das sich »Mother Spirit« (Mutter Geist) nennt. Wie sie mir gesagt hat, ist sie die »Mutter aller Kinder«, auch der Pflanzen und Tiere, und ihre Seele strömt durch unser aller Adern. Sie ist kaum anderthalb Meter groß, scheint ungefähr sechzig Jahre alt und von südamerikanischer Herkunft zu sein. Sie ist barbusig mit einer Bemalung auf Brust und Bauch aus roter Erde, mit einem Hüfttuch aus Naturfasern. Ihr Haar ist seidig schwarz, sie trägt einen kurzen Pony, und hinten sind gelbe, orangene und rote Federn eingeflochten, die von einem Paradiesvogel stammen könnten. Die zwei Streifen auf ihrer Stirn sind rot und blau, und sie trägt gelbe, gewebte Armbänder. Neben Mother Spirit bin ich auch von Geistführern und Wesen aus verschiedenen anderen indigenen Traditionen unterwiesen worden sowie von einigen, die ich nicht zuordnen kann und für Aufgestiegene Meister halte. Manchmal werde ich in Worten angesprochen und kann aufschreiben, was ich empfange, aber oft erhalte ich direkte spirituelle Übertragungen, die jenseits von Worten sind. Meine Anweisungen und Botschaften sind oft sehr spezifisch.

Die Bilder-Schau

Der andere Weg, über den ich viele Informationen erhalte, ist eine Art Bildschirm, der sich vor meinem inneren Auge öffnet. Ich nenne das meine »Bilder-Schau«. Dieser Bildschirm öffnet sich meistens ganz unerwartet und führt mich auf eine Art interdimensionaler Reise zu verschiedenen Orten auf der Erde oder zeigt mir Bilder, Symbole und manchmal hoch esoterische Informationen. Wenn ich an andere Orte auf der Erde gebracht werde, sehe ich alles ganz detailliert. Viele der Informationen, die ich auf den folgenden Seiten darstelle, wurden mir durch diesen inneren Bildschirm gezeigt. Ich behaupte nicht, dass ich alles verstehe, was mir gezeigt wurde oder warum es mir gezeigt wurde, aber ich gehe davon aus, dass es wichtig ist und sich seine Bedeutung mir und uns allen zum richtigen Zeitpunkt in der nahen Zukunft offenbaren wird. Deshalb gebe ich es weiter.

Wenn der Bildschirm erscheint, sehe ich zunächst viele merkwürdige, unzusammenhängende Bilder, die sich sekundenschnell ändern, ein bisschen als würde man schnell durch verschiedene Fernsehkanäle schalten. Darunter sind manchmal auch Bilder, die eindeutig nicht von diesem Planeten sind und die wir uns niemals vorstellen könnten. Dann beruhigen sich die Bilder, und was immer mir gezeigt werden soll, beginnt. Ich sehe die Dinge dabei nicht nur, ich erfahre sie mit allen meinen Sinnen. Ich kann mit den Leuten reden und interagieren. Zum Beispiel bin ich so einmal einem weisen alten Mann begegnet, der in der Mongolei zu leben schien. Ich wurde zu seinem Heim geführt, mir wurde Essen angeboten und er hat mir sein ganzes Umfeld gezeigt. Ich erinnere mich noch an sein faltiges Gesicht und sein freundliches Lächeln, an den Geruch des Essens, das seine Frau kochte, und an seine Kleidung. Er lehrte mich etwas über die Bedeutung eines reinen Herzens, und zwar einfach durch sein innerstes Wesen, das ich durch unsere Herzensverbindung wahrnahm.

Ich bin auch einer Gruppe von Männern begegnet, die alle Weiß trugen und sich »Mamos« nannten. Erst später habe ich erfahren, dass sie die Priester des Kogi-Stammes sind, die hoch in den Bergen Kolumbiens leben und zu den spirituell am höchsten entwickelten Wesen auf dem Planeten gehören und auch zu den liebevollsten Wesen, die mir je begegnet sind. Sie teilten sich mir mit viel Spielfreude und Humor mit. Als ich dann in einem Buch ein Bild dieser Kogi-Mamos sah, stellte ich überrascht fest, dass sie genauso aussahen wie die Leute, die mir durch meinen Bildschirm begegnet waren.

Das Öffnen des Bildschirms

Mir wurde gesagt, dass dieser Bildschirm, durch den ich lerne und Informationen empfange, die »Universelle Eine Energie des Einen Geistes, der Einen Liebe und des Einen Lichts« ist. Ich weiß nicht genau, was diesen Bildschirm erscheinen lässt, aber oft wird das bei mir durch eine bestimmte Meditation bewirkt. Zuerst atme ich Energie aus der Erde durch meine Fußsohlen nach oben. Ich atme sie durch meinen ganzen Körper und lasse sie oben aus meinem Kopf zum Himmel hin ausströmen. Dann atme ich Energie vom Großen Geist durch meinen Kopf meinen ganzen Körper hinab und lasse sie tief in die Erde fließen. So kannst du dich gleichzeitig in Mutter Erde und im Großen Geist verankern. Wenn ich eine gewisse Euphorie spüre, wenn ein seliges Empfinden durch meinen ganzen Körper strömt, bewege ich die Energie mit jedem Ein- und Ausatmen auf diese Weise. Bei jedem Einatmen schicke ich Energie von Mutter Erde durch mich hinauf in den Kosmos, bei jedem Ausatmen atme ich kosmische Energie vom Großen Geist tief in die Erde. Das erzeugt ein euphorisches Gefühl der Weite. Der Bildschirm öffnet sich oft, wenn ich in diesem Zustand verankert bin.

Weisheitshüter

Ich wurde auch von Lehrern und Lehrerinnen in Fleisch und Blut unterwiesen und habe viel von spirituellen Ältesten und anderen Weisheitshütern gelernt. Als ich Schamanin wurde, haben mir der Älteste, der meine Einweihung leitete, und Mother Spirit gesagt, dass ich eine von zwölf Weisheitshütern und Weisheitshüterinnen sei, die zurzeit auf dem Planeten seien, die alle ähnliche Informationen über die auf der Erde anstehenden Veränderungen erhielten und von denen jeder eine ganz spezifische Aufgabe habe. Ich werde immer wieder danach gefragt, wer die anderen Weisheitshüter sind, und ich kann dazu nur sagen, dass sie echte Menschen aus Fleisch und Blut sind, die größtenteils um ihre Rolle wissen. Manche von ihnen gehören zu indigenen Stämmen, andere nicht. Einigen bin ich schon persönlich begegnet, aber ich kenne sie nicht alle und weiß meistens weder ihre bürgerlichen Namen noch woher sie kommen. Wir werden einander immer mit unseren spirituellen Namen vorgestellt. Unsere Begegnungen finden ohne Planung oder Anführer statt; meistens empfangen wir einfach alle innerlich Informationen darüber, wann und wo wir uns treffen. So begegnen wir uns persönlich, per Telefon oder durch den Bildschirm.

Ich kann auch deshalb nicht sagen, wer diese Leute sind, weil es ihre eigene Entscheidung ist, sich zu offenbaren. Manche arbeiten im Verborgenen und möchten nicht, dass ihre spirituelle Kapazität bekannt wird. Manche brauchen diese Anonymität auch für ihre Aufgabe. Es ist nicht einfach, über diese Dinge zu reden, denn der rationale Verstand will Beweise und logische Hintergründe, am besten etwas Schriftliches. Was ich hier beschreibe, ist frei von Raum, Zeit und Dimension – und nichtsdestotrotz sehr real.

Ich möchte klarstellen, dass es hier auf der Erde viele hoch entwickelte spirituelle Wesen gibt, die die Schwingung erhöhen und
wichtige spirituelle Aufgaben erfüllen. Diese spezielle Gruppe von
Individuen vereint eine gemeinsame spirituelle Aufgabe und die
Verantwortung, bestimmte Informationen zu empfangen und weiterzugeben. In gewisser Weise gibt es derzeit viele weise Wesen auf
dem Planeten, die »Weisheitshüter« genannt werden könnten, doch
wenn ich diesen Begriff verwende, meine ich diese bestimmte
Gruppe, zu der ich gehöre, die derzeit in verschiedenen Rollen
einer gemeinsamen kosmischen Aufgabe dient. Ich verwende diesen Begriff, weil er mir und den anderen so von *Spirit* übermittelt
wurde.

Im Dezember 2009 wurde ich zu einer kurzfristig anberaumten
Telefonkonferenz etlicher Weisheitshüter eingeladen, an der auch
ein wichtiger spiritueller Ältester teilnahm. Wir hatten schon vorher am Telefon und durch den Bildschirm miteinander gesprochen und Informationen und Visionen ausgetauscht. In diesem
Gespräch sollte es um die Erscheinung des »blauen Sterns« gehen,
der in verschiedenen Teilen der Welt sichtbar geworden war. Die
Anwesenden berichteten von ihren Visionen und Informationen,
die sie spirituell erhielten, und manche der spirituellen Ältesten
steuerten noch weitere Anweisungen bei. Die meisten der Informationen waren sich sehr ähnlich, doch manchmal erhielten Einzelne
auch Hinweise, die andere nicht hatten.

Dieser blaue Stern war in Colorado, Utah, Griechenland und
Norwegen gesichtet worden. Wie der spirituelle Ältere uns sagte,
ist das kein Stern, sondern eine höher schwingende Energie, ein
riesiges Energieportal für Sternenwesen. In vielen Prophezeiungen
indigener Völker, darunter auch der Hopi, war davon die Rede,
dass dieser blaue Stern erscheinen würde, wenn die himmlischen
Veränderungen der Erde kurz bevorstünden. Die damit einher-
gehende Energie werde die Menschheit in ihrem Aufstieg in die
fünfte Dimension der Liebe unterstützen. Wir wurden angewiesen, mit dem Herzen zuzuhören, weil diese Energien jetzt in unseren Feldern seien. Dieses Energieportal sei jetzt offen und werde

von Sternenwesen genutzt, die an bestimmte Orte auf der Erde zurückkehrten, wo sie schon einmal gelebt hatten. Zu diesen Orten gehörten Pumapunku in Bolivien, die alten Steinkreise Europas, das Land der amerikanischen Ureinwohner, die Wüsten Nordamerikas, Salomons Tempel im Heiligen Land, Gizeh in Ägypten, eine bestimmte Gegend in Griechenland und die Pyramiden in Südamerika. Die Sternenwesen hatten einst geholfen, diese Orte aufzubauen und hatten dort gelebt; jetzt kehrten sie zurück, um die Rückkehr heiliger Wahrheiten zu unterstützen und den Menschen zu helfen, verborgene Wahrheiten aufzudecken.

Uns wurde gesagt, dass die Sternenwesen wieder Seite an Seite mit den Menschen wirken werden; allein durch ihre Gegenwart würde unsere Schwingung schon erhöht. Es gibt nichts zu tun, als zu *sein*. Wir Menschen können den Verlauf unserer Geschichte ändern. Je mehr von uns sich der Macht der Liebe erinnern, desto mehr verändern wir die Zukunft. Und wir sind schon weiter, als die Alten gedacht hatten. Unsere Entscheidungen prägen unsere Zukunft. Deshalb wird es vielleicht nicht nötig werden, dass wir während des großen Wandels bis ins Mark aufgerüttelt werden. Je mehr unsere Herzen wachsen, desto weniger Zerstörung müssen wir vielleicht durchleben. Unsere täglichen Akte der Güte und Freundlichkeit helfen der Erde, in ihren himmlischen Zustand aufzusteigen. Wir haben den Auftrag, Liebe zu sein und die Liebe zu unserer Religion zu machen. Das ist es, was alle großen Meister lehrten: Liebe. Es gibt nichts zu tun, als *Liebe zu sein*.

Nachdem das Gespräch beendet war, dachte ich über all das Gesagte nach: Sollte es wirklich so einfach sein? Können wir wirklich die Zukunft unserer Welt beeinflussen, indem wir einfach freundlicher und liebevoller sind? Seit ich Little Grandmother geworden war, hatte ich diese Botschaft immer und immer wieder empfangen. Ich wusste, dies war genau die Botschaft, über die ich sprechen und die ich an die Kinder der Erde weitergeben würde. Und sie war dringend, denn noch war Zeit, auf die Ereignisse einzuwirken, die unsere Welt verändern würden.

Lehrer von den Sternen

Ich werde auch eine andere sehr ungewöhnliche Begegnung mit den Weisheitshütern nie vergessen, zu der ich ganz dringend gerufen wurde. Dies war eine körperliche Begegnung. Ich befand mich gerade in Colorado beim Einkaufen, meine Kinder waren in der Schule. Während ich im Auto saß, öffnete sich plötzlich mein Bildschirm. Ich fuhr an den Rand, um mich auf das Geschehen konzentrieren zu können. Es war eine laute Botschaft: »Weisheitshüter, kommt sofort!« Auf der Landkarte wurde mir ein bestimmter Ort in der Nähe von Taos in Neu-Mexiko gezeigt. Mir wurde auch gezeigt, wie ich dorthin fahren und zu einem ganz bestimmten Gebäude finden konnte. Ich hatte noch nie eine so dringende Botschaft auf dem Bildschirm gehabt. So schnell ich konnte, packte ich ein paar Sachen zusammen und telefonierte herum, um jemanden zu finden, der meine Kinder von der Schule abholte, während mein Verstand rasend schnell überlegte, worum es gehen könnte und was ich wohl brauchen würde.

Eine halbe Stunde später war ich auf dem Weg nach Süden. Nach Taos brauchte ich etwa anderthalb Stunden. Ich musste mich hinsichtlich der Route ganz auf meinen Bildschirm verlassen. Es ist nicht so einfach, sich seiner inneren Sicht zu öffnen, während man Auto fährt. Und mir ging so viel durch den Kopf. Würde ich den richtigen Ort finden? Und wenn, würden auch andere da sein? Hätte ich mehr mitnehmen sollen als meine Tasche mit meinen kostbarsten Kristallen, meinem Medizinbeutel und Salbei?

Ich kannte die anderen Weisheitshüter bis dahin nur durch den Bildschirm oder per Telefon. Würde ich jetzt einige kennenlernen? Ich wusste nur eines: Ich war unbedingt zu diesem unbekannten Ort in der Hochwüste gerufen worden, und es war offenbar wichtig.

Ich bog an dem Stoppschild ab, das ich auf meinem Bildschirm gesehen hatte, und fuhr Richtung Süden. Kurz bevor ich in die Stadt kam, sollte ich wieder abbiegen. Ich fuhr eine verlassene Nebenstraße entlang, die nirgendwo hinzuführen schien, doch

199

schon bald tauchte ein kleines Gebäude auf, vor dem einige Wagen parkten. Ich stellte mich daneben und atmete tief durch.

Als ich zur Tür ging und sie öffnete, sah ich eine kleine Gruppe Menschen auf Stühlen im Kreis sitzen. Ein Platz war noch frei. Alle lächelten mir entgegen und hießen mich willkommen. Sie wussten bereits, wer ich war. Ich erkannte nur zwei Weisheitshüter wieder, die ich auf meinem Bildschirm gesehen hatte, die anderen waren mir unbekannt, auch der große Mann, der am Rand des Kreises stand. Er war über zwei Meter groß und sehr bleich. Sein Haar war so hellblond, dass es fast weiß schien. Sein Lächeln war so voller Liebe, dass ich mich sofort heimisch fühlte. Ganz offensichtlich war er kein gewöhnlicher Mensch. Seine Augen waren das Unglaublichste an ihm, ich konnte den Blick nicht von ihnen wenden. Statt wie wir Menschen eine Pupille, eine farbige Iris und einen weißen Bereich im Auge zu haben, waren seine Augen vollkommen schwarz. Er war der schönste Mann, den ich je gesehen hatte, sein ganzes Wesen strahlte Schönheit und Liebe aus, aber er war ganz klar kein Mensch.

Da jetzt alle da waren, konnten wir anfangen. Er sprach zuerst von den kommenden Zeiten auf der Erde und davon, dass viele Lebensformen, darunter auch sein Volk, das von dem Stern Sirius kommt, uns ständig beobachten. Die Menschen, erklärte er, durchlaufen gerade eine große Wandlung, die fast alle Lebensformen durchmachen, aber wir verändern und entwickeln uns mit einer derartigen Überschallgeschwindigkeit, wie es noch niemand im Kosmos je erlebt habe. Wir Menschen bewegen uns durch eine Evolution des Bewusstseins und machen ständig Entwicklungssprünge, viel schneller als jede Lebensform vor uns. Aus diesem Grund sind andere Lebensformen unserer Galaxie und anderer Galaxien auf uns aufmerksam geworden. Der Planet Erde entspricht in seiner spirituellen Entwicklung im Vergleich zu anderen Orten eher einem Kind, doch unsere besondere Stellung im Sonnensystem erlaubt es uns, rasante Bewusstseinssprünge zu machen. Große Energieausbrüche der Sonne unterstützen diese Beschleunigung und erhöhen unser Bewusstsein in nie gesehener Geschwindigkeit.

Er sprach zu uns, als wären wir Kinder, sehr geliebte Kinder, und er sagte uns, dass andere Lebensformen uns sehr lieben und uns für unsere Entwicklung Erfolg wünschen. Die Erde werde ihre Entwicklung mit oder ohne uns durchmachen. Mit großer Freundlichkeit und Zuneigung ging er darauf ein, dass wir, die wir in dieser Zeit auf der Erde leben, etwas ganz Besonderes sind, sehr starke Seelen, deren tiefe Sehnsucht nach Einklang mit Wahrheit und Liebe sie hierher gebracht hat. Wir Menschen näherten uns jetzt einem dramatischen Bewusstseinssprung, doch das Einzige, was uns zurückhält, ist unsere selbstsüchtige Art des Seins. Er sprach davon, dass Liebe die universelle Energie ist, die alles erschafft, und es für die Menschheit an der Zeit ist, sich daran zu erinnern – uns als großartige Wesen zu lieben. Durch dieses Erinnern könnten wir eine Art des Seins erreichen, die größer sei, als wir uns vorstellen könnten.

Dann zeigte er uns auf einem Bildschirm, der sich ähnlich wie ein Fenster öffnete, ein Bild der Erde. Überall auf dem Planeten waren an verschiedenen Orten Lichtpunkte; der Rest war schwarz. Diese Lichtpunkte seien die derzeit lebenden Seelen, deren Herzen im Einklang seien, die ihre Schwingung erhöht hätten und aus dem Herzen lebten. Ihre Zahl sei noch klein, doch groß genug, um für die Erde und ihre Kinder hoffen zu lassen. Er sprach nachdrücklich davon, dass wir, um diese Lichter zu vermehren, andere Menschen lehren müssten, aus dem Herzen zu leben, sich an die Liebe zu erinnern, aus der wir stammen, und daran, wie wundervoll wir sind. Wenn immer mehr Menschen in Liebe leben, können wir unser universelles Bewusstsein vom Verstand und Ego zur Liebe hinwenden – und wenn das geschieht, wird sich die Welt verändern, weil wir tatsächlich die Schöpfer unserer Erfahrung werden und den Kurs unseres Planeten ändern können. Das sei jetzt von größter Wichtigkeit.

Als er fertig gesprochen hatte, lud er uns nacheinander ein, von den Informationen zu berichten, die jeder auf seine eigene Weise empfangen hatte, und wie wir die Menschen lehren und versuchen, einen Beitrag zu leisten. Ein Mann sprach davon, dass er zwischen verschiedenen indigenen Völkern vermittelt, Verbindungen herstellt und sie darin unterstützt, ihre Prophezeiungen und Lehren auszutauschen. Eine Frau war Klangheilerin und sprach von ihrer Aufgabe, die darin bestand, zu lehren, welche Macht Klang, Schwingungen und Licht für unseren Planeten haben. Ein anderer Mann befand sich in ständiger Kommunikation mit den Wesen von Sirius und teilte den Menschen mit, in welcher Weise sie die Menschheit unterstützten. Einer der Weisheitshüter, die ich kannte, arbeitet mit Wesen aus der »inneren Erde«. Als die Reihe an mir war, sprach ich über den Ruf, den ich empfangen hatte, den »Stamm der vielen Farben« zusammenzubringen. Dieses Zusammenkommen sei wesentlich, um die Anzahl jener, die aus dem Herzen leben, zu vergrößern und damit die Schwingung auf dem Planeten zu erhöhen.

Nacheinander sprach jeder von uns zu der Gruppe, und dann beantwortete der Mann unsere Fragen und ging auf unsere Zweifel und Ängste ein. Ich brachte meine Versagensängste zum Ausdruck und meine Sorgen in Bezug auf die Meinung und Kritik anderer Menschen. Er fragte mich: »Wenn du am Ende deiner Tage auf dein Leben zurückschaust, kannst du dann akzeptieren, dass du deine Aufgabe nicht erfüllt hast, weil dir die Meinung anderer so wichtig war?« Er betonte, wie wichtig es für mich und für uns alle sei, den größeren Zusammenhang zu sehen, die Bedeutung dessen, weshalb wir hier sind und was wir hier vorhaben.

Nachdem er so mit allen gesprochen hatte, segnete er uns und verließ dann den Raum. Wir nahmen uns noch Zeit, miteinander über das Gehörte und Erfahrene zu sprechen. Uns allen war klar, warum wir mit solcher Dringlichkeit zu diesem Treffen gerufen worden waren. Der Menschheit blieb nur ein kleines Zeitfenster, bevor die Veränderungen auf der Erde, die bereits angefangen hatten, abgeschlossen wären. Neue Energien strömten aus den Himmeln herab, um so vielen Menschen wie möglich zu helfen, ihr Bewusstsein zu verändern und in einer höheren Schwingung zu leben. Es ist entscheidend wichtig, wie wir uns jetzt verhalten. Würden wir Menschen mit Mutter Erde in eine höhere Schwingung gehen, oder würden wir von der Erde entfernt werden? Würden jene von uns, die sich in die höheren Schwingungen einklinken und mit den Lichtwesen kommunizieren können, ihrem Herzen folgen und ihre Versprechen einlösen, mit denen sie auf die Erde gekommen sind?

Wir verließen das Treffen mit neuer Leidenschaft und Hingabe an unsere verschiedenen Wege, bereit, uns ihnen mit ganzer Kraft zu widmen. Diese neue Energie, die zur Erde kam, würde uns bei unserem Werk helfen, und allen Wesen, die sich dafür öffnen konnten, würden erstaunliche Bewusstseinssprünge möglich sein. Der Kosmos tat alles ihm Mögliche, um uns zu helfen, und viele liebevolle, hoch entwickelte Wesen wachten über uns und warteten gespannt darauf, was wir wohl als Nächstes tun würden.

Die Rückkehr
der Sternenwesen/Lichtwesen

Unsere Kultur betrachtet zwar jedes Gespräch über andere Lebensformen im Kosmos immer noch mit Skepsis und Spott, aber immer mehr von uns wünschen sich eine offenere, vernünftige Diskussion darüber. Wegen der Art, wie die Medien mit dem Thema umgehen, hielt auch ich mich den größten Teil meines Lebens von allen Gesprächen über ETs, Außerirdische und UFOs fern. Doch gleichzeitig hatte ich direkt erlebt, dass es da draußen andere Wesen gibt. Ich gehörte zu den Leuten, die in unserer Gegend unerklärliche Lichter gesehen haben, die über den Häusern schweben, und hatte einige Begegnungen mit Wesen, die ich nur als »nicht von dieser Welt« beschreiben kann. Doch ich sprach über diese Dinge nicht – genau wie viele andere –, um mich nicht lächerlich zu machen. Ich fürchte immer noch, als die verrückte Schamanin abgestempelt zu werden, die über Außerirdische redet, und damit in eine bestimmte Eso-Schublade gesteckt zu werden. Doch die Zeit ist gekommen, von dem zu sprechen, was ich gesehen habe und was mir über unsere Brüder und Schwestern von den Sternen gezeigt wurde.

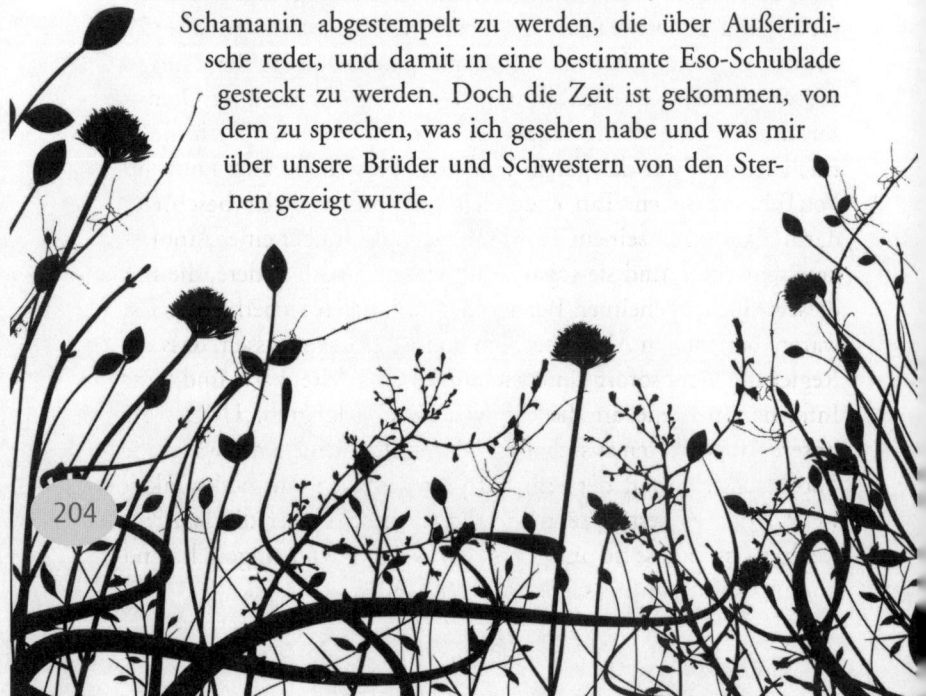

Seit ich Little Grandmother wurde, hat mir *Spirit* deutlich gemacht, dass die Zeit der Verleugnung anderer Lebensformen im Universum fast vorbei ist. Die Menschheit steht kurz davor, sich daran zu erinnern, dass wir tatsächlich »Brüder und Schwestern von den Sternen« haben. Die Regierungen der Welt fangen an, die strikte Geheimhaltung zu lockern, die alles Wissen um außerirdisches Leben umgibt. Es gab bereits teilweise Veröffentlichungen von geheimen UFO-Akten, und schon bald wird ganz bekannt werden, wie sehr andere Lebensformen von Anfang an mit der Menschheit im Austausch stehen. Das wird unsere Einstellung zur Religion und zu unserer Herkunft grundlegend verändern. Jene von euch, die bereits an Sternenwesen glauben oder Erfahrungen mit ihnen haben, wird das nicht überraschen. Den eher traditionell denkenden oder skeptischen Lesern kann ich nur sagen, was ich persönlich mit diesen Sternenwesen erlebt und von ihnen erfahren habe, und es ihnen überlassen, es mit Herz und Verstand abzuwägen und selbst zu entscheiden, was sie davon halten.

Ende September 2010 wurde im National Press Club in Washington, D.C., eine bedeutende Pressekonferenz abgehalten, an der CNN und andere nationale Nachrichtenagenturen teilnahmen. Ehemalige Mitarbeiter des Militärs und hochrangige Regierungsbeamte sprachen über Erfahrungen, die sie während ihrer Dienstzeit mit UFOs gemacht hatten. Zu dem Zeitpunkt, als ich dieses Buch schrieb, war das ganze Video der Pressekonferenz noch auf YouTube zu sehen. Ein ehemaliger Airforce-Offizier beschreibt darin, dass er mit seinem Team sah, wie UFOs über einer Atomrakete schwebten und sie sogar deaktivierten. Auch andere, die mit diesem höchst geheimen Bereich der nationalen Sicherheit befasst waren, berichteten Ähnliches. Ich konnte es kaum fassen, dass die Regierung nicht sofort Untersuchungen eingeleitet hatte und diese Informationen nie an die Öffentlichkeit gelangten. UFOs, die unsere Atomraketen ausschalten! Man sollte meinen, das wäre eine Top-Nachricht und der ernsthaften nationalen Aufmerksamkeit wert! Doch es bestätigte auch, was ich bereits über die Sternenwesen wusste: dass sie uns gegenüber wohlwollend eingestellt sind und uns sogar vor uns selbst schützen wollen.

Was genau meine ich mit dem Begriff »Sternenwesen«? *Spirit* verwendet diesen Begriff, wenn mir etwas über unsere »Brüder und Schwestern von den Sternen« mitgeteilt wird. Ich versuche, den etwas gängigeren Begriff »Außerirdische« zu vermeiden, weil er für viele mit verzerrten, von Hollywood geprägten Bildern in Zusammenhang gebracht wird. Dort wirken sie sehr fest und dreidimensional, ähnlich wie wir. Doch meiner Erfahrung nach bestehen sie mehr aus Licht als aus fester Materie, zumindest ein oder zwei Arten von ihnen. Manchmal verwende ich auch den Begriff »Lichtwesen«, weil er mir passender erscheint. Das fühlt sich ganz anders an und lässt einen eher an Engel denken als an Außerirdische, und es berücksichtigt die Tatsache, dass diese Wesen auf höheren Bewusstseinsebenen wirken – und nicht nur einfach von einem anderen Planeten oder Stern sind. Ich habe keine persönlichen Erfahrungen mit den Wesen, die manche die »Grauen« oder »Reptilianer« nennen, oder mit anderen Wesen, die dem stereotypen Bild des Außerirdischen entsprechen. Jene, denen ich begegnet bin, waren eher durchscheinend und leuchtend. Sie hatten zwar eine menschenähnliche Gestalt, doch sie waren größer als wir. Sie schienen auch mehr zu gleiten als zu gehen, und wenn sie sprachen, war es eher wie Musik oder Klangschwingungen als wie menschliche Worte. In diesem Sinne waren sie Lichtwesen, auch wenn ich weiß, dass sie von einem anderen Ort im Kosmos herkamen.

Ich habe gelernt, dass alle Wesen, alle Lebensformen von demselben universellen Bewusstsein und derselben universellen Liebe erschaffen wurden, die uns Menschen erschuf. In einer wichtigen Hinsicht sind die Sternenwesen wie wir: Auch sie können wachsen und ihr Bewusstsein weiterentwickeln. Bei den meisten dieser Wesen haben die Gesetze des freien Willens und der spirituellen Verantwortung Gültigkeit. Die Sternenwesen, mit denen ich Kontakt hatte, haben mir nicht genau gesagt, woher sie kamen, wo genau sie auf der galaktischen Landkarte zu Hause sind, doch sie waren eindeutig von der höchsten Schwingung der Liebe und Güte. Sie sorgten sich um die Menschen, ähnlich wie ein älterer Bruder, eine ältere Schwester oder Eltern sich um ein Kind sorgen.

Klar ist aber auch, dass nicht alle Wesen da draußen so sind. Mir wurde gezeigt, dass in der Vergangenheit Wesen diesen Planeten besucht haben, die (ähnlich wie Menschen) aus Eigeninteresse, Gier und um der Machtausdehnung willen kamen, um hier Ressourcen zu holen und sich anzuschauen, wie wir atmen, leben und uns fortpflanzen.

Spirit hat mir gezeigt, dass eine Rasse von einem Planeten namens »Planet X« oder »Niburu« großes Interesse an den physischen Ressourcen der Erde hatte und herkam, um sie sich zu holen. Auf ihrem Planeten hatte es schon lange kein Sonnenlicht mehr gegeben, und die Ressourcen seiner Bevölkerung schwanden. Sie waren hergekommen und hatten Schaden angerichtet, doch die Sternenwesen der höchsten Schwingungen kamen zusammen und beendeten diese gewaltsamen Eingriffe.

Diese Dinge waren sicher furchterregend und haben vielleicht dazu geführt, dass mancher Sternenwesen für böse hält, doch tatsächlich verhalten sie sich nur so, wie sich die Menschen auch verhalten würden, wenn ihr Überleben gefährdet wäre. Sie versuchten, sich selbst und ihre Kinder vor der Vernichtung zu bewahren. Doch diese Wesen, welche die Menschen und die Erde bedrohten, kamen aus einer niedrigeren Schwingung als viele andere im Kosmos.

Jene Sternenwesen, die uns wie Eltern lieben und große Hoffnungen in uns legen, haben mir gesagt, dass diese feindseligen Besuche gewisser Arten im Jahr 2000 beendet wurden. Die wohlwollenden Sternenwesen griffen für uns ein, denn diese schädigenden Eingriffe verletzten kosmische Gesetze. Es gibt tatsächlich große interplanetare Ratsversammlungen und Föderationen, die spirituell über die Galaxie wachen (»Raumschiff Enterprise« war also gar nicht so weit hergeholt!).

Unsere uralten Vorfahren und Lehrer

Während der Zeremonie, die wir 2009 für die Versammlung zur Rückkehr der Ahnen abhielten, ging es unter anderem darum, unsere alten Ahnen und ihre Weisheit wieder in unser Leben einzuladen, sie zu ehren und willkommen zu heißen. Damit waren zwar auch die menschlichen Generationen gemeint, die vor uns da waren, doch es gab noch eine weitere, esoterischere Ebene: Es galt auch den Sternenwesen, jenen noch viel älteren Vorfahren, die der menschlichen Zivilisation auf die Beine geholfen hatten und uns lange vor dem Beginn unserer Geschichtsschreibung sehr viel Wissen und Weisheit übermittelten. *Spirit* hat mir gezeigt, dass Wesen von anderen Orten im Universum viele der alten heiligen Tempel und Pyramiden errichteten oder bei der Errichtung mit spirituellen Technologien halfen, welche die Menschheit seit Langem vergessen oder nie besessen hat.

Die Pyramiden in Ägypten und insbesondere die Sphinx sind zum Beispiel älter als die Menschheit; unter der rechten Pfote der Sphinx ruht eine große Bibliothek, aus der unsere Verbindung mit den Sternenwesen, ihrem spirituellen Wissen und ihren Technologien klar hervorgeht. Ob diese in dreidimensionaler Form existiert oder nur durch höhere Bewusstseinsfrequenzen zugänglich ist, weiß ich nicht genau. Mir wurde auch gezeigt, dass es Pyramiden auf dem Mond gibt, die genau den Pyramiden von Gizeh und Tikal in Guatemala entsprechen. Sie wurden nicht von Menschenhand errichtet. Der Zweck dieser Pyramiden geht weit über unser wissenschaftliches Verständnis hinaus, das sie als Grabstätten betrachtet. Sie waren Leiter für Klang oder Schwingungen und dienten als Portale zum Kosmos und zu höheren Dimensionen der Wirklichkeit. Ich kann dies nicht beweisen, doch ich weiß, dass meine Informationen mit dem übereinstimmen, was viele andere Seher und Weisheitshüter empfangen und erfahren haben.

208 Außerdem wurde mir kürzlich über meinen Bildschirm gezeigt, dass es in der Erde alte Städte gibt, in denen auch heute noch alte indigene Völker leben und zu denen Tore in Südamerika, in der

Arktis und in Spanien existieren. Es sind sehr hoch entwickelte Menschen, die Kristalle und andere alte, galaktische Instrumente einsetzen, um in der Erde leben zu können. Sie bauen Nahrungsmittel an, haben fließendes Wasser, eine starke Licht- und Energiequelle und leben und arbeiten bis heute Seite an Seite mit den Sternenwesen. Als mir dies gezeigt wurde, erfuhr ich, dass das Wissen darum im Jahr 2011 öffentlich zugänglich würde, genau wie andere große, lebensverändernde Wahrheiten (mehr darüber im Kapitel »Die Offenbarung alter Wahrheiten und Weisheiten«).

Als ich auf Maui/Hawaii eine Kristall-Zeremonie durchführte, musste ich zuvor den genauen Platz finden, an dem der Kristall in die Erde kommen sollte. Der Ort galt den alten Hawaiianern als heilig. Während ich dort umherging, erhielt ich Hinweise von *Spirit*, dass ich drei große Steine finden müsste, die wie die Sterne im Gürtel des Orion angeordnet wären: eine Großmutter, einen Großvater und ein Kind. Der Kristall sollte zwischen diesen Steinen platziert werden. Mir wurde gesagt, dass diese Steine nicht von Menschenhand dorthin gebracht worden waren. Zu meiner Freude und Überraschung fand ich unter viel Moos und Dickicht tatsächlich diese drei großen Steine, die genau den Sternen im Gürtel des Orion entsprachen. Sie strahlten eine starke, alte Energie aus, jeder eine deutlich andere. Sie standen mit jenem Ort in Verbindung, von dem die Wesen, die sie dorthin gelegt hatten, herkamen. Ich erfuhr, dass die alten Hawaiianer Nachkommen der Lemurier waren, jener alten, wundervollen Zivilisation, die stark mit den Sternenwesen in Verbindung stand. Nachdem ich häufig solche Informationen erhalte, bin ich davon überzeugt, dass Wesen aus anderen Gegenden des Kosmos und aus anderen Dimensionen seit langer Zeit in Kontakt mit den Menschen stehen, dass ihr spirituelles Wissen und ihre Technologien viel zu unserer Zivilisation beigetragen haben – und dass unsere kollektive Amnesie darüber schon bald zu Ende sein wird.

Die Erde im Rampenlicht

Alles Leben im Universum zeigt ein hohes Interesse an unserem Planeten und an den Menschen. Durch ihre günstige Position in unserer Galaxie bekommt die Erde reichlich Licht von der Sonne; sie beherbergt so viele erstaunliche Lebensformen, und das Bewusstsein der Menschen hat außergewöhnlich große Bewusstseinssprünge vollzogen. Viele Wesen schauen unserer spirituellen Entwicklung mit großem Interesse zu. Wir stehen kurz davor, den größten Sprung zu machen, der je in der Evolution stattfand und durch den wir uns mit unseren Brüdern und Schwestern des Kosmos, die in höheren Lichtfrequenzen arbeiten, verbinden werden. Wir werden wieder wissen, dass wir nur ein Teil eines ganzen Kosmos von Wesen sind – und unsere Isolation und Amnesie, unser Gefühl der Getrenntheit von unserem himmlischen Zuhause, von Gott, wird ein Ende haben. Wir werden erkennen, dass wir Götter und Göttinnen sind, und werden all unser latentes Potenzial und unsere Fähigkeiten wiederentdecken. Wir werden unser ganzes Gehirn nutzen können, nicht mehr nur einen kleinen Prozentsatz. Das wird uns die Wirklichkeit in einer Weise eröffnen, die wir uns nicht vorstellen können. Es ist nicht übertrieben, zu sagen, dass wir in Zukunft mit Menschen in aller Welt kommunizieren werden, ohne dafür Dinge wie Internet oder Telefon zu brauchen.

Wir gehören zu den jüngsten Planeten und Arten im Kosmos. Verglichen mit anderen Rassen, entsprechen unsere Fähigkeiten und unser spirituelles Verständnis wirklich dem eines Kleinkinds. Doch wir werden so geliebt, und Mutter Erde gilt bei vielen Sternenwesen als ein höchst kostbares Wesen von unvergleichlicher Schönheit. Mir wurde gesagt, dass die Erde unter all den Millionen von Orten, an denen man geboren werden könnte, als einer der schwierigsten, aber auch als großes Geschenk gilt. Nicht jeder kommt hierher. Es ist eine Art Hochschule für Seelen. Die Körperlichkeit zu erleben, einen menschlichen Körper zu haben, ist kostbarer, als wir ahnen. Uns ist es nicht bestimmt, vollkommen zu sein oder den ganzen Tag meditierend in einer Höhle zu sitzen und den Körper zu transzendieren; wir sind hier, um die Dualität zu erfahren, die ganze komplexe Mischung aus Emotionen und Erfahrungen, die uns menschlich macht. Genau aus diesem Grund sind wir für die anderen Wesen im Universum so interessant, denn viele von ihnen verfügen nicht über unsere Bandbreite an Emotionen oder eine so eindeutige Körperlichkeit; hinzu kommen unsere enormen spirituellen Kapazitäten, die wir noch kaum erschlossen haben.

Die extrem hoch entwickelten Sternenwesen, die seit dem Beginn menschlichen Lebens hier präsent sind, wachen auch jetzt über uns und sind sehr an unseren Fortschritten interessiert, ähnlich wie Eltern über die Fortschritte ihrer Kinder wachen. Was ich jetzt sage, wird manchem vielleicht sehr abwegig vorkommen oder jene, die religiöse Vorstellungen von der Schöpfung haben, vielleicht vor den Kopf stoßen, doch mir wurde gesagt, dass diese Wesen auch an der Erschaffung der Menschen mitgewirkt haben. Sie haben die menschliche Rasse auf der Erde eingepflanzt. Wenn dir das zu fantastisch oder zu Science-Fiction-mäßig erscheint, möchte ich dich daran erinnern, dass uns die Religion erzählt, wir wären aus einem Sandkorn oder gar einer Rippe entstanden! Die Vorstellung, wir hätten uns aus Affen oder aus Einzellern im Ozean entwickelt, erfordert auch eine Menge Fantasie und Glauben. Ist es da so schwer vorstellbar, dass liebevolle, hochintelligente Wesen uns Menschen erschaffen haben sollen? Selbst wir Menschen, die wir in Bezug auf unsere Errungenschaften ganz am unteren Ende der Skala stehen, haben es geschafft, Tiere zu klonen und Pflanzen genetisch zu verändern, und vieles andere fertig gebracht, das bald öffentlich bekannt werden wird. Es ist nicht wirklich so weit hergeholt.

Wenn Sternenwesen dazu beigetragen haben, die menschliche Rasse zu erschaffen, bedeutet das nicht, es gibt keinen Schöpfer, keine ursprüngliche spirituelle Kraft, die das Ganze steuert. Aber es hat dramatische Auswirkungen auf unser Selbstbild und auf unsere Wahrnehmung unserer Herkunft und unserer Fähigkeiten.

Begegnungen mit Sternenwesen

Meine erste Begegnung mit einem Lichtwesen habe ich im Kapitel
»Alle Dinge sind von Energie belebt« beschrieben. Eines Nachts
kampierte ich wieder einmal in der Wildnis, als mich ein Lichtwesen besuchte. Es hatte die schimmernde Gestalt einer Frau, die
nicht aus Fleisch und Blut bestand, sondern aus kleinen Pixeln
dicht gedrängter blauer Lichtfunken zu bestehen schien. Sie kommunizierte mit mir durch Musik, und als ich am nächsten Morgen
erwachte, konnte ich in allem Lebendigen Farbpunkte und Energie sehen. Sie fühlte sich anders an als die Geistwesen und Geistführer, denen ich schon begegnet war. Sie war kein Geist eines
verstorbenen Menschen, sondern ein himmlisches Wesen von
einem anderen Planeten oder aus einer anderen Dimension. Mit
unserem begrenzten menschlichen Bewusstsein ist es manchmal
nicht ganz einfach, zwischen Geistern und den Wesen aus einer
anderen Dimension oder von einem anderen Ort im Weltall eine
genaue Grenze zu ziehen. Unser Verständnis der Multidimensio-
nalität und des Bewusstseins steckt noch in den Kinderschuhen.

Seit jener Nacht habe ich mehrfach mit Lichtwesen kommuniziert. Es geschah nie, wenn ich sie rief oder wenn ich mit ihnen
reden wollte, sondern nur, wenn sie mit mir sprechen wollten. Ihre
Erscheinung ging immer mit der Empfindung warmen Wassers
einher, das mich von Kopf bis Fuß überströmt. Manchmal vermittelten sie mir eine Botschaft. Mir scheinen diese Wesen aus reinem
Licht zu bestehen, und ich erlebe sie als äußerst sanft und liebevoll.

Die andere Art von Sternenwesen, der ich begegnet bin, schien
greifbarer zu sein und sah ziemlich menschlich aus. Es waren immer
männliche Wesen, und sie sahen sich aus meiner Sicht sehr ähnlich.
Sie sind etwas über zwei Meter groß, ihre Haut ist sehr hell, und ihr
Haar ist so blond, dass es fast weiß erscheint. Das Merkwürdigste
an ihnen ist die Art, wie sie sich bewegen. Sie tun alles sehr sanft
und elegant, ohne jene Unbeholfenheit, mit der die Schwerkraft
uns Menschen das Gewicht unserer Körper spüren lässt. Ihre Art
zu gehen sieht ein wenig so aus, als gingen sie auf einem Laufband.

Sie scheinen schwerelos mit sehr schnellen, langen Schritten dahin-
zugleiten. Im Kapitel »Geistführer, Lehrer und Kommunikation
durch den ›inneren Bildschirm‹« beschreibe ich eine Begegnung
mit solch einem Wesen. In jeder meiner Begegnungen mit ihnen
brachten sie große Liebe zur Menschheit zum Ausdruck.

Eine dieser Begegnungen fand in meinem Garten in Colorado
statt. Ich saß am Teich und meditierte mit offenen Augen. Ich
war ganz in die Energie des Rosenstrauches vor mir versunken, als
plötzlich drei Wesen vor mir auftauchten. Sie waren männlich und
sahen so aus, wie ich es gerade beschrieben habe. Einer begann mir
zu erzählen, wie sehr sie die Menschen liebten, wie sehr wir Kinder
von Mutter Erde in den Augen aller Lebenden gesegnet seien und
dass wir das Interesse aller Wesen geweckt hätten, weil wir uns
mit noch nie dagewesener Geschwindigkeit auf höhere Bewusstseinsebenen aufschwingen würden. Er sprach lange davon, wie wir
Menschen vor langer Zeit durch einen Akt der Liebe von anderen
Sternenwesen erschaffen worden seien, die in Bezug auf die Liebe,
die Gesetze des Universums und die Schöpfung sehr hoch entwickelt waren.

Eine Sache, die er erwähnte, hat mich besonders beeindruckt. Er
sagte, diese wundersamen Wesen würden uns »zehntausend Mal
mehr lieben, als eine menschliche Mutter ihr Kind lieben könnte«.
An dieser Stelle traten ihm Tränen in die Augen. Ich hörte gebannt
zu, während er fortfuhr, wie sehr es ihnen das Herz bricht, dass
wir uns so vor ihnen fürchten. Mit sanfter, leiser Stimme bat er
mich, an meine Kinder zu denken und wie ich mich fühlen würde,
wenn ich, ihre Mutter, in ihr Zimmer käme und sie sich entsetz-
lich fürchten würden und nur noch verschreckter wären, sobald
ich zu ihnen gehen und sie trösten wollte, weil sie es nicht verstehen und sich nicht genug beruhigen können, um zuzuhören. Mein
Herz verstand, warum er mich das fragte, und auch ich begann zu
weinen.

213

Er erklärte, dass sie erst zu uns kommen könnten, wenn wir unser
Herz öffnen und nicht mehr sofort aus Angst zuschlagen. Sie kön-

nen erst dann unsere Lehrer sein, wenn wir sie nicht mehr fürchten. Ich sah tiefe Liebe in seinen Augen, während er von diesem großen Missverständnis sprach und davon, dass wir ihre Existenz völlig vergessen haben und nichts mehr über sie wissen. Wir haben angefangen, Vorstellungen zu entwickeln, die uns Angst machen und unsere Wahrnehmung verschleiern. So werden sie erst zurückkehren, wenn wir sie darum bitten.

Sie sind bereit, ihr Wissen mit uns zu teilen, uns zu helfen, besser für die Erde und füreinander zu sorgen, aber wir müssen darum bitten. Sie werden sich nicht einfach einmischen, auch nicht um uns zu retten. Wir müssen wachsen und lernen und unseren Dreck selbst aufräumen. Wenn sie unsere Probleme für uns lösen würden, würden wir uns nicht so weiterentwickeln, wie es beabsichtigt ist. Sie werden zurückkehren, aber nur, wenn wir so weit sind, dass wir sie nicht aus Angst angreifen und noch mehr Zerstörung anrichten; wenn wir bereit sind, ihnen und einer umfassenderen Sicht der Dinge unser Herz zu öffnen. Sie warten darauf, uns zu helfen, aber wir müssen eine höhere Schwingung erreichen, um sie wahrzunehmen und mit ihnen zu kommunizieren. Das ist es, was ich meine, wenn ich sage, sie waren schon immer hier. Die meiste Zeit nahmen die Menschen die Wirklichkeit nicht auf einer Bewusstseinsebene wahr, die zu der Frequenz passte, in der sie leben. Wenn wir unsere Herzen öffnen und anfangen, aus dem Liebesbewusstsein zu leben, werden wir auch mit Wesen kommunizieren können, die in Dimensionen jenseits unserer dreidimensionalen, materiellen Wirklichkeit existieren.

Eine weitere eindrucksvolle Erfahrung, die ich mit einem Sternenwesen hatte, versetzt mich heute noch in Staunen. An dem Tag vor dieser Begegnung hatte ich im Himmel ein weißes Licht gesehen, das erst größer wurde und dann verschwand. Kurz danach begann ich, ein Kribbeln in meiner Brust zu spüren, und durch meinen ganzen Körper liefen anfallsweise starke Energien und pulsierende Kontraktionen, die sich am ehesten mit orgasmischen Kontraktionen vergleichen lassen. Sie liefen durch meinen Körper auf und ab, bis sie oben in meinem Schädel ankamen. Am Anfang war ich überrascht und amüsiert, doch schon bald wurde es eher unangenehm und schmerzhaft. Als es gar keine Pausen mehr dazwischen gab, fing ich an, mir Sorgen zu machen. Ich konnte kaum noch normal funktionieren. Am Tag nachdem es begonnen hatte, musste ich von Santa Fe nach Hause nach Colorado fahren. Ich hielt an einem Laden und kaufte mir große Eisbeutel, in der Hoffnung, die Empfindungen damit so weit betäuben zu können, dass ich fahren konnte. Ich hatte keine Ahnung, dass mir eine der seltsamsten Erfahrungen meines Lebens bevorstand.

Eine höchst seltsame Begegnung am Straßenrand

Ich war gerade an der Abfahrt zu einer alten Heilquelle namens »Ojo Caliente« vorbeigefahren, als ich am Straßenrand eine alte Frau stehen sah. Ich fuhr wegen meines körperlichen Zustands relativ langsam, und so bemerkte ich, dass sie mich direkt ansah. Ich war diese Strecke schon tausend Mal gefahren, aber ich hatte hier noch nie jemanden stehen sehen. Sie sah aus, als wäre sie ungefähr achtzig Jahre alt. Sie war sehr klein, hatte sonnengegerbte Haut, graue Haare und etwas zerlumpte Kleider. Wie sie da so mitten im Nirgendwo an der Straße stand, hätte man sie auf den ersten Blick für obdachlos halten können. Da ich ein weiches Herz für Großmütter und ältere Frauen habe und dachte, sie wolle vielleicht irgendwohin, hielt ich an und öffnete die Tür. Sie lächelte mich einen Moment lang an, betrachtete mich von oben bis unten, stieg ins Auto und sagte: »Du kommst ein bisschen spät, aber ich freue mich trotzdem, dich zu sehen.« Ich dachte erst einmal einfach, sie sei vielleicht ein bisschen exzentrisch oder verrückt. Dann lehnte sie sich zu mir herüber, nahm den Medizinbeutel in die Hand, den ich immer um den Hals trage, und sagte mit fröhlicher Stimme: »Scheint, ich habe die richtige Person gefunden. Du bist doch die, die sie ›Kind‹ nennen, Little Grandmother, stimmt's?«

Ich setzte mich kerzengerade auf und war hellwach. Das war offensichtlich keine gewöhnliche alte Frau. Ich langte nach meiner

Tasche auf dem Rücksitz und bot ihr etwas zu essen an. Vielleicht war sie ja hungrig. Sie sagte: »Ach, Liebes, ich habe nie Hunger ... Leg es wieder zurück.«

Ich fuhr wieder auf die Schnellstraße und fragte sie, wohin sie wolle, ich führe nach Colorado. Sie meinte, sie würde mich wissen lassen, wenn sie aussteigen müsste. Meine Gedanken rasten – was war hier im Gange? Meine Krämpfe machten seit etwa zehn Minuten Pause, doch ich fürchtete, sie könnten jeden Moment wieder einsetzen. Ich presste mir den Eisbeutel noch fester zwischen die Beine und sprach ein stilles Gebet. Erst im Rückblick wurde mir klar, dass ich während der ganzen Zeit, die sie im Auto saß, keine Krämpfe hatte.

Sie sah zwar sehr alt aus, doch sie bewegte sich wie eine Fünfzehnjährige. Sie hatte offenbar sehr viel Energie, und ihre Stimme klang klar und kraftvoll. Und obwohl ihr Körper müde und mitgenommen aussah, funkelten ihre Augen, und zwar nicht nur ein bisschen; sie sahen eher aus, als würden sie fast leuchten! Gleichzeitig wirkte sie genauso stabil und körperlich wie du und ich.

Plötzlich fing sie an zu reden: »Warum hast du mich mitgenommen, Kind?« Ich antwortete aufrichtig, ich hätte nie jemanden so geliebt wie meine Urgroßmutter und auch sie sei doch sicherlich jemandes Großmutter. Deshalb hätte ich sie nicht am Straßenrand stehen lassen können. »Außerdem sagte mir mein Herz, dass ich dir trauen kann und dass ich anhalten soll.« Sie lächelte, blinzelte mir zu und sagte: »Ich freue mich, dass du die Sinne nutzt, die dir gegeben wurden, und dass du mich nicht danach beurteilt hast, wie ich aussehe.« Sie meinte, ich hätte die erste Prüfung bestanden.

Während sie sprach, wandte ich immer wieder den Kopf zu ihr, um sie anzuschauen. Ihre Kleidung war dreckig, ihre Hände verschmutzt, ihre Schuhe waren so alt, dass sie kaum noch zusammenhielten, und doch duftete sie ganz wundervoll, wie ein Wald nach einem Frühlingsregen. Sie begann, mir etwas über das San Luis Valley zu erzählen, in dem ich aufgewachsen bin, erklärte mir, die drei höchsten Berge dort (Ute, San Antonio und Blanca) seien sehr heilig und bildeten ein energetisches Dreieck. Nicht nur, dass die »Schlange des Lichts« (ein starkes Energiefeld, welches das Chakra-System der Erde bildet) die Gipfel aller drei Berge streife, sondern sie enthielten auch Kristallpyramiden und Orte, durch die Sternenwesen kommen und gehen. Sie meinte, es sei kein Zufall, dass ich in diesem Tal zwischen diesen drei Bergen geboren worden war, dass diese Gegend mich seit meiner Kindheit gelehrt und mich mit Energie versorgt habe, damit ich richtig sehen und hören könne, wenn ich von der anderen Seite angesprochen werde. Und das sei der Grund, weshalb sie zu mir gekommen sei, um mit mir zu reden.

Sie sagte, sie werde »Lightning Woman« (Blitzfrau) genannt, und sie komme vom »Schwarzen Meer« (von dem ich zu jener Zeit nicht wusste, wo es liegt). Ich fragte sie, wie lange sie schon hier sei. Sie meinte, Jahre seien für sie nicht dasselbe wie für mich, sie sei alterslos. Sie sprach auch davon, dass die Erde jetzt ihre große Wandlung durchlaufe und dass die Völker des Nordens, die von allen Hungersnöten, Kriegen und Katastrophen weitgehend verschont geblieben waren, sich ihrer Herzen erinnern müssten, ihrer eigenen ICH BIN. Sie würden bei der Anhebung der Schwingung der Liebe auf der Erde eine wichtige Rolle spielen. Sie sagte mir, es sei Zeit für mich, zu diesen Leuten zu gehen und ihre Herzen zu erwecken. Sie erklärte auch, Skandinavien würde zum Brotkorb der Welt werden, zu einem hellen Licht, wenn sie erwachten – und sie seien bereit, erweckt zu werden. Sie sprach von den neuen Energien, die jetzt auf die Erde herabströmten. Diese Energien kämen, um den Menschen zu helfen, nach und nach höhere Frequenzen aufnehmen zu können, damit sie auf die große Wandlung des Bewusstseins vorbereitet sind. Der menschliche Körper könne die Energie, die damit verbunden sei, sonst nicht bewältigen. Die Menschen, die zurzeit auf dem Planeten leben, seien dafür ausgewählt worden; sie seien die stärksten der starken Seelen, und sie könnten die Welt verändern.

Dann bat sie mich, am Straßenrand zu halten. Es gab dort keine Abfahrt und keinen Weg, ringsherum erstreckte sich meilenweit nichts als offene Wildnis. Ich fuhr an die Seite und erschrak ein wenig, als sie einfach die Hand auf die Zündung legte und der Motor sich abstellte. So saßen wir da, und ich hatte keine Ahnung, was jetzt kommen würde. Doch nie im Leben hätte ich mit dem gerechnet, was sie als Nächstes sagte ...

Ein verlockendes Angebot

Sie sagte mir, zu dieser Zeit würde einigen Wesen auf dem Planeten das Angebot gemacht, in eine höhere Dimension aufzusteigen und dem Planeten zu dienen, indem sie den Wesen höherer Schwingung helfen, die Menschheit zu verstehen und sie darin zu unterstützen, der Menschheit durch die kommenden Polverschiebungen zu helfen. Sie sei gekommen, um auch mir dieses Angebot zu machen.

Seit Jahrhunderten, so erklärte sie weiter, sei im Ute Mountain ein drei Meilen großes Raumschiff stationiert. Mit diesem Schiff würde ich woandershin gebracht werden (dorthin, wo sie herkam?), dort in eine höhere Frequenz aufsteigen und mit den Sternenwesen zusammen der Menschheit von einer höheren Dimension aus helfen. Auch in der Nähe aller großen Militärstützpunkte seien Sternenschiffe stationiert, eines davon in den Great Sand Dunes, nur einen Berg weit entfernt vom NORAD Militärstützpunkt. Auch in der Nähe von Los Alamos in Neu-Mexiko gebe es ein kreisförmiges Tal, in dem Sternenwesen stationiert seien. Die Sternenwesen an diesen Orten arbeiten nicht mit den Regierungen zusammen, sondern beobachten, was vor sich geht, um Katastrophen zu verhindern und eine gewisse Schwingung aufrechtzuerhalten, um die Negativität der Geschehnisse an diesen Orten einzudämmen.

Sie sei hergekommen, um mir all das zu erzählen und mich nach meiner Entscheidung zu fragen: Wollte ich die Erde und dieses menschliche Leben verlassen und in eine höhere Dimension des Seins aufsteigen?

Ich saß einfach nur da und war vollkommen sprachlos. Mir ging so viel durch den Kopf, und ich brauchte eine Weile, um ihre Worte zu verarbeiten. Ich dachte an mein Leben auf diesem Planeten, an meine Familie und den größeren Zusammenhang, den Planeten und was in den nächsten Jahren geschehen würde. Würde ich helfen können, wenn ich hier blieb? Was konnte ein Mensch schon tun, was wirklich hilfreich war? Würde ich besser dienen können, wenn ich von einer höheren Ebene aus wirkte?

Es lag eine ziemliche Ironie darin, dass ich ausgerechnet jetzt vor diese Entscheidung gestellt wurde. Nachdem meine geliebte Urgroßmutter gestorben war, als ich sechzehn war, hatte ich jahrelang darum gebetet, diese Welt verlassen zu können. Anfang zwanzig fand ich dann heraus, dass der Mann, der mich sexuell missbraucht hatte, auch meinen behinderten Bruder missbrauchte, und wieder wollte ich dieses irdische Leben dringend hinter mir lassen. Ich konnte nicht begreifen, wie hinter solchen Dingen irgendein Sinn stecken sollte. So oft hatte ich darum gebetet, gehen zu dürfen, und jetzt wurde es mir angeboten.

Mir schwirrte der Kopf. Es war einfach zu viel. Aus Angst und Verwirrung begann ich zu weinen. Da umarmte sie mich. Ich bin noch nie so umarmt worden. Es fühlte sich an, als umarmte mich reine Freude, reine Liebe oder Licht, als umarmte mich ein Lächeln. Als sie sich wieder auf ihren Sitz zurücksetzte, erzählte sie, sie wüsste, wie mein bisheriges Leben ausgesehen hatte; sie wusste um das seit meiner Kindheit empfundene tiefe Gefühl, dass das Leben so nicht richtig ist, wusste um mein Ringen darum, einen Sinn in allem zu erkennen. Ich hatte schon immer das starke, unerklärliche Verlangen nach einem höheren Sinn in meinem Leben, hatte jedoch keine Ahnung, was ich dafür tun konnte, und fühlte mich daher immer verloren.

Ihrer Erklärung nach waren die Dinge, die ich bislang in meinem Leben erfahren hatte, Lektionen gewesen, eine Art vorbereitender Schnellkurs. Sie zählte auf, was ich bislang gelernt hatte: Ich kannte Armut, Obdachlosigkeit, das Zusammenleben mit grausamen Menschen, sexuelle und körperliche Misshandlungen und Krankheit. Aus dem Zusammenleben mit Behinderten wusste ich, welch reine, liebevolle Wesen sie sind, und ich hatte den Missbrauch durch menschengemachte Religionen erlebt. All diese Dinge hatten mich dazu gebracht, Mitgefühl zu entwickeln: Mitgefühl für die Missbrauchten, die Hungrigen, die Heimatlosen, die Behinderten, die Schwachen, die spirituell Ausgehungerten und für jene, die sich tief in den alten Mustern der Religion verstrickt hatten. Mein Leben war eine Kette von Lektionen gewesen, die alle dazu gedient hatten, mich stärker, mitfühlender und verständnisvoller zu machen. Bis hierher hatte ich alle diese Prüfungen bestanden.

Als sie fertig gesprochen hatte, saß ich schluchzend da, das Gesicht in den Händen. Ob ich Zeit hätte, darüber nachzudenken? Musste ich mich sofort entscheiden? Ich konnte meine Kinder nicht verlassen, das wurde mir plötzlich klar. Ich bin Mutter – ich konnte unmöglich gehen! Ich nahm die Hände vom Gesicht und schaute sie an. Ich wusste von tiefstem Herzen, was meine Antwort war.

Sie sagte, sie habe meine Antwort bereits gekannt, sei aber trotzdem gesandt worden, um mir dieses Angebot zu machen – es gehörte zu ihrer Aufgabe. Wenn ich je meine Meinung ändern sollte oder mit ihr reden wollte, gebe es einen Platz, wo ich hingehen könne, um sie zu finden, sagte sie mir abschließend. Es sei ganz in der Nähe von dem Ort, wo wir angehalten hatten; sie nannte mir einige Zeichen, an denen ich ihn erkennen könne, wann ich dorthin gehen, ja sogar wem ich dort begegnen würde und welche Fragen ich stellen sollte. Ich würde dort einen alten Mann antreffen, der so aussehe, als hauste er dort im Freien, und ich sollte ihn als den »Ziegenhirten« ansprechen. Er werde mir sagen, wo ich sie finden könne.

Sie umarmte mich nochmals und sagte mir, wie sehr sie mich liebe. Dann berührte sie meinen Medizinbeutel und die Eulenkralle, die ich immer um den Hals trage, und lächelte. Mit kindlicher Offenherzigkeit stieg sie aus dem Auto und winkte mir zum Abschied. Ich fuhr los und sah ihr noch lange aus dem Rückspiegel nach.

Ich hätte mich nicht gewundert, wenn sie plötzlich verschwunden oder irgendwie davongeschwebt wäre, doch sie stand einfach nur da, bis ich sie nicht mehr sehen konnte.

Als ich sie nicht mehr sah, setzten sofort die Krämpfe wieder ein. Das Gefühl der Schmetterlinge in meinem Kopf, meiner Kehle, meinem Mund, meinem Bauch und zwischen meinen Beinen war schier unerträglich. Man könnte meinen, es sei toll, alle Viertelstunde einen Orgasmus zu haben, aber das ist ein großer Irrtum. Es durchfuhr meinen Körper regelmäßig wie die Uhr, und ich konnte nichts daran ändern. Unmittelbar nach jeder Welle baute sich schon wieder die Energie für die nächste auf.

Ich habe keine Ahnung, wie – aber irgendwie schaffte ich es, nach Hause zu kommen, doch auch dort gingen die Krämpfe weiter. Nach weiteren drei Tagen und Nächten heulte ich nur noch und war unfähig, irgendetwas anderes zu tun, als im Bett zu liegen. Ich rief eine befreundete Heilerin an, der ich sehr vertraue, und einen Hopi-Ältesten, und fragte sie, was ich tun konnte, damit das aufhört. Ich betete und meditierte und versuchte, mich so gut es ging zu konzentrieren, doch es ging immer weiter und weiter. Inzwischen kamen die Wellen etwa alle drei Minuten. Irgendwann konnte ich einfach nicht mehr. Ich beschloss, mir einen Termin beim Arzt zu holen, weil ich dachte, es müsse doch irgendeine Spritze oder ein Medikament geben, das diese Krämpfe zum Stillstand brachte. Gerade als ich unter Tränen voller Frust den Hörer aufnahm, klopfte es an der Tür. Es war eine liebe Freundin, die Schamanin und eine spirituelle Älteste war, und sie kam, um mir zu helfen.

Sie sagte mir, sie sei gebeten worden, mich von der Energie zu befreien, die durch meinen Körper fließe. Ihrer Information nach diente diese Energie einem großen Zweck. Sie werde meinen Körper nicht nur von alten Wunden heilen, sondern auch meine Sinne einer erhöhten Wahrnehmung öffnen. Letztlich diene sie dazu, mich mit der Kundalini der heiligen Mutter Erde zu verbinden, mich in gewisser Weise neu zu verdrahten.

Zu jener Zeit hatte ich keine Ahnung, was die Kundalini ist, und fragte sie danach. Sobald sie es mir sagte, brach ich erleichtert in Tränen aus. »Du verstehst also, was mit mir passiert?« Sie nickte lächelnd und ging mit mir in ein Zimmer, wo ich mich hinlegen konnte. Sie kniete sich neben mich und begann zu singen und zu beten. Ich schloss die Augen und versank in eine tiefe Meditation.

Besuch von den Kahunas

Nach einer Weile begann sich der Raum mit Licht zu füllen, mit kleinen Lichtteilchen, die sich allmählich zu mehreren Gestalten verdichteten. Es waren drei polynesisch aussehende Männer, alle nackt bis auf ein beigefarbenes Hüfttuch. Der Älteste wirkte etwa sechzig Jahre alt. Er hatte oben auf dem Kopf eine Glatze, aber hinten hing ihm langes, zusammengebundenes Haar über den Rücken. Er trug auf beiden Seiten Armbänder. Die beiden anderen sahen jünger aus, etwa vierzig, hatten langes Haar und trugen an Armen und Beinen Bänder aus Pflanzenmaterial. Sie wiesen keine Tätowierungen oder Bemalungen auf, doch sie trugen alle ein weißes Zeichen um den Hals, das wie ein Kreuz zwischen einem Fischhaken und einer Spirale aussah.

Sie sagten mir, sie seien Kahunas. Sie seien hier, um die Energie zu erden, was ich selbst nicht geschafft hatte. Der älteste Kahuna legte eine Art riesiger Bananenblätter auf meinen Bauch und mein Becken, während die anderen in einer mir unbekannten Sprache wunderschön sangen. Dann nahm er aus einer porösen Schale eine Art Salbe und schmierte sie mir betend auf Bauch und Becken. Meine liebe Freundin und Schamanin kniete betend neben mir und sah alles, was sich ereignete. Ich spürte, wie sich die Energie in meinem Körper von der Intensität eines Orgasmus in ein warmes, entspanntes Gefühl verwandelte. Sie strömte jetzt durch mich hindurch, hinein und wieder heraus, anstatt nur in mich hineinzufließen und sich dann in meinem Sexual-Chakra zu stauen. Die Kahunas erklärten, wegen meiner Wunden in diesem Bereich hätten die intensiven Energien so lange wirken müssen, um mich zu heilen und neue Verbindungen in mir zu knüpfen.

Der älteste Kahuna meinte dann, ich würde bald in sein Land reisen, ich würde aufgerufen werden, eine alte Stätte heiliger Energie wieder zu aktivieren, die lange Zeit geruht habe. Ich solle meiner Führung vertrauen und mich von der Großen Mutter leiten lassen. Wenn ich auf seinem Boden ankäme, würde er mich führen. Ich hatte keine Ahnung, dass ich wenige Monate später eingeladen werden würde, mit einem alten, heiligen Kristall in der Hand nach Maui zu fliegen.

Hoffnung für unsere spirituelle Evolution

Erfahrungen wie diese haben mich davon überzeugt, dass dieses Leben zweifellos weit geheimnisvoller ist, als wir je begreifen können. Wir sind nicht allein im Universum, vielmehr gibt es Millionen anderer Lebensformen. Im Vergleich zu den meisten anderen Lebewesen des Kosmos stecken wir spirituell zwar noch in den Kinderschuhen, doch jene, die an unserer Entstehung mitwirkten, lieben uns sehr. Viele Arten aus dem ganzen Universum schauen unserer Evolution zu, und einige unterstützen uns. Die Sternenwesen sind von Anfang an hier auf der Erde gewesen, haben uns großes Wissen, hoch entwickelte Technologien und wirksame spirituelle Instrumente an die Hand gegeben, damit wir wachsen und uns entwickeln, und sie sind seither hier ein- und ausgegangen. Doch nie zuvor waren auch so viele Wesen von anderen Orten hier auf der Erde, beobachten uns und unterstützen uns direkt und indirekt.

Alles, was ich gesehen und gelernt habe, hat mich darin bestätigt, dass die Sternenwesen wie Eltern oder ältere Geschwister nur unser Wohl im Sinn haben. Sie wollen uns nach bestem Vermögen helfen, doch zuvor müssen wir kollektiv unsere Schwingung anheben. Diese Wesen von anderen Sternen werden uns nach

223

meinen Informationen nicht vor den anstehenden Veränderungen und Transformationen retten, sondern uns energetisch helfen und hinter den Kulissen sicherstellen, dass wir nicht zerstört werden, sondern den evolutionären Sprung machen, der uns bestimmt ist.

Wenn wir uns weiterentwickeln und unsere Schwingung erhöhen, werden wir sie sehen und mit ihnen kommunizieren können. Im Augenblick ist das Massenbewusstsein noch zu niedrig, die meisten Menschen können sie nicht wahrnehmen. Doch die Zeit wird kommen, da wird die Existenz dieser Wesen nicht mehr zu leugnen sein. Das Wissen um ihre Anwesenheit und ihre Verbindung zu den Menschen wurde von unseren höher entwickelten Vorfahren sorgsam verborgen, doch schon bald wird es offenkundig sein. Das wird alles verändern. Wer sie sind und in welcher Beziehung sie zu uns stehen, wird allgemein bekannt gemacht werden, zusammen mit heiligem Wissen, das für uns seit Jahrtausenden verloren war. Mehr als alles andere wird dies das Leben auf der Erde für immer verändern.

Die Offenbarung alter Wahrheiten und Weisheiten

In den letzten Jahren habe ich regelmäßig Informationen über bestimmte Orte auf der Erde erhalten, an denen Wissen verborgen ist, das der Menschheit bald offenbart und für unsere spirituelle Evolution nutzbar gemacht werden wird. Ich habe über meinen Bildschirm spontane Übertragungen empfangen und manchmal direkt von meinen Geistführern oder den Lichtwesen Informationen erhalten. Wenn sich mein Bildschirm vor mir öffnet, werden mir manchmal sehr detailliert Orte auf der Erde, Symbole und esoterische Informationen gezeigt. Ich versuche dann, alles so genau wie möglich aufzuschreiben oder die Bilder und Symbole, die mir gezeigt werden, zu zeichnen. Wenn ich etwas nicht verstehe, wird es mir oft nochmals gezeigt. Denn wie diese Wesen wissen, bin ich nur ein einfacher Mensch, und so versuchen sie, es mir so zu vermitteln, dass ich es verstehen kann.

Ich verstehe bestimmt nicht immer alles, was mir übermittelt wird, oder warum, aber ich gebe es hier weiter, weil ich diese Aufgabe habe. Manche dieser Informationen könnten unsere Sicht der Menschheits-

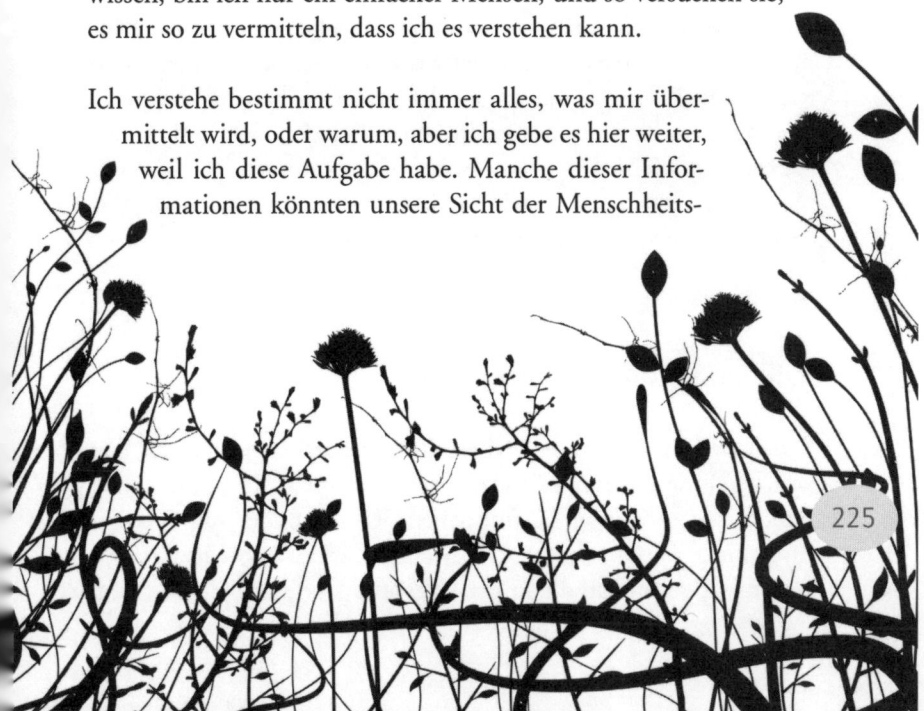

geschichte, unserer Position im Kosmos und unserer spirituellen Fähigkeiten drastisch verändern. Vieles bezieht sich auf unsere Sternen-Verwandtschaft und fortgeschrittene spirituelle Technologien, um welche die Menschen einst wussten und die sie seit Langem vergessen haben. Ich bin keine Wissenschaftlerin, deshalb biete ich diese Dinge hier als Bestätigung dessen an, was andere Seher empfangen haben, um die hingebungsvollen Erforscher dieser Orte und Phänomene zu unterstützen. Ich habe über diese Dinge meditiert und stelle sie hier in der Hoffnung dar, dass sie der Menschheit helfen werden, sich zu erinnern, wer wir sind, und unsere großen spirituellen Fähigkeiten wiederzuentdecken, die es uns ermöglichen werden, zu gegebener Zeit zusammen mit Mutter Erde in ein höheres Bewusstsein überzuwechseln.

Mother Spirit hat mir zu diesen Informationen eine spezielle Botschaft mitgegeben. Sie lautet:»Es ist Zeit, die alten Wahrheiten der Menschen wieder auszugraben, um allen Menschen zu beweisen, dass die Lichtwesen uns den Atem gaben und uns nie verlassen haben. Schaut auf das verborgene Wissen, das offenbart wird – eure Augen sind bereit zu sehen!« Seit Jahrtausenden befindet sich die Menschheit in einem Zustand der Devolution, nicht der Evolution. Einst waren wir sehr viel weiter fortgeschritten und wussten um viele Dinge, die wir wieder vergessen haben. Wer heute hier auf dem Planeten wohnt, ist bereit, sich der alten Wahrheiten zu erinnern, sich zu erinnern, woher wir gekommen sind und wer wir waren. Die Frucht ist reif und bereit, vom Baum zu fallen. Wir brauchen nur unsere Herzen zu öffnen und hinzusehen.

Die Entdeckung der Pyramiden

Ich habe bislang mehrere Übermittlungen erhalten, die mit den auf der Erde bekannten Pyramiden und ihrem Zusammenhang mit den Sternenwesen zu tun haben. Ich sah Bilder von den drei Pyramiden in Gizeh, von drei Maya-Pyramiden in Mexiko und von drei Pyramiden, die in der Gegend der alten Zivilisation von

Atlantis 55 Meilen vor der Küste Floridas unter Wasser liegen. Diese Pyramiden-Komplexe sind Sternenkarten, und einige davon stehen in perfekter Übereinstimmung mit den Sternen im Gürtel des Orion. Sie wurden um 10.500 v. Chr. von hoch entwickelten Menschen errichtet, die mit den Sternenwesen zusammenlebten und ihre Licht-Technologien zu nutzen wussten. An jedem dieser Orte wird eine in Stein gehauene Hieroglyphen-Botschaft gefunden werden, deren Sprache älter ist als Sanskrit.

Wie mir gezeigt wurde, erfolgte der Bau der Pyramiden mit Hilfe von Klang-Energie und Antischwerkraft-Energie. Klang-Energie bewegt sich in einem 8-förmigen Muster durch die Schöpfung, und die Umkehrung dieses Musters erzeugt Antischwerkraft. Mit dieser Antischwerkraft-Technologie funktionieren auch die Sternenschiffe.

Die Pyramiden sind nicht einfach verherrlichende Grabmale, Machtsymbole oder astronomische Observatorien, wie uns die Wissenschaftler und Archäologen weismachen wollen. Sie dienen dazu, eine hohe Schwingung auf der Erde zu halten, die uns in unserer Entwicklung unterstützt. Über Klangschwingungen stehen sie mit bestimmten Sternensystemen in Verbindung, deren Bewohner einst an ihrer Errichtung mitwirkten. Vor allem Wesen von den Plejaden und von Sirius waren in die Erschaffung der Pyramiden involviert. Die Pyramiden strahlen eine Frequenz aus, die diese Wesen brauchen, um uns weiterhin hier besuchen zu können. Das Wissen darüber, wer die Pyramiden errichtet hat, die es überall auf dem Planeten gibt (und es wird schon bald öffentlich bekannt werden, dass es auch welche auf dem Mond und auf dem Mars gibt), ist in einer riesigen Bibliothek vergraben, die unter der rechten Pfote der Sphinx liegt. Ob diese Bibliothek auf der dreidimensionalen Ebene existiert oder nur über eine höhere Dimension zugänglich ist, ist mir nicht klar.

Mir wurde auch eine Liste von Orten gezeigt, wo es noch Pyramiden aus alten Zivilisationen gibt und wo dieselbe Inschrift gefunden werden wird. Manche dieser Orte sind bekannt, aber werden von der Wissenschaft nicht als echt anerkannt oder bezüglich ihres Alters und ihrer Bedeutung weit unterschätzt. Diese Pyramiden stehen in Japan (unter Wasser), Utah, Sudan (dort gibt es drei Pyramiden ähnlich denen von Gizeh), Illinois, Griechenland, Italien (Sizilien und Montevecchia wurden erwähnt), Spanien, Mexiko, Bosnien-Herzegowina, Russland, Ägypten (Kairo), in der Uyghur-Region in China und in Innerchina (in China gibt es über dreihundert Pyramiden und ausführliche Hinweise auf Sternenwesen und UFOs). Alle diese Pyramiden verwenden Winkel, die den Sternen im Gürtel des Orion und der Plejaden entsprechen. Es gibt nicht nur Lehren, Schriften und Erklärungen jener, die beim Bau dieser großen Pyramiden mitwirkten, sondern auf den Wänden vieler der nicht öffentlich zugänglichen Tempel sind auch Bilder ihrer Raumschiffe zu sehen.

Andere Orte, wo alte Wahrheiten enthüllt werden

Der alte, große Tempelkomplex »Pumapunku«, der zu Tiwanaku in Bolivien gehört, ist einer der geheimnisvollsten Orte, und sein kosmischer Ursprung wird schon bald bekannt werden. An diesen erstaunlichen Bauwerken fallen unter anderem die großen H-förmigen Steine auf, die perfekt ineinanderpassen. Viele dieser Blöcke wiegen über zweihundert Tonnen, auch die Präzision der Winkel, der Zuschnitte und die Gleichförmigkeit der Steine und der Löcher sind wissenschaftlich nicht zu erklären. Selbst heutzutage haben wir keine so genau arbeitenden Technologien. Die Löcher wurden, wie mir gezeigt wurde, mit Laserstrahlen und Diamanten erzeugt, und die Gebäude dieses Komplexes sind mit größter Präzision auf die Planeten unseres Sonnensystems ausgerichtet. Diese Bauwerke sind über siebentausend Jahre alt, und die Steine, aus denen sie bestehen, stammen auch nicht aus Bolivien.

228 Darüber hinaus gibt es in Dendara in Ägypten Hinweise darauf, dass schon damals Elektrizität und Glühbirnen verwendet wurden. In Griechenland hat man eine Art Computer und hoch ent-

wickelte Räderwerke ähnlich wie in Schweizer Uhren entdeckt. Beides wurde mit Hilfe von Kristallen betrieben. Wie wir schon bald feststellen werden, gibt es in der alten Maya-Stadt Tikal in Guatemala Tempel, die genau auf den Gürtel des Orion und Sirius ausgerichtet sind. Und ein Zwilling zu einem dieser Tempel wird auf dem Mond entdeckt werden.

Der Tempelberg unter dem Felsendom in Jerusalem, wo einst Salomons Tempel stand, birgt unvorstellbare Weisheiten, die dort von Lichtwesen deponiert wurden. Sie schützen dieses Wissen bis heute, bis die Menschen bereit sind, das Wissen um ihren Ursprung anzunehmen. Dieses Wissen lag dort schon zweitausend Jahre, bevor die Bibel geschrieben wurde.

Und noch etwas Erstaunliches wurde mir gezeigt: In Äthiopien steht mitten in der Wildnis eine kleine, weiße, fest verschlossene Kirche, die von einem blinden Mann gehütet wird, der schon sein ganzes Leben lang in ihren Mauern lebt. Er hütet einen höchst heiligen und geheimen Schatz und wurde für diese Aufgabe ausgewählt. Die Bewohner des nahen Dorfes versorgen ihn mit Nahrung und allem, was er braucht. Sie wissen, was er hütet, und haben Stillschweigen geschworen. Sie würden Außenstehenden gegenüber nie etwas erwähnen. Niemand außer diesem Hüter betritt je diese Kirche. Wenige Tage, nachdem der auserwählte Hüter die Kirche betritt, erblindet er – seine Iris trübt sich. Und wenn er stirbt, übernimmt jemand anderes seine Rolle.

Was dort aufbewahrt wird? In dieser Kirche liegt das, was die Menschen die Bundeslade nennen. Mir wurde gesagt, die Lade enthalte »die Gesetze und das Wissen allen Lebens auf der Erde«. Was dort geschrieben steht, stammt nicht von Menschenhand, ja es wurde geschrieben, bevor es hier überhaupt eine Schrift gab. Ursprünglich wurde diese Lade den Assyrern anvertraut, die mit den Sternenwesen Seite an Seite lebten und sogar mit ihren Schiffen mitreisten. Die alten Assyrer wussten, woher sie kamen und wie sie erschaffen wurden. Dieses Wissen wird in der Zeit der großen Wandlung von Mutter Erde offenbart werden. Die Pole verschieben sich bereits. Wir leben in den aufregendsten Zeiten, die es je auf der Erde gab.

Zu Beginn der Menschheit lebten viele Sternenwesen in Afrika. Das vor der Ostküste des heutigen Afrika versunkene Gondwana existierte zur selben Zeit wie Atlantis und gehörte zu den wichtigsten Geburtsorten der Menschheit, zusammen mit Israel und anderen Orten des heutigen Afrika. An diesen Orten begann die Erschaffung der Menschen durch Sternenwesen einer sehr viel höheren und sehr liebevollen Bewusstseinsstufe.

55 Meilen vor der Küste Floridas liegen die Überreste der hoch entwickelten Zivilisation, die wir als Atlantis kennen. Schon bald wird dort eine Pyramide entdeckt werden, die Werke dieser Zivilisation enthält. Mir wurde gesagt, ich solle nach Korallenatollen Ausschau halten, um die Stadt zu finden – rote, schwarze und weiße alte Steingebäude. Dort gibt es auch eine Unterwasserstation von Lichtwesen und mehrere große Sternenschiffe, die mindestens zwei bis drei Meilen lang und von einem großen Magnetfeld umhüllt sind, das heilige Lebensenergie enthält. Wahrscheinlich hat das mit der geheimnisvollen Region des Bermuda-Dreiecks zu tun, in der Flugzeuge und Schiffe verschwunden sind und merkwürdige Anomalien auftreten.

Auch der alte Steinkreis von Stonehenge in England ist ein heiliger Ort, der von Sternenwesen genutzt wurde. Lichtwesen haben dort ein Kraftfeld errichtet, und es liegen dort Steintafeln mit alten Wahrheiten vergraben. Ein andermal erfuhr ich, dass unter Stonehenge ein riesiges Raumschiff in der Erde liegt; diese Gegend ist ein wichtiger Stützpunkt für Sternenwesen, weshalb dort auch so viele Kornkreise auftreten.

Wenn all diese Dinge ganz verstanden und anerkannt werden, wird das unsere Sichtweise über unsere Herkunft und unser Selbstverständnis drastisch verändern. Als ich diese Dinge erfuhr, erschien Mother Spirit und sagte zu mir: »... wenn du die Vergangenheit zur Gegenwart fügst, kennst du die Zukunft.«

Erinnern wir uns der großen Alten und dessen, was wir einst wussten, dann werden wir zu einem höheren Bewusstsein gelangen. Das gehört zu dem Prozess, durch den wir uns schneller entwickeln werden, als es je im Universum geschehen ist. Und wir stehen an der Schwelle zu diesen Erinnerungen.

Delfine, Wale und andere hoch entwickelte Geschöpfe

Höhere Wesen leben auch in Tieren wie Delfinen, Walen und Elefanten und in alten Bäumen unter uns. Die Redwoods oder Mammutbäume Kaliforniens sind unsere Urahnen und Ältesten. Sie lebten einst als menschliche Wesen auf dem Planeten und sind in ein höheres Bewusstsein aufgestiegen. Sie entschieden sich dann, zur Erde zurückzukehren, um für uns eine bestimmte Schwingung zu halten. Während die alten Bäume unsere irdischen Ahnen beherbergen, kommen die Delfine aus dem Kosmos. Die Maya, Dogons und Aborigines wissen alle um die Sternenwesen, die wir »Delfine« nennen. Der Stamm der Dogons aus Mali in Westafrika bezeichnet seine Vorfahren in der Mythologie als Nommos, fischähnliche Wesen, die aus einer großen Lichtscheibe aus dem Himmel kamen und ins Wasser gingen.

Wie mir gesagt wurde, kommen die Nommos von einem sehr kleinen Stern, der sich in 49 Jahren einmal um Sirius A dreht. Das erste Fischsymbol der alten Völker der Erde zeigte diese Nommos, die Wesen von den Sternen. Später wurde dieses Symbol von den Christen übernommen, doch in seiner ersten Form wies es auf die Sternenwesen hin, die in unsere Meere kamen. Ihr Leben ist der Unterstützung der Menschheit gewidmet, auch sie halten eine hohe Schwingung, die unserer Entwicklung dient.

Im Moment befinden wir uns mit ihnen an einem kritischen Punkt. Wenn die Menschheit ihr Bewusstsein anheben kann, werden diese Sternenwesen hier bleiben, doch wenn wir Mutter Erde und einander weiterhin Schaden zufügen, werden sie uns verlassen. Man-

231

che von ihnen sind schon gegangen. Sie können in einer niedrigen Schwingung nicht leben. Die Menschen haben endlich angefangen, zu begreifen, dass die Delfine und Wale sehr intelligente, hoch entwickelte Wesen sind, die den Menschen viel zu geben haben. Allein in ihrer Gegenwart zu sein, kann Menschen heilen, wie wir an autistischen Kindern und Menschen mit anderen schwerwiegenden Problemen gesehen haben. Ihr liebevolles Wesen und ihre Intelligenz werden auch von den konservativsten Wissenschaftlern anerkannt.

Die Elefanten hingegen haben für ihre Intelligenz und ihre spirituellen Qualitäten bislang wenig Aufmerksamkeit erhalten. Ähnlich wie die Delfine verständigen sie sich über für uns unhörbare Töne. Ihre spirituelle Frequenz ist genauso hoch wie die von Walen und Delfinen, und sie sind hier, um uns zu helfen. Es ist wichtig, ihre Lebensräume zu schützen und sie zu würdigen. Wenn wir sie vernichten, vernichten wir uns selbst. Auch diese besonderen Wesen sind hier, um die Frequenz auf der Erde hoch zu halten, damit wir uns selbst und Mutter Erde nicht zerstören.

Unsere militärischen und technologischen Einrichtungen, die unter und über Wasser mit Sonaren arbeiten, schaden diesen Wesen sehr. Wenn wir wüssten, wie heilig und für unser Überleben wichtig diese Wesen sind, würden wir sie nicht einfach so jagen und ihre Lebensräume zerstören, indem wir die Meere und den Dschungel für unsere kurzsichtigen Zwecke als Müllhalden und Selbstbedienungsläden missbrauchen.

Übung: Mit den Energien des Himmels und der Erde erwachen

Ich werde oft in heiliger Geometrie und den Mustern, in denen sich die Energie durch die Schöpfung bewegt, unterwiesen. Manches davon ist viel zu komplex, als dass ich es hier erklären könnte (und manchmal auch als dass ich es verstehen könnte!), aber mir wurde durch meinen Bildschirm eine bestimmte energetische Meditation gezeigt, in der man mit Hilfe der Energien von Himmel und Erde das eigene große ICH BIN aktivieren kann – manche nennen es auch den »Lichtkörper«. Sie baut auf dem sechszackigen Stern auf. Drunvalo Melchizedek ist ein ganz besonderer spiritueller Lehrer unserer Zeit, der Jahre seines Lebens damit verbracht hat, den Menschen zu helfen, ihre Lichtkörper zu aktivieren, ihre »Mer-Ka-Ba«, wie es die Alten nannten. Er hat besondere Erkenntnisse über die Wissenschaft der Mer-Ka-Ba und weiß absolut, was er tut. Ich kann es sehr empfehlen, von jemandem wie Drunvalo mehr über die Aktivierung der Mer-Ka-Ba zu lernen, doch an dieser Stelle möchte ich diese Übung so weitergeben, wie sie mir gezeigt wurde. Ich bin ein eher einfacher Mensch und habe keinen wissenschaftlichen Hintergrund, vielleicht wurde die Übung deshalb für mich verkürzt und vereinfacht, damit ich sie verstehen, anwenden und weitergeben kann. Vielleicht ist sie auch für jene unter euch nützlich, die ebenfalls eine ganz einfache Visualisierungsübung brauchen.

In dieser Meditation stellst du dir vor, dass der sechszackige Stern, der für die Vereinigung von Himmel und Erde, Männlichem und Weiblichem steht, dreidimensional wird. Stell dir zwei Pyramiden auf einer dreieckigen Basis vor, von denen die eine aufwärts in Richtung Himmel weist (die männliche oder Vater-Energie) und die anderen nach unten zur Erde (die weibliche oder Mutter-Energie). Diese Pyramiden umhüllen dich derart, dass sie sich im Bereich deines Bauches überschneiden. Die nach oben gerichtete Pyramide besteht aus goldenem Licht. Das Licht strömt vom Kronen-Chakra herab und dreht sich gegen den Uhrzeigersinn. Die nach unten gerichtete Pyramide besteht aus grünem Licht. Dieses Licht steigt durch deine Fußsohlen aus der Erde auf und dreht sich im Uhrzeigersinn. Während du atmest, stellst du dir vor, wie sich diese Pyramiden in entgegengesetzte Richtungen drehen und so Himmel und Erde, Mutter und Vater in deiner Mitte verbinden. Spüre deine Liebe und Dankbarkeit für Mutter Erde und den Großen Geist, während sich diese Energien um dich und in dir drehen und in deinem mittleren Bereich verschmelzen. Wenn du anfängst, dich mit deinem höheren Selbst zu verbinden, wirst du eine

Wärme und eine Art Ekstase in dir spüren. Wenn das geschieht und du anfängst, darüber nachzudenken, verfliegt es unter Umständen wieder. Versuche, bei dem Gefühl zu bleiben, bis eine Empfindung der Erweiterung entsteht und du das Gefühl hast, ganz Licht zu werden. Es kann hilfreich sein, erst mit einer der Pyramiden anzufangen und sie in Drehung zu versetzen, bevor du die andere darübersetzt. Falls es dir schwerfällt, dir vorzustellen, wie eine dreidimensionale Pyramide sich im Raum dreht, probiere es mit einer Kegelform. Wenn ich diese Übung mache, lasse ich die sich drehenden Lichtpyramiden sich allmählich immer weiter und weiter in den Raum ausdehnen.

Diese Übung mag zunächst schwierig anmuten, aber sie wird deine spirituelle Frequenz schneller anheben als jede andere mir bekannte Übung. Sie ist ein Schlüssel zur Verbindung mit dem universellen Bewusstsein und deinem großen ICH BIN.

Gegenwärtige und zukünftige globale Veränderungen

2009 berichteten die Nachrichten über blaue Spiralen, die sich am Himmel über Utah, Colorado, Norwegen und Russland zeigten. Wie üblich wurde irgendein Experte befragt, der eine wissenschaftliche Erklärung dafür abgab: Die größte dieser Spiralen, die von Tausenden von Norwegern dokumentiert worden war, sei angeblich auf eine russische Testrakete zurückzuführen. Solche Spiralen waren seit 2006 aufgetreten, doch 2009 erschienen sie überall auf dem Planeten.

Bevor sie 2009 sichtbar wurden, wurde ich zu einem Treffen der Weisheitshüter gerufen, das von einem unserer weisen indigenen spirituellen Ältesten geleitet wurde. Man sagte uns, dies sei der Beginn einer Phase, in der neue Energien auf den Planeten einströmten, die seit uralten Zeiten nicht mehr da gewesen seien. Diese Energien würden am Himmel in Form von Spiralen sichtbar werden. Man würde versuchen, eine wissenschaftliche Erklärung für die Massen zu finden. Doch Millionen würden sie sehen, sie seien nicht zu verbergen. Später wurde mir durch meinen Bild-

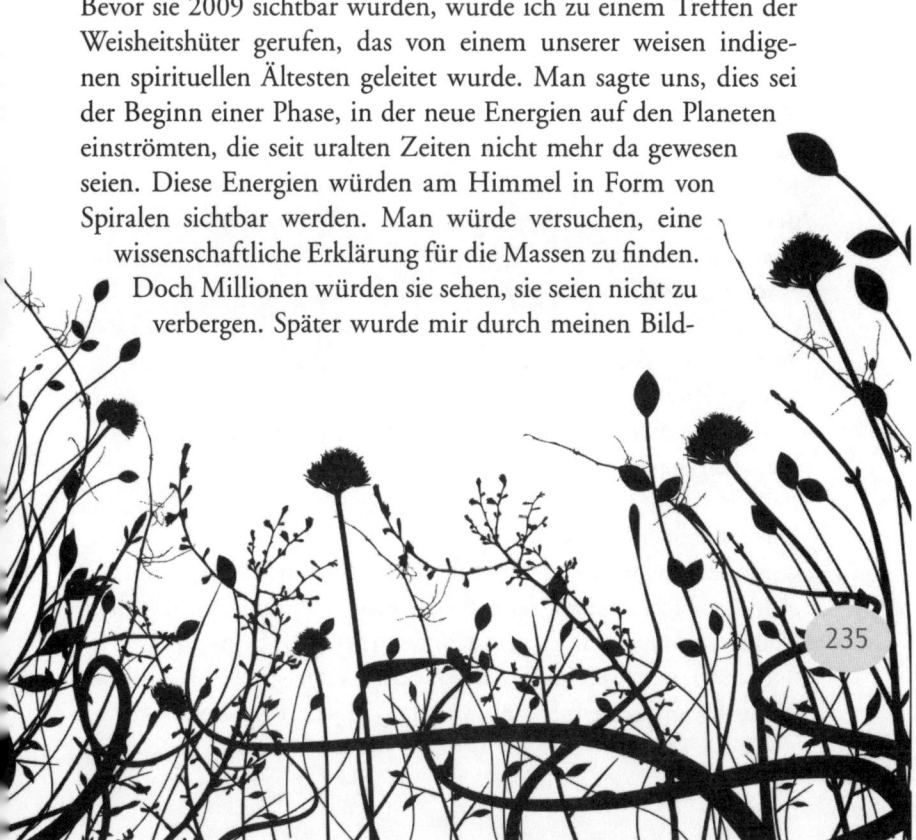

schirm gezeigt, dass diese Spiralen mit der Rückkehr der Uralten, der Sternenwesen, zu tun haben. Sie sind eine Art hochfrequenter Tore in unsere Welt, ein Beweis dafür, dass höhere Energien auf die Erde strömen, um uns zu helfen, unsere Frequenz zu erhöhen. Sie sind gewiss nicht menschlichen Ursprungs, egal was Regierungen und Medien berichten, und sie sind auch keine verrückte Anomalie. Die Wahrheit ist: Die Wissenschaft hat keine Ahnung, wodurch diese leuchtenden Lichtspiralen verursacht werden.

Im Jahr 2009 erschienen solche Spiralen am Himmel über Brasilien, Norwegen, China, Russland, Kanada, Iran, Utah, Nebraska, Usbekistan, Mexiko und England. Aber warum Spiralen? Wie kommt es, dass dasselbe blaue, spiralförmige Licht überall auf der Welt zu sehen war? Warum ist die Spirale eines der, wenn nicht überhaupt *das* älteste Symbol auf der Erde, das in jeder indigenen Kultur auftaucht und als heilig gilt?

Für die Kelten und die altnordischen Völker war die Spirale ein Symbol der Ewigkeit und der Göttin; bei den Griechen und Römern stand sie für Einheit. In afrikanischen Kulturen symbolisiert sie den Mutterleib, die große Mutter und Göttin; in den Kulturen des Orients stellt sie den Anfang allen Lebens dar, aus dem die Götter hervorgegangen sind. In Indien steht sie für das *Eine* und wird mit der Fibonacci-Folge in Verbindung gebracht, einer Zahlenfolge, die überall in der Natur gegenwärtig ist. Bei den indigenen Völkern Nordamerikas wie zum Beispiel den Hopi galt die Spirale als Kreis des Lebens; die Maya sahen das genauso. Für die Polynesier bedeutete sie Unsterblichkeit. Aber warum war all diesen Völkern die Spirale so wichtig? Die Antwort ist einfach: Sie sahen die Spiralen am Himmel!

Die Spiralen erscheinen an entscheidenden Punkten der Evolution, wenn kosmische Energien auf die Erde strömen. Sie sind das Zeichen der Lichtwesen – der Sternenwesen – und die meisten alten Völker kannten sie und waren ihnen begegnet. Die Alten erinnerten sich daran, dass auch während der letzten großen Wandlung der Erde Spiralen erschienen waren. Und jetzt erscheinen sie wie-

236

der, um uns an unseren Platz im Kosmos und die Existenz von etwas viel Umfassenderen zu erinnern, als uns bis jetzt bewusst war. Ihr erneutes Auftauchen nach Tausenden von Jahren ist ein weiteres Zeichen für den Beginn der prophezeiten großen Wandlung des menschlichen Bewusstseins und von Mutter Erde.

Damit sich unser Leben auf der Erde wirklich verändert, damit statt Machtstreben, Gier und Ego die Liebe unsere Antriebskraft wird, müssen ein paar grundlegende globale Veränderungen geschehen, die unsere Sicht unseres Lebens und unserer menschlichen Gesellschaften verändern. Im Moment werden viele der Informationen und Wahrheiten über das, was wir sind und wozu wir fähig sind, von Regierungen und mächtigen Institutionen vor der Öffentlichkeit verborgen, weil diese die Kontrolle bewahren und ihre Profite sichern wollen. Du würdest staunen, wenn du wüsstest, was alles versteckt wird, darunter Wissen, das den Menschen die Freiheit gäbe, gleichberechtigter zu leben und jeden Menschen auf diesem Planeten gut zu versorgen.

Doch es gibt ein Problem, das der Veröffentlichung dieser spirituellen Wahrheiten im Wege steht. Wenn nur ein einziger, unwiderlegbarer Beweis für unsere kosmische Herkunft publik würde, hätten die meisten traditionellen Religionen keinen Sinn mehr und es wäre offenkundig, wer hinter diesen Religionen steckt, nämlich Menschen. Unsere Vorstellungen von Gott und vom Kosmos würden ungeheuer erweitert. Bedenke, wie mächtig die Religionen auf diesem Planeten sind, wie viele Leben sie beherrschen, wie viele Reichtümer und politischen Einfluss sie besitzen! Glaubst du, sie würden einfach zulassen, dass diese Informationen öffentlich werden?

Drei Dinge beherrschen das Leben von praktisch jedem Menschen auf diesem Planeten: Geld, Regierungen und Religion. Seit 2009 empfangen die Weisheitshüter eine ähnliche Botschaft über die kommenden Ereignisse: Die großen Religionen, die großen Regierungen und das große Geld müssen versagen, damit wir Menschen in ein höheres Bewusstsein eintreten können. Im Moment versuchen diese Kräfte noch, die Menschen daran zu hindern, sich bewusst zu werden, wer sie wirklich sind, und eine Welt zu errichten, die vom Herzen bestimmt wird. Im Moment tun die Regierungen ihr Möglichstes, um die Kinder von Mutter Erde getrennt zu halten, genau wie die Religionen, die multinationalen Konzerne und die gierigen Machthaber es tun. Die Macht der Welt liegt seit sehr langer Zeit in den Händen einiger weniger Leute. Sie wissen genau, welche Informationen nicht publik werden dürfen. Religionen, Regierungen und die großen Unternehmen arbeiten in ungeheuer starken, geheimen Allianzen zusammen, von denen die meisten Menschen keine Ahnung haben.

Zum Beispiel wurde mir durch meinen Bildschirm ein detailliertes Bild einer Erfindung übermittelt, die von einem dunklen See umgeben ist. Sie sieht aus wie eine hohe, dünne Pyramide aus Drähten und Kabeln, und auf der Spitze sitzt eine große Kugel. Sie scheint Energie oder Licht aus dem Himmel zu holen und wäre in der Lage, einen großen Teil der Welt mit Energie zu versorgen. Ich glaube, sie wurde von Nicola Tesla erfunden. Doch sie wird seit Jahren von den politischen Kräften mit ihren Verbindungen zur Wirtschaft geheim gehalten. Die Mächtigen sind nicht an einer kostenlosen Energiequelle interessiert. Doch wenn die Strukturen, die unser Leben beherrschen, ihre Macht verlieren und vergehen, wird auch diese Erfindung bekannt werden.

Die Religion hat ganze Völker beherrscht und ist in finanzielle und politische Geschäfte verstrickt, die nicht immer der Masse der Menschheit dienen. Im Namen der Religion sind unzählige Menschen umgebracht und Kriege angezettelt worden. All diese illusionären Unterscheidungen sind eingeführt worden, um uns weiszumachen, dass manche Menschen unsere Feinde oder ganze Völker minderwertig und überflüssig seien. Damit der Planet in einen guten Zustand kommt, in dem wir alle einander als Brüder und Schwestern lieben und freundlich und mitfühlend miteinander umgehen, müssen diese illusorischen Trennungen aufgehoben werden.

Einige unserer grundlegenden politischen, religiösen und wirtschaftlichen Strukturen werden zusammenbrechen. Und wenn ein Aspekt stürzt, wird er die anderen mit zu Boden reißen, denn sie sind eng miteinander verwoben. Das globale Spielfeld wird sich etwas einebnen. Manche der Staaten, die heute sehr mächtig sind, werden es nicht mehr sein. Die Weltordnung wird sich neu strukturieren. Ursache dafür werden wirtschaftliche Kräfte sein, die im Moment noch gering geschätzt werden. Ich habe auf meinem Bildschirm eine globale Währung der Zukunft gesehen. Sie ist bereits gedruckt. Ich weiß nicht genau, wann das umgesetzt wird, aber es wird kommen. Auch andere Weisheitshüter haben dies gesehen.

All diese Veränderungen müssen uns keine Angst machen – manche mögen glatter über die Bühne gehen, als man sich jetzt vorstellen kann. Menschen, die sehr am Status quo und an ihrem Wohlstand hängen, werden es schwerer haben, sich anzupassen. Doch die Veränderungen kommen, damit die Menschheit neu anfangen kann und wir eine bessere und gleichberechtigtere Welt erschaffen. Manche dieser Veränderungen werden durch Krisen ausgelöst werden. Doch eines Tages werden wir sie als das Gottesgeschenk erkennen, das sie sind. Die alten Strukturen müssen fallen, bevor sich neue bilden können. Der Sturz einiger unserer grundlegenden wirtschaftlichen und politischen Strukturen und die Erschütterung unseres Sicherheitsgefühls werden helfen, unser Bewusstsein zu öffnen und uns schneller zu entwickeln. Unsere Augen werden geöffnet werden – und was uns jetzt ungeheuer wichtig erscheint, wird uns in Zukunft nicht mehr so viel bedeuten. Mit den Veränderungen in unserem Leben und in unserer Gesellschaft werden sich auch unsere Prioritäten ändern.

Das sind echte Möglichkeiten, die wir Weisheitshüter für die Zukunft gesehen haben; doch im Kern geht es darum, unser globales Bewusstsein vom Verstand und vom Ego zurück ins Herz, in die Liebe zu bringen. Ob wir dafür aufgerüttelt werden müssen oder ob wir diesen Wandel etwas sanfter bewältigen, liegt an uns. So wie ich es sehe, haben wir kollektiv die Wahl, und die Art, wie dieser Wandel des menschlichen Bewusstseins vor sich gehen wird, hängt von all den Entscheidungen ab, die wir jeden Tag treffen, und von der Energie, die wir erzeugen. Deswegen ist es wichtig, zur Liebe zu Mutter Erde zurückzukehren, sich jeden Tag Zeit zu nehmen, ein liebevolles Bewusstsein zu entwickeln und den Impulsen des Herzens und des höheren Selbst gemäß zu leben. Wir bestimmen jeden Tag, wie sich unsere Zukunft entfalten wird. Was auch immer geschehen wird: Es dient dazu, eine schönere Welt zu erschaffen, die Menschheit im Herzen zu vereinen und zu der Familie werden zu lassen, als die wir erschaffen wurden. Das dürfen wir nicht vergessen!

Die große Wandlung
von Mutter Erde

Ich wurde gebeten, den Stamm der vielen Farben zu versammeln und die Botschaften zu verbreiten, die mir übermittelt wurden, um unter anderem der Menschheit zu helfen, sich auf die unglaublichen Veränderungen einzustellen, die für die nächsten paar Jahre auf der Erde vorhergesehen sind. Wahrscheinlich hast du schon einiges über den 21. Dezember 2012 als Enddatum des 5000 Jahre alten Maya-Kalenders gehört. Vielleicht weißt du auch schon von dem höchst seltenen kosmischen Ereignis, das an diesem besonderen Datum stattfindet und das nur alle 26.000 Jahre eintritt. Der Zyklus der Präzession der Erdachse bewirkt dabei eine seltene Ausrichtung der Sonne und der Erde auf die Mitte unserer Galaxie. Die Sonne steht in Konjunktion mit dem Äquator der Milchstraße. Wir werden also ein kosmisches Ereignis miterleben, das es 26.000 Jahre lang nicht gab!

Fast alle Prophezeiungen der Urvölker, darunter auch die der Maya und der Hopi, sagen für diese Zeit auf der Erde etwas Großes voraus, was die gesamte Entwicklung der Menschheit beeinflusst. All die indi-

genen spirituellen Ältesten, die hoch entwickelten Wesen und die Weisheitshüter auf dem Planeten empfangen von *Spirit* und von Mutter Erde ähnliche Visionen: Wir befinden uns mitten in einer großen Wandlung der Erde, die das alte Zeitalter zerstören und ein Neues einläuten wird. *Spirit* hat mir mitgeteilt, dass Mutter Erde sehr bald zu ihrem himmlischen Selbst werden wird; die Menschen haben die Chance, sich mit ihr in diese höhere Dimension aufzuschwingen. Dies ist für die Menschheit ein entscheidender Zeitpunkt. Werden wir unseren zerstörerischen, blinden, lebensfeindlichen Weg weitergehen, oder werden wir das Bewusstsein der Menschheit radikal wenden und anfangen, aus dem Herzen und in Harmonie mit Mutter Erde zu leben?

Mir wurde aufgetragen, den Stamm der vielen Farben zu versammeln und diese Botschaft in die Welt zu tragen, aus einem einzigen Grund: weil alles, was wir jetzt tun und wie wir uns vorbereiten, bedeutsamer ist, als wir uns vorstellen können. Das Schicksal der Menschheit hängt davon ab, wie wir diese kosmische Chance nutzen. Wir sind aufgefordert, uns daran zu erinnern, wer wir sind, das derzeit herrschende Bewusstsein vom Verstand und vom Ego zur Liebe hinzuwenden, von der Polarität zur Einheit. Mehr als alles andere wird dies uns helfen, mit Mutter Erde in einen höheren Seinszustand zu kommen. Doch der Wandel wird stattfinden, ob wir bereit dafür sind oder nicht. Was wird also wahrscheinlich geschehen?

Vor 13.000 Jahren und weitere 13.000 Jahre davor gab es auf der Erde eine Polverschiebung; das ist wissenschaftlich erwiesen. Vor der letzten Polverschiebung lag der Nordpol dort, wo heute die Hudson Bay ist. Diese letzte Polverschiebung fand zu der Zeit statt, in der in allen Mythologien der Welt von einer großen Flut berichtet wird. Und zu dieser Zeit versank auch Atlantis, jener mythische Kontinent, von dem Plato und Herodot und viele andere Denker, Medien und Visionäre berichtet haben. Die Atlantier erlebten, wie der magnetische Nordpol seinen Platz auf der Erde wechselte. Viele starben durch die sich daraus ergebenden Umwälzungen, doch die spirituell hoch entwickelten Priester hatten vorausgesehen, was kommen würde, und hatten Atlantis mitsamt ihrem spirituellen Wissen und ihren Technologien zuvor verlassen. Bis heute gibt es Menschen, die ihre Abstammung bis zu den Atlantiern zurückverfolgen können. Als Atlantis zu sinken begann, begaben sich viele Priester in Boote und segelten nach Südamerika. Die Maya sind direkte Nachfahren dieser Atlantier.

Bis zum heutigen Tag sind die Maya das einzige Volk, in dem es noch eine lebendige Erinnerung an die letzte Polverschiebung gibt. Es gibt zwar viele Bücher über den Maya-Kalender und die Prophezeiungen der Maya, doch die Maya selbst begannen erst vor etwa einem Jahr, zur Welt zu sprechen. Einer ihrer hoch geschätzten Ältesten, Don Alejandro Oxlaj, auch »Wandering Wolf« genannt, ist in dreizehnter Generation Hohepriester der Quiche-Maya und Vorsitzender des nationalen Ältestenrats der Maya von Guatemala. Er hat angefangen, der Welt zu erzählen, was in den nächsten paar Jahren voraussichtlich geschehen wird, während sich die Erde darauf vorbereitet, ihre magnetischen Pole zu verschieben.

Ich will hier nicht die Informationen der Maya weitergeben, ich will einfach nur mitteilen, was ich direkt von *Spirit* über 2012 erfahren habe. Vieles davon stimmt mit den Aussagen der Maya und einigen Informationen von dem sogenannten »schlafenden Propheten« Edgar Cayce überein. Viele Menschen machen sich Sorgen darüber, was solche Veränderungen für die Erde, für unsere Kommunen und unsere Familien bedeuten könnten.

Zunächst möchte ich vorausschicken: Ich habe zwar Bilder gesehen und konkrete Informationen erhalten, aber mir wurde nie ein genaues Datum für die Polverschiebungen mitgeteilt. Selbst die Maya sprechen von einem Zeitfenster, in dem sich die Verschiebung ereignen könnte. Dieses Zeitfenster reicht von 2007 bis 2015. Es gibt Hinweise darauf, dass frühere Polverschiebungen sich schon Jahrhunderte zuvor durch Abschwächungen des Magnetfeldes der Erde ankündigten. Wie wir wissen, nimmt das Magnetfeld der Erde seit etwa fünfhundert Jahren tatsächlich ab und hat sich in den letzten Jahrzehnten dramatisch verändert; auch die magnetischen Pole wandern bereits. Der magnetische Nordpol ist nicht mehr mit dem geografischen Nordpol identisch. Viele Flughäfen mussten ihre Einstellungen entsprechend ändern. Zugvögel fangen an, sich zu verirren. Die Pole verschieben sich, bis der Prozess vollendet ist.

Laut meinen Informationen verschiebt sich der Nordpol 17 Grad Richtung Russland, und die geografische Neuordnung der Pole wird etwa zwanzig Stunden dauern. Während dieser abschließenden physischen Veränderungen wird sich die Erdkruste bewegen, aber der Erdkern wird stabil bleiben. Das Magma unter der Erdkruste wirkt dabei wie ein Gleitfilm. Dieser Verschiebung folgen vierundzwanzig bis sechsunddreißig Stunden absoluter Dunkelheit. Während dieser Zeit tun wir gut daran, so ruhig und innerlich fokussiert wie möglich zu bleiben. Während dieser dimensionalen Wandlung wird alles real werden, was du denkst: Deine Ängste können sich genauso manifestieren wie deine Liebe, und positive Emotionen wie Dankbarkeit und Mitgefühl können um dich herum sichtbar werden. In höheren Dimensionen ist der Abstand zwischen Gedanken und Wirklichkeit sehr viel geringer, achte also darauf, deine spirituelle Schwingung hoch zu halten und nicht in Furcht und Schrecken zu verfallen. Je geübter du darin bist, dich in einen meditativen Bewusstseinszustand oder ins Gebet zu versenken, desto ruhiger, entspannter und intuitiver wirst du sein. Ich wurde angewiesen, darauf zu vertrauen, dass das Licht zurückkehrt, und in der Liebe zentriert zu bleiben.

Wenn das Licht zurückkehrt, wird sich dein Ort auf der Erde verändert haben, auch wenn du dich noch auf derselben Landmasse befindest. Möglicherweise befindest du dich sogar in einer neuen Hemisphäre mit einem ganz anderen Klima. Wird es dabei zu Erdbeben, Vulkanausbrüchen, Überflutungen und Landabbrüchen kommen? Ja. Doch die Menschheit wird überleben. Es wird Zerstörung geben, und die Naturkatastrophen werden viele Menschen das Leben kosten, doch die Menschheit wird überleben. Später werde ich genau erzählen, was ich gesehen habe, und du kannst damit anfangen, was du willst. Es geht darum, deinem eigenen Herzen und deiner inneren Führung zu vertrauen. Jeder von uns hat intuitive Wahrnehmungen, Visionen und Vorahnungen, und es liegt an dir, deinem eigenen höheren Selbst zu folgen. Ich berichte von dem, was ich als Möglichkeit gesehen habe, aber ich bin davon überzeugt, dass unser Bewusstsein und unsere kollektiven Entscheidungen die Zukunft beeinflussen können.

Während dieser Zeit werden wir uns von der dritten in die vierte Dimension begeben, genau wie Mutter Erde. Darum geht es in dieser großen Wandlung. Es geht nicht nur um die Veränderungen in der physischen Welt, sondern um den Aufstieg des menschlichen Bewusstseins in eine höhere Dimension. Es ist so spannend, zu dieser Zeit zu leben! Wir werden Zeugen der größtmöglichen Transformation sein, und wenn sie vorüber ist, werden wir in einer neuen Welt leben. Es wird auf der Erde eine Wiedergeburt der universellen Liebe geben, und wir Menschen werden wundersame Dinge vollbringen. Wir müssen es nur durch das Auge des Sturms schaffen, der dem Regenbogen vorausgeht. Wir müssen das Alte fahren lassen, damit das Neue geboren werden kann. Manche Menschen werden vielleicht diesen Planeten verlassen, und es mag mehr Chaos und Instabilität geben, bevor die Wandlung vollzogen ist, doch es gilt, bei alldem unsere Herzen und unseren Blick auf die kommende Schönheit gerichtet zu halten, auf die große Verheißung neuen Lebens, auf eine Art Himmel auf Erden.

Du bist ein Lichtwesen, und deine physische Form ist nur der kleinste Aspekt dessen, was du bist. Stimme dich auf das Herz von Mutter Erde ein und erinnere dich daran, dass du der Schöpfer deiner Realität bist. Was auch immer im Außen geschehen mag: Du hast die Wahl, wie du darauf eingehen und worauf du deine Aufmerksamkeit richten willst. Nach der Rückkehr des Lichts wird es schöner sein, als du dir vorstellen kannst. Halte deine Herzensschwingung so hoch wie möglich; das wird dich mit Mutter Erde, der Sonne und dem Universum verbunden halten. Gefühle der Dankbarkeit und der Liebe verbinden dich mit dem lebendigen Herzen der großen Mutter und deinem eigenen großen ICH BIN. Verfalle nicht in Angst oder in Fantasien über das, was sein wird. Gib dich hin und geh mit dem Strom, auch wenn du nicht verstehst, was geschieht. Wisse, du brauchst nichts zu fürchten, und rechne mit Wundern. Versuche, wie ein Kind voller Neugier und Offenheit für das Leben zu sein.

Einst waren die Menschen spirituell sehr viel weiter entwickelt, als wir es heute sind. Zur Zeit von Atlantis wussten wir Klänge, Farben und Energien zu nutzen, um uns zu heilen. Wir wussten sehr viel mehr über unseren Platz im Kosmos und über die Gesetze der Schöpfung. Wir besaßen wissenschaftliche und spirituelle Technologien, die wir uns heute gar nicht mehr vorstellen können. Doch wir wissen, wie das geht. Es ist in unserer DNA gespeichert. Wir brauchen uns nur daran zu erinnern, wer wir wirklich sind.

Es ist wichtig, zu begreifen, dass alle, die heute als Menschen auf der Erde leben, sich entschieden haben, diesen außerordentlichen Augenblick der Transformation mitzuerleben. Wir sind die Stärksten der Starken – und unsere Seelen werden hier gebraucht. Wir sind in diese vom Verstand, von der Getrenntheit und vom Ego beherrschte Welt gekommen, um zu sagen: Wir wollen mehr. Wir sind jene, die die Welt verändern werden, indem wir uns daran erinnern, wer wir als göttliche Wesen wirklich sind. Wir haben die Wahl getroffen, in dieser Zeit auf der Erde zu sein, um diese Initiation mitzuerleben, um eine neue Welt zu erschaffen. Viele von uns haben hier eine wichtige Rolle übernommen. Erinnere dich an die große Aufgabe, für die du hier bist! Du bist viel mehr, als du dir vorstellen kannst. Es ist wichtig, in deinem Herzen ein Bild der Liebe und Schönheit zu tragen, zu wissen, dass du der Schöpfer bzw. die Schöpferin deiner Wirklichkeit bist. In Zukunft wird das noch viel deutlicher sein, und wir werden unsere wahre spirituelle Kapazität leben. Wir werden das polarisierte Bewusstsein hinter uns lassen und ins Einheitsbewusstsein eingehen. Wir werden die Getrenntheit des Ego hinter uns lassen und wissen, dass wir reines Bewusstsein sind und fähig, alles zu manifestieren.

246

Die Leute wollen natürlich wissen, ob wir nach der großen Wandlung noch physische Körper haben werden. Wahrscheinlich werden wir noch Körper haben, aber sie werden nicht mehr so dicht sein wie in unserem gegenwärtigen dreidimensionalen Erdenleben. Wir werden Lichtkörper haben, mit denen wir unglaublicher Dinge fähig sind, wie durch Wände zu gehen, telepathisch zu kommunizieren und mit Hilfe unseres Bewusstseins überallhin zu reisen. Das ist die Richtung, in die es geht – doch es wird sich noch zeigen, ob es als direkte Folge einer Polverschiebung geschieht oder in den Jahren danach, wenn wir uns in die fünfte Dimension der universellen Liebe begeben.

Niemand weiß genau, was während dieser großen Wandlung und in der nachfolgenden Zeit geschehen wird, doch mir wurde gezeigt, dass es sowohl zu Naturkatastrophen als auch zu politischen und ökonomischen Umwälzungen kommen wird. Mir wurde nicht gezeigt, ob das vor oder nach der Polverschiebung stattfinden wird, aber es scheint, als ob diese Dinge vor der endgültigen Wandlung der Erde geschehen.

2008 wurde mir auf meinem Bildschirm auf einer Karte der USA (der Schildkröteninsel) gezeigt, welche Regionen von den Umwälzungen besonders betroffen sein werden. Ich gebe diese Informationen jetzt hier weiter, aber ich möchte alle ermutigen, sich von ihrer eigenen Intuition zeigen zu lassen, wo für sie der richtige Platz ist. Wir sind immer die Mitschöpfer unserer Wirklichkeit und jeder von uns ist mit einer eigenen Aufgabe hierher gekommen. Selbst wenn du in einer Gegend lebst, die von den Veränderungen auf der Erde stark betroffen ist, muss das nicht heißen, dass du zu Schaden kommen wirst. Zu unserer Seelenaufgabe mag es gehören, an einem bestimmten Ort eine bestimmte Rolle zu spielen. Du musst deinem Herzen vertrauen und deiner inneren Führung dorthin folgen, wo dein Platz ist. Alles hat seinen göttlichen Zweck.

Ich halte es für meine Verantwortung, hier mitzuteilen, was ich gesehen habe, auch wenn ich keine Angst verbreiten möchte und mir keine Zeitangaben gemacht wurden. Entsprechend dem, was ich gesehen habe, werden die östlichsten Bereiche der amerikanischen Ostküste von New York bis Florida von dem steigenden Meeresspiegel beeinträchtigt werden, vor allem im Küstenbereich. Das betrifft auch die gesamte New York City. Auch die Westküste ist betroffen. Die Gegend westlich der Rocky Mountains wird sich durch die Veränderungen auf der Erde stark verändern. Ich habe gesehen, wie die großen Seen auszulaufen schienen, als hätte sie jemand ausgekippt, und ihre Wasser flossen bis hinunter zum Golf von Mexiko. Der Mississippi trat über die Ufer. Alles, was ihm im Weg lag, wurde überschwemmt. Ich sah, wie eine Insel im Pazifik, von der ich jetzt weiß, dass es Japan war, völlig überschwemmt wird und untergeht. Orte in oder in der Nähe von Bergen sind besser geschützt, und Gebiete im Landesinneren (außer der Gegend südlich der großen Seen bis hinunter zum Golf von Mexiko) sind wohl sicherer als die Küsten. Das Land auf Meereshöhe oder darunter ist sehr überflutungsgefährdet. Und wenn es zu Erdbeben, Überflutungen und anderen Naturkatastrophen kommt, werden Städte weniger sicher sein als ländliche Gegenden.

Weil Mutter Erde das Herz-Chakra des Universums ist, werden sich ihre Veränderungen auch auf die anderen Planeten im Universum auswirken. Mit unserem Bewusstsein ändert sich auch das ganze Sonnensystem. Einige dieser Phänomene ereignen sich bereits seit 2008 und sind wissenschaftlich dokumentiert. Die Venus wird sehr viel heller werden. Mars wird sich genau wie die Erde stärker erwärmen, und die Eiskappen werden schmelzen. Auf dem Jupiter wird ein großer roter Fleck erscheinen, und sein Plasma wird sich mehr aufladen. Auf dem Merkur wird es zu magnetischen Wirbelstürmen kommen. Um den Saturn bilden sich neue Ringe. Uranus und Neptun werden heller werden und großen Stürmen ausgesetzt sein, während der sich weiter von der Sonne entfernende Pluto auch eine globale Erwärmung durchmachen und unter zunehmenden atmosphärischen Druck geraten wird. Wenn sich die Schwingung von Mutter Erde und des menschlichen Bewusstseins erhöht, ist das ganze Sonnensystem betroffen.

Die Versuchung ist groß, sich vor diesen Veränderungen und der Verschiebung der Pole zu fürchten, doch wir müssen uns daran erinnern, dass all dies nur die Wehen sind, die eine neue Welt hervorbringen. Wir werden das loslassen müssen, was wir nicht wirklich brauchen und was uns an ein eingeschränktes Leben kettet. Wenn gewisse Strukturen um uns herum zusammenbrechen, werden wir erkennen, dass dies die Wände sind, die uns gefangen hielten und die uns voneinander und von der Wahrheit über uns selbst trennten. Die Menschheit wird in eine höhere Wahrheit aufsteigen, und wir werden endlich die Welt erschaffen können, von der wir wissen, dass sie möglich ist.

Jene alten Strukturen, die unser Leben beherrscht haben, müssen fallen, bevor wir neu anfangen können. Es ist ein erstaunliches Geschenk, in dieser Zeit als Kind von Mutter Erde am Leben zu sein. Das ganze Universum schaut zu, was hier passiert. Wir stehen kurz davor, als gesamte Art unser Bewusstsein zu erhöhen, und Mutter Erde wird wiedergeboren. Halte nicht am Alten, Verfallenden fest. Öffne dein Herz für die Göttlichkeit jedes Moments, der dir geschenkt wird, für deine Liebe zu diesem Planeten, zu dieser Existenz, zu all den kostbaren Wesen in deinem Leben, für die Chance, hier zu sein. Bleibe in der Liebe und wisse, du bist behütet. Alles geschieht so, wie es dein großes ICH BIN geplant hat, bevor du hierher kamst.

Du wirst immer existieren. Die Dinge verändern ihre Form, aber auf uns kommt eine Erweiterung des Seins zu, keine Minderung. Es gibt nichts zu fürchten. Wenn sich alles beruhigt und das Licht zurückkehrt, wirst du mit neuen Augen sehen, und die Schönheit, die du dann erblickst, wird dein Herz vor Dankbarkeit und Ehrfurcht dahinschmelzen lassen. Du wirst die süße Melodie eines Liedes vernehmen, das schöner ist, als du es dir vorstellen kannst. Es ist das Lied der Seele der Erde und ihrer wundervollen Kinder. Du kennst es bereits in deinem Herzen, doch dann wirst du dich endlich erinnern – und das ist der ganze Grund, weshalb du hier bist.

Der Weg des Stamms der vielen Farben

Das Imaginieren einer wundervollen Welt

Der Schlüssel zu unserer spirituellen Evolution und unserem Überleben auf dem Planeten Erde liegt in der Erinnerung daran, wer wir sind. Wir sind göttliche Mitschöpfer unserer Realität. Wir sind alle das große ICH BIN. Was wir mit unseren Herzen erträumen, hat mehr Macht, als uns klar ist. Die Aborigines haben diese Weisheit nie verloren und verstehen, dass diese dreidimensionale Wirklichkeit, die wir für so konkret und echt halten, mehr einem Traum gleicht. Genauso wie in einem Traum alles möglich ist und sich Dinge in einem Augenblick manifestieren und transformieren können, können wir unsere Wirklichkeit durch die Macht unseres Träumens transformieren.

Die Bilder und Ideen, die wir in unserem Verstand haben, entstehen zuerst im Bereich der Imagination und Gedanken, erst dann materialisieren sie sich. Wenn du dir das wirklich klarmachst, heißt das:

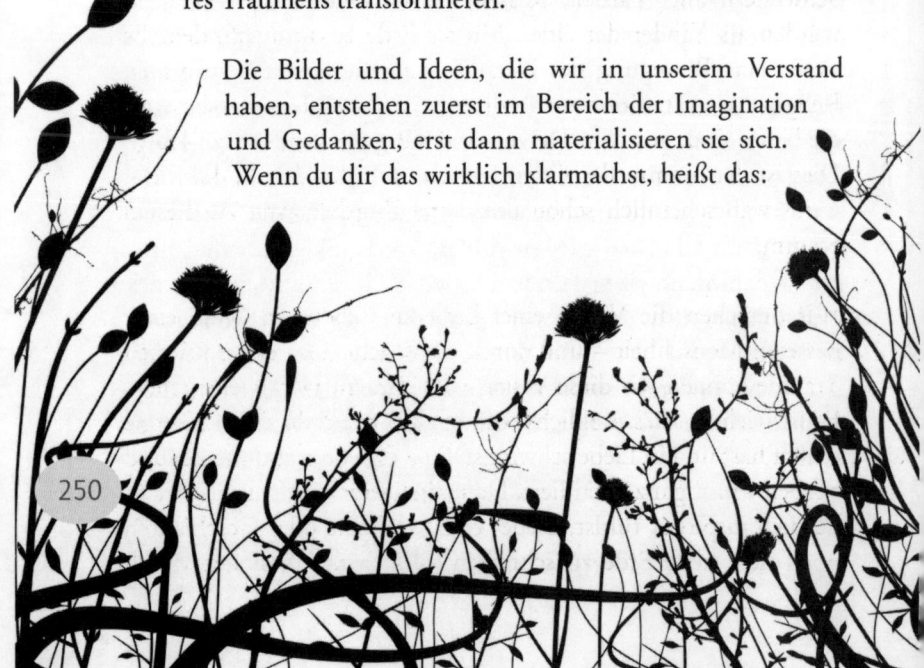

Wir müssen zunächst etwas visualisieren können, bevor es existieren kann. Je detaillierter und konzentrierter diese Imagination ist, desto stärker wird das Bild. Und wenn dieses fokussierte, eindringliche Imaginieren des Herzens von Emotionen, einem hoch schwingenden Bewusstsein und der Erfahrung des eigenen großen ICH BIN begleitet wird, kannst du alles erschaffen. Es ist jetzt unsere Verpflichtung, diese göttliche Kapazität, die wir als Menschen immer gehabt haben, wieder für uns in Anspruch zu nehmen. Wir müssen uns daran erinnern, dass wir Mitschöpfer sind und es uns obliegt, so detailliert wie möglich eine neue, wundervolle Welt zu imaginieren.

Selbst Bilder, die in einem einzigen menschlichen Herzen entstehen, können eine globale Veränderung inspirieren. Inspiration entsteht, wenn das Herz in neue Höhen gehoben wird und neue Möglichkeiten erahnt werden. Diesen Zustand brauchen wir kollektiv. Der Stamm der vielen Farben ist genau solch ein Bild, eine kollektive Inspiration. Seit Hunderten von Jahren sprechen viele indigene Kulturen von dem Regenbogen-Stamm, der in dieser Zeit dramatischer Veränderungen auftauchen würde. Brüder und Schwestern aller Farben, Rassen, Nationalitäten und Sprachen würden als Kinder der einen Mutter Erde zusammenfinden. Es werde eine Bewegung des Herzens sein, die keiner bestimmten Religion oder Tradition zuzuordnen ist, die aus Menschen besteht, die bereit sind, aus dem Herzen und auf ganz neue Art zu leben. Dies ist der Stamm der vielen Farben, und du, der du dies liest, weißt wahrscheinlich schon um deine Zugehörigkeit zu diesem Stamm.

Wir brauchen die Vision einer besseren, schöneren Welt, einer besseren Menschheit – und durch die Macht unserer inspirierten Träume können wir diese Vision von Herz zu Herz weitergeben. Es ist wichtig, dies möglichst oft zu tun, wenn du deine Energie erhöht hast und in Liebe schwingst. Stell dir vor, was du sehen und erleben willst, ganz detailliert. Halte dich jetzt nicht zurück; wenn du dich inspiriert fühlst, Lieder oder Gedichte oder Geschichten über diese neue Erde zu schreiben oder deinen Visionen durch

Kunst oder durch deine Stimme Ausdruck zu verleihen, tue es. Sei so kreativ wie möglich und verlasse dabei ruhig die ausgetretenen Pfade. Wie kannst du Herzen inspirieren, sich daran zu erinnern, wer sie sind? Wie kannst du die Vision von etwas Schönerem in der Welt verbreiten? Geh in dein Herz und finde das Bild, das die anderen Herzen wiedererkennen können. Nähre es und fördere es mit deiner Liebe.

Je mehr von uns sich entscheiden, aus dem Herzen und aus der Liebe zu leben, desto mehr neue Zukunftsmöglichkeiten erschaffen wir für unseren Planeten. Wir wissen um die Notwendigkeit eines veränderten Zusammenlebens hier auf der Erde. Wir sind kurz davor, uns selbst und die Grundlagen allen Lebens auf diesem Planeten zu zerstören. Es ist höchste Zeit für uns alle, an unsere größten Träume und Visionen zu glauben und sie jeden Tag mit unserer Aufmerksamkeit und Liebe zu nähren. Die Zukunft ist noch ein Netz von Möglichkeiten, in dem viele Dinge als Potenziale existieren. Unsere Zukunft will von uns gewählt und imaginiert werden. Wir haben wirklich Einfluss auf die Dinge. Durch die Macht unserer Herzensgedanken, -gefühle und -träume können wir unsere Bestimmung verändern. Es ist an der Zeit, darauf zu achten, worauf wir unsere Energie richten und welche Bilder wir im Geist haben. Fürchte dich nicht davor, als albern zu gelten, weil du dir eine neue Welt vorstellst; wir sind Kinder dieses Planeten, und wir sind aktive Teilnehmer der hier stattfindenden Geschehnisse.

Es gibt einen Ort, der uns in der Meditation immer zugänglich ist, an dem wir mit dem Ganzen verschmelzen – mit der Schöpfung, mit dem Kosmos, mit dem Geist Gottes –, und von dort aus kann alles erschaffen werden, was du brauchst oder wünschst. Dort gibt es weder Zeit noch Raum, auch keine Form, nur reines, einheitliches Bewusstsein. Es gibt keinen Anfang und kein Ende. Es gibt keine Trennung zwischen den Dingen; du kannst im gesamten Kosmos mit jedem und allem reden. Es gibt keinen Abstand zwischen Bewusstsein und Manifestation. Sobald dir etwas bewusst wird, hat es Leben. Von dort kannst du in einen Zustand zwischen den Welten gehen, wo die Zeit kollabiert und der Raum sich unendlich ausdehnt. Dann lösen sich die Schleier zwischen den Dimensionen auf.

Ich habe die Erfahrung gemacht, dass in diesem Zustand alles erschaffen werden kann, alles vom höheren Selbst erbeten werden und empfangen werden kann. Doch wenn du in diesen Zustand kommst, erkennst du die Vollkommenheit von allem und weißt um den Ausgang und Sinn von allem, was ist. Aus dieser kosmischen Perspektive, die Vergangenheit und Zukunft umfasst und die vielen Dimensionen der Existenz erkennt, verschwinden all unsere beschränkten Verlangen und persönlichen Ziele. Es gibt keine Notwendigkeit, etwas zu verändern, weil sich alles in Vollkommenheit entfaltet. Ich habe schon mehrfach probiert, meine Wünsche in diesen Zustand mitzunehmen, um etwas Bestimmtes zu manifestieren, und es jedes Mal als absolut unbedeutend befunden. Ich konnte mich meistens noch nicht einmal erinnern, was mein kleineres Selbst so dringend verlangt hatte.

Bevor du dich in diesen Bewusstseinszustand versetzt, stell dir aus dem Geiste Gottes heraus vor, welche Welt du gerne erleben möchtest. Stell dir etwas vor, was deines höchsten spirituellen Wesens wert ist. Was willst du ins Sein bringen, wenn du in diesen leeren, dunklen Raum des Ganzen eingehst? Ich stelle mir oft eine Zeit vor, in der sich alle Menschen wirklich ihrer Einheit mit der Erde mit all ihren Wesen bewusst sind. In dieser Welt kümmern wir uns umeinander und teilen miteinander alles Gute, was wir haben. Alle falschen Grenzen sind gefallen, und wir werden zu einer neuen Art von menschlicher Familie. Wir leben nicht für das, was den meisten Profit macht oder am meisten Ansehen bringt, sondern für das, was der Schönheit des Ganzen, der Gesundheit und dem Glück aller dient. Dazu gehört auch unsere kostbare Mutter Natur. Weil wir uns nicht mehr klein und begrenzt fühlen, brauchen wir nicht mehr unserem Ego zu dienen und unser Eigentum zu schützen. Weil wir nicht mehr von Gier getrieben sind, nutzen wir all unsere Kreativität und Intelligenz, um die Probleme zu lösen, vor denen wir stehen. Wir finden Lösungen, wir finden einen Weg, in

Harmonie mit der Natur zu leben und jeden auf dem Planeten zu ernähren. Mehr Liebe führt auch zu mehr Intelligenz – das ist ein universelles Gesetz. Mit mehr Liebe werden wir auch Lösungen für unsere Probleme finden.

Wir werden kleinere, miteinander verflochtene Gemeinschaften bilden und Mutter Erde wieder näher sein und sie ehren. Wir werden uns nicht mehr getrieben fühlen, Dinge zu kaufen und uns zu vereinzeln und abzuschotten; wir werden vielmehr Dinge erschaffen und erkennen, dass Liebe die einzige Währung von Wert ist. Was immer wir tun, wir werden es aus höchster Liebe tun, und diese Liebe wird ein echtes Paradies auf Erden erschaffen.

Diese Vision mag weit hergeholt und idealistisch erscheinen, doch in Zukunft wird es einfach so sein. Ich weiß das im Herzen, und ich weiß, es wird so kommen, wenn die Menschheit ihr Bewusstsein vom Verstand ins Herz verlagert und sich mit Mutter Erde in eine höhere Dimension begibt. Es ist unsere menschliche Bestimmung, wenn wir hier auf der Erde bleiben wollen. Es gibt keinen anderen Weg. Jetzt ist es an der Zeit, deiner Imagination Flügel zu verleihen und auf das zu vertrauen, was dir dein Herz als möglich zeigt.

Gebete und Dank an Mutter Erde

Wie ich schon oft gesagt habe, ist Mutter Erde ein lebendiges Wesen, das uns fühlt, so wie wir sie fühlen. Jetzt im Moment geht sie durch eine Art Reinigungsprozess und versucht, sich von den Schäden zu heilen, die wir Menschen ihr zugefügt haben. Sie bereitet sich auch auf eine große Umwälzung vor, eine Transformation, wie es sie seit vielen Jahrtausenden nicht mehr gab. Durch diese große Wandlung wird sie als ihr himmlisches Selbst wiedergeboren werden. Um sich darauf vorzubereiten, dehnt und streckt sie sich und empfängt viel unterstützende Energie aus den Himmeln. Sie wird ihre große Transformation überstehen und geheilt daraus hervorgehen, denn sie ist dem Kosmos sehr kostbar. Sie ist das Herz-Chakra des ganzen Universums. Insofern braucht sie unsere Gebete nicht – sie wird weiterleben, mit oder ohne uns. Doch unsere Gebete beeinflussen sie; sie haben eine Wirkung auf die gesamte Schöpfung, die reine Energie und reines Bewusstsein ist, und vor allem haben sie eine Wirkung auf uns selbst.

Wenn wir Mutter Erde unsere Gebete und unseren tief empfundenen Dank darbringen, verbinden wir uns mit ihr – wir vereinen uns mit ihrem Herzen. Wir spüren, wie sie unsere Liebe erwidert. Indem wir unsere Herzen mit Mutter Erde in Einklang bringen und ihr unsere Liebe schicken, öffnen wir den Kanal zu unserem höheren Selbst und spüren die Liebe, die überall um uns herum ist und die uns ständig zuteil wird. Wir erden uns tief und öffnen uns für die Führung aus dem Kosmos, von den Sternen und aus den Reichen des Lichts.

Aber wie betet man zu Mutter Erde, zu dem, was überall um uns herum und in uns ist? Meiner Ansicht nach gibt es keine bestimmte Art des Gebets. Das Wichtige ist, dich von deinem Herzen führen zu lassen und dich mit der Erde zu verbinden. Wenn ich bete, ist mir vor allem wichtig, zu fühlen, was ich sage, und dabei absolut aufrichtig zu sein.

Manche Menschen meditieren lieber, als zu beten, vielleicht weil ihre frühen religiösen Prägungen nicht ihr Herz berührt haben. Es gibt, wie gesagt, keine richtige Art des Betens, aber ich beginne oft damit, alles aufzuzählen, wofür ich dankbar bin. Dankbarkeit öffnet das Herz. Je genauer du sein kannst, desto besser. Es hat mir immer geholfen, auf die Einzelheiten meines Tages zu schauen, auf all die kleinen Schönheiten, die ich gesehen und empfangen habe. Es hilft, diese Dinge laut auszusprechen.

Manche Menschen können vielleicht genauso gut auch nur innerlich beten, indem sie sich einen Moment Zeit nehmen, um still für etwas zu danken: für eine schöne wilde Blume, eine herzliche Begegnung mit einem Fremden, eine gute Mahlzeit. Ob du nun still oder hörbar betest – das Wichtigste ist dabei, die Liebe in deinem Herzen und eine Empfindung der Dankbarkeit zu spüren. Wenn du das stark empfindest und deine Gefühle fließen, kannst du deine Gebete auf ein bestimmtes Thema oder einen Bereich lenken, welcher der Heilung bedarf.

Wenn du darum betest, Mutter Erde möge als Ganzes gesund sein, ist es wichtig, sie dir in ihrem gesunden, schönen, sauberen Zustand vorzustellen. Betest du um Heilung wegen eines bestimmten gesundheitlichen Problems, kannst du dir die Krankheit in einer bestimmten Farbe vorstellen und sie dann mit Hilfe einer anderen Farbe heilen. Richtest du zum Beispiel deine Liebe und deine Gebete auf die Heilung des Wassers und der Geschöpfe des Golfs von Mexiko, dann sieh das Wasser als sauber, lebendig und gesund, statt dich auf die Ölverschmutzung und die Schäden zu konzentrieren. Schicke den Wesen und dem Wasser Liebe und Mitgefühl, aber stecke keine Energie in das Problem. Stell dir das Wasser lieber so rein vor, wie es sein könnte, oder imaginiere, wie sich die Gifte in etwas Gutes verwandeln.

Seit etwa einem Jahr hat eine globale Gemeinschaft jeden Tag um die Mittagszeit der Mountain Standard Time für Mutter Erde gebetet oder meditiert. Wenn sich viele Herzen vereinen, um ihre Gebete und ihre Energie auf etwas Schönes, Positives zu lenken, dann hat das sehr viel Kraft. Die Wirkung unserer Gebete vervielfacht sich dadurch, und wir beeinflussen das Bewusstsein auf dem Planeten. Wir können unsere göttliche Mitschöpferkraft verwenden, um Heilung und Liebe zu sehen und zu verwirklichen. Wir können auf die Geschehnisse auf der Erde Einfluss nehmen, indem wir unsere Schwingung hoch halten und zulassen, dass sich das Bestmögliche manifestiert. Doch vor allem wird das tägliche Gebet für Mutter Erde dir deine Verbindung mit der Gesamtheit des Lebens bewusster machen und in dir auf natürliche Weise Dankbarkeit für deinen Körper, für diese kostbare Umwelt, in der wir leben, und für das Geschenk des Lebens und der Schöpfung entstehen lassen.

Wenn wir von Herzen dankbar sind, sind unsere Herzen offen und fließend. Du kannst nicht wirklich dankbar sein, ohne dein Herz zu öffnen. Dankbarkeit ist kein Gedanke, sondern ein Gefühl. Wenn du sie spürst, verändert sich deine ganze Energie. Du bist mehr im Einklang mit den feinstofflichen Energien in dir und um dich herum. Du empfindet dein getrenntes Selbst bzw. dein Ego nicht mehr so stark und bemerkst die kleinen Dinge, die für dich vorher selbstverständlich waren. In diesem Zustand bist du auch für spontane Segnungen und Intuitionen offen. Wenn du weniger mit deinen Vorstellungen von dir selbst beschäftigt bist, kannst du dich einer sehr viel größeren Wirklichkeit öffnen. In diesem Zustand kannst du sehr viel mehr sehen, fühlen, hören und spüren. Du kannst dich der Führung deines höheren Selbst öffnen. Du kannst zum bewussten Schöpfer bzw. zur bewussten Schöpferin der Wirklichkeit werden.

Die Kristalle von Mutter Erde

Ende 2010 vermittelte mir Mutter Erde eine ganz besondere Botschaft für all ihre Kinder. Noch nie zuvor hatte ich von ihr eine direkte Bitte erhalten. Sie bittet ihre Kinder nie um etwas. Deshalb bitte ich alle, diese Botschaft mit offenem Herzen aufzunehmen.

Schon viel zu lange haben wir dem Körper der Erde Kristalle und Edelsteine entnommen. Kristalle sind zwar durchaus dafür da, von den Menschen zur Heilung und zum Erwachen verwendet zu werden, aber viele Kristalle befinden sich in menschlichem Besitz, ohne bewusst verwendet zu werden. Sie liegen auf Regalen und in Vitrinen und verstauben. Mutter Erde hat um die Rückgabe dieser Kristalle gebeten, und zwar auf eine ganz besondere Weise. Sie bittet uns darum, diese Kristalle mit unseren liebevollen Gebeten und Absichten aufzuladen, mit ihnen für ihre Heilung und Wiedergeburt zu beten. Du kannst dazu einfach einen Kristall in der Hand halten und dich in einen meditativen oder betenden Bewusstseinszustand versetzen. Wenn du dich geerdet und mit deinem höheren Selbst verbunden fühlst, stell dir vor, was du dir für Mutter Erde und die ganze Schöpfung wünschst. Du kannst still oder laut beten, aber vor allem richte deine Aufmerksamkeit darauf, diese Gedanken und Gefühle in den Kristall zu schicken. Du solltest es von Herzen fühlen. Lass deine Liebe in den Kristall fließen. Und dann versenke den Kristall in ein freies, sich bewegendes Gewässer, also einen Bach, einen Fluss oder ins Meer.

Die Kristalle sollen in frei fließendes Wasser, weil die Erde ein Wasserplanet ist und wie der menschliche Körper hauptsächlich aus Wasser besteht. Wasser ist der schnellste Leiter für Energie und Frequenzen. Die Absichten, mit denen die Kristalle aufgeladen wurden, gehen direkt in die Blutbahnen von Mutter Erde und verteilen sich über den Planeten. Und darüber hinaus verdunstet das Wasser! Wenn das mit unseren Gebeten aufgeladene Wasser verdunstet, gelangen die Gebete mit ihm in die Luft und werden vom Wind weitergetragen. Dann bilden diese Wassermoleküle Wolken, und mit dem Regen fallen auch die Gebete auf die Erde und berühren alles, was lebt: jeden Baum, jeden Stein, jedes Wesen. Welch großartiger Weg, die ganze Schöpfung mit unserer Liebe und unseren heilenden Gebeten zu tränken!

Also bitte ich dich, so wie ich seit Anfang 2011 alle bitte, die Kristalle, die du nicht benutzt, mit deinen Gebeten und deiner tiefen Liebe versehen zurückzugeben. Mutter Erde braucht sie jetzt. Zeige ihr deine Dankbarkeit – programmiere deine Kristalle mit der Intensität deiner Liebe zu ihr, deiner Liebe für diesen herrlichen Planeten, für diese Körper und dieses wundervolle Leben. Wir können damit ganz einfach und direkt etwas für sie tun, um ihr durch ihre große Wandlung hindurchzuhelfen.

Ich habe diese Botschaft auf dem ganzen Planeten verbreitet und gesehen, wie Tausende von Menschen dem Ruf gefolgt sind. Erfinde deine eigene heilige Zeremonie – alleine oder in einer Gruppe Gleichgesinnter. Entscheidend ist, deine Gefühle, Absichten und deine Liebe in die Kristalle strömen zu lassen, damit sie in das lebendige Blut der Erde eingehen. Allein durch diesen einen Akt kannst du unsere Welt und unsere Zukunft stark beeinflussen. Ich hoffe, du wirst dich mir in dieser heiligen Aufgabe anschließen.

Einen Garten anlegen

Neben all den spirituellen Botschaften über das, was schon bald hier auf der Erde geschehen wird, haben die indigenen Ältesten unseres Planeten auch einen ganz praktischen Rat für uns alle. Vor allem im vergangenen Jahr tauchte folgender Hinweis immer wieder auf: Es ist Zeit, sich einen Garten anzulegen. Unabhängig von jeglicher spirituellen Orientierung erscheint mir das sehr sinnvoll. Man braucht sich nur anzusehen, was im März 2011 nach der Atomkatastrophe in Japan geschah. Vielen von uns wurde damals klar, wie gefährdet unsere Nahrungsmittel- und Wasserversorgung ist, wenn es zu Katastrophen kommt. Es wird immer wichtiger, in der Lage zu sein, eigene Nahrung anzubauen, denn unsere Umwelt weist einen immer höheren Belastungsgrad auf, und die großen Unternehmen bemächtigen sich immer mehr der landwirtschaftlichen Produktion. Es könnte schon bald zu Naturkatastrophen kommen, die die weltweite Nahrungsmittelproduktion beeinträchtigen und globale Engpässe verursachen.

Mir wurde gezeigt, dass unsere Welt in der nicht allzu fernen Zukunft ganz anders aussehen wird als heute. Aus Not und aus innerer Berufung werden die Menschen eine sehr viel engere Beziehung zu ihrer Nahrung, zu den Pflanzen und zum Wasser haben. Viele werden aus den Städten aufs Land ziehen, kleine Selbstversorger-Gemeinschaften werden sich bilden und ihre eigene Nahrung anbauen. Unabhängig davon, ob dies durch einen Zusammenbruch der politischen und ökonomischen Systeme oder auf friedvollere Weise geschieht, weil sich das Bewusstsein auf dem Planeten ändert – die Botschaft bleibt dieselbe: Es ist an der Zeit, zu lernen, eigene Nahrungsmittel anzubauen und die eigene Familie und Gemeinschaft mit dem Notwendigsten versorgen zu können.

Viele von euch tun dies bereits. Eine der verheißungsvollsten Bewegungen unserer Zeit, in der sich der Wandel des Bewusstseins deutlich zeigt, ist die Permakultur. Menschen aus allen möglichen Bereichen der Gesellschaft fühlen sich inspiriert, sich aus dem System zu lösen, auf eine nachhaltige und die Erde würdigende Art zu leben und natürliche Lösungen zu entwickeln. Immer mehr von uns wollen einfacher und näher an der Erde leben und die schlichten Schönheiten und Freuden des Lebens genießen. Einen Garten anzulegen ist eine große Sache; damit lässt du dich wirklich auf das Schöpfungswunder von Mutter Erde ein. Du schwingst dich auf die Realität von Geburt, Wachstum und Tod ein und wirst dir bewusst, was nötig ist, um das Leben aufrechtzuerhalten. Du wirst Teil von etwas Lebendigem, Geheimnisvollem und Göttlichem.

Kennen wir die Pflanzen, die um unser Haus wachsen? Schenken wir ihnen Beachtung? Indem wir Gärten anlegen, verbinden wir uns mit der Erde, den Zyklen des Lebens und mit der Nahrung, die wir zu uns nehmen. Wie erkennen, dass auch Pflanzen eine Seele haben und auf Liebe, positive Schwingungen und Energien reagieren. Die wundervollen Pflanzen von Mutter Erde wollen uns nähren und unseren Körpern genau das geben, was sie brauchen, um zu gedeihen, zu heilen und zu wachsen.

In der alten Zeit kannten die Menschen Möglichkeiten des Umgangs mit dem Boden und den Pflanzen, die bei uns in Vergessenheit geraten sind. In den erstaunlichen Büchern des Russen Wladimir Megre beschreibt das außerordentliche Wesen Anastasia, wie wir den Boden und die Samen mit unserer DNA prägen können, damit die Pflanzen beim Wachsen genau die Inhaltsstoffe bilden, die unser Körper braucht. Einfach indem du mit nackten Füßen über die Erde gehst und die Samen kurz in den Mund nimmst, bevor du sie einpflanzt, wird die Information deiner Zellen durch den Schweiß und den Speichel weitergegeben. Die Pflanze wächst dann entsprechend heran und passt sich dir an.

Diese Informationen passen zu dem, was mir gezeigt wurde. Es ist wichtig, eine emotionale, liebevolle Beziehung zu den Pflanzen aufzubauen, vor allem zu jenen, die wir essen wollen. Pflanzen haben einen Geist und wollen uns nähren. Sie reagieren auf unsere Gefühle, auf positive wie negative. Wir können darauf achten, harmonische, liebevolle Schwingungen auszustrahlen und Pflanzen als die Lebewesen zu behandeln, die sie sind. Es ist Zeit, auf eine tiefere Art zu gärtnern und bewusster mit den Pflanzen und der lebendigen Welt umzugehen.

Pflanzen lieben uns und wollen uns helfen und nähren, genauso wie Mutter Erde uns liebt. Die ganze Schöpfung ist von Liebe durchströmt. Wir müssen wieder eine Beziehung zu unseren Pflanzen entwickeln, müssen lernen, mit Zärtlichkeit zu gärtnern und mit Mutter Erde zusammenzuarbeiten, um uns zu versorgen. Das wird unser Leben und unsere Gesellschaft von Grund auf verändern. Wir können dort anfangen, wo wir wohnen, und in Gemeinschaftsgärten zusammenarbeiten. Es kommt darauf an, uns an das zu erinnern, was wir vergessen haben, und es jetzt zu tun. Wir müssen unsere Gärten anlegen und uns die Finger schmutzig machen, zum Wohle einer neuen Welt.

Versammle deine Gemeinschaft

Indigene Älteste und Weisheitshüter reden auch überall davon, dass wir in Zukunft nicht so individualistisch leben werden. Unser Überleben wird von unseren Verbindungen mit Gemeinschaften abhängen, wir werden zusammenarbeiten müssen, um unsere Bedürfnisse zu befriedigen und um alle zu versorgen. Es heißt, die Zeit des einsamen Wolfs sei vorüber. Wir stehen an der Schwelle zu einem massiven Bewusstseinswandel, der alles verändert: unsere Beziehungen untereinander und unser innerliches Befinden.

Vielen von uns mag das als ein schwieriger Prozess erscheinen. Schließlich wurden wir zu Individuen erzogen und betrachten uns grundlegend als Einzelwesen. Uns wurde beigebracht, möglichst unabhängig zu sein. Viele von uns leben weit entfernt von ihren

Familien und beziehen sich in fast allem nur noch auf ihre Partner. Das wird in Zukunft drastisch anders sein. Die Veränderungen in unserer Gesellschaft und in der Welt als Ganzes, die ich gesehen habe, werden uns auf neue Weise zusammenbringen. Das was uns zusammenbringt, wird vielleicht nichts Angenehmes sein, aber angesichts der gemeinsamen Schwierigkeiten und Tragödien werden wir uns unserer gemeinsamen Menschlichkeit wieder bewusst werden. Wir werden miteinander Kontakt aufnehmen und einander brauchen. Es mag im Augenblick unglaublich erscheinen, aber wir werden *eines* Herzens sein, wie die Finger einer Hand, und wir werden wissen, dass wir um der Liebe willen hier sind.

Es ist jetzt vor allem wichtig, sich mit Gleichgesinnten zusammenzutun und Gemeinschaften aufzubauen. In einer Gemeinschaft können Wissen, Fertigkeiten, Inspirationen und Liebe ausgetauscht werden. Im Laufe des letzten Jahrhunderts haben die Menschen in der modernen Welt zum allergrößten Teil dieses Gefühl der Gemeinschaft und der Anbindung an die große Menschheitsfamilie verloren. Wir müssen wieder Kontakt aufnehmen und Verbindungen schaffen, uns mit anderen zusammentun, die ähnliche Träume und Visionen hegen, und anfangen, gemeinsam die Welt zu erschaffen, die wir erleben wollen. Wenn es schwierig wird, wenn die Veränderungen losgehen, die in den nächsten paar Jahren wahrscheinlich kommen, werden wir einander brauchen, und unser Überleben wird mehr von unseren zwischenmenschlichen Verbindungen abhängen als von unserem Wohlstand, unseren Ressourcen und unserer Sicherheit. Letztere mögen sich als Illusionen erweisen, und wir werden uns fragen, warum wir so viel Zeit unseres Lebens mit dem Anhäufen von Wohlstand und Sicherheit verbracht haben.

Manche Menschen gründen Gemeinschaften und versuchen, alternative Wirtschaftsmodelle zu entwickeln, in denen viele Familien nachhaltig und in Harmonie mit der Natur leben können. Dies ist eine hervorragende Zeit, um so etwas anzufangen oder sich daran zu beteiligen. Viele Menschen bereiten sich darauf vor, ihr städtisches, hoch technologisiertes Leben hinter sich zu lassen, und kaufen sich ein Stück Land, auf dem sie systemunabhängig leben können. Manche geben gar ihre Arbeit auf, weil sie sich von der Erde aufgerufen fühlen, auf ganz andere Art zu leben.

Es gibt natürlich keinen Weg, der für alle richtig wäre. Wichtig ist, deinem Herzen und deiner Seele zu folgen. Vertraue der inneren Führung deines höheren Selbst. Wenn dein inneres Selbst dich zu solch einem radikalen Schritt hinführt, dich inspiriert, eine Gemeinschaft zu gründen oder in eine zu ziehen, dann folge ihm. Du bist der Mitschöpfer deines Lebens. Dein höheres Selbst weiß, was du wirklich brauchst, um zu wachsen und zu dem zu werden, was dir bestimmt ist.

Selbst wenn du nicht in einer Gemeinschaft leben oder von der Stadt wegziehen kannst, steht es dir frei, wo auch immer du bist, gemeinschaftlicher zu leben. Du kannst anfangen, mit anderen Kontakt aufzunehmen, dich auszutauschen, eine spirituelle Gruppe zu gründen. Ein sehr guter Weg besteht darin, eine Meditationsgruppe oder eine Gruppe heiliger Initiativen zu gründen. Sie kann sich der Liebe und Heilung von Mutter Erde widmen oder einer anderen Aufgabe, zu der du dich berufen fühlst.

Euch zu versammeln, um zu beten, zu meditieren oder heilige Rituale durchzuführen, ist ein kraftvoller Weg, um eine im Herzen verbundene Gemeinschaft aufzubauen. Diese Herzensgemeinschaften sind die wichtigste Ressource, wenn ein Unglück hereinbricht oder die äußere Welt ungewiss und instabil wird. Sie sind unsere Verbindung zu anderen Menschen. Die Fähigkeit, zu lieben und sich auszutauschen, wird das Gold der Zukunft sein. Wenn wir anfangen, Mutter Erde zu lieben, werden wir natürlicherweise auch einander und uns selbst mehr lieben. Wir werden für alles Leben Mitgefühl und Zärtlichkeit empfinden, auch für uns selbst, und werden unsere Liebe frei verteilen. Dadurch wird ein Himmel auf Erden entstehen.

Die Hopi-Ältesten raten: In einem reißenden Fluss kann es gefährlich sein, sich am Ufer zu halten. Fürchte dich nicht, in die Mitte zu steuern, und schau, wer dort bei dir ist. Wir können der Zukunft mit kindlichem Zutrauen entgegengehen und das Kommende mit Neugier, Freude und Feierlichkeit empfangen.

Wisse, dass wir immer zusammen sein werden. So wie Mutter Erde als ihr himmlisches Selbst wiedergeboren wird, werden auch wir wiedergeboren. Wir sind Geist, wir sind Funken der göttlichen Liebe, die uns erschaffen hat. Es gibt keine Zeit, zu der wir nicht sein werden. Wir sind viel mehr, als wir uns vorstellen können. Schon bald werden wir die Dunkelheit des Kokons verlassen, den wir für unsere einzige Welt hielten; wir werden merken, dass wir Flügel haben, und dann werden wir schweben. Die Welt wird voller Farben sein, die wir nie gesehen haben; es wird eine neue Welt sein, ein neues Sein. Die Dunkelheit dieser langen Geburt wird uns wie ein Traum erscheinen, denn endlich werden wir uns daran erinnern, wer wir sind.

Wir sind ein Teil des großen Geheimnisses der Natur, vollständig integriert in den höchsten Lebensplan. Alle Dinge auf diesem wundervollen Planeten nehmen am wundersamen Tanz des Lebens, an Geburt, Wachstum und Tod teil. So wie bestimmte Bäume oder Blumen ein ganzes Leben lang warten, bis sie genau zum richtigen Zeitpunkt erblühen, so hat auch die Menschheit gewartet, bis die richtige Zeit für ihr Erblühen, für die volle Entfaltung des Bewusstseins gekommen ist. Diese Zeit ist jetzt. Etwas ruft uns, unser ganzes Potenzial zu entfalten, zu erwachen und zu unserer schönsten Intelligenz zu erblühen. Wir sind so viel mehr, als uns beigebracht wurde. Wir sind wundervolle Funken der göttlichen Quelle des Lebens, und es ist Zeit für uns, dies wirklich zu sein. Wir können endlich unseren Drang ablegen, uns als von der Last des Lebens niedergedrückte Opfer zu empfinden, und uns als Schöpfungen des Großen Geistes erkennen, die die unendliche Intelligenz der Liebe in sich tragen.

Über Little Grandmother

Kiesha Crowther »Little Grandmother« verbrachte als Kind viel Zeit allein in der Wildnis und begann dort, von Mutter Erde und von der geistigen Welt direkte Lehren zu empfangen. Im Alter von dreißig Jahren wurde sie als Schamanin anerkannt und initiiert. Seitdem reist sie um die Welt, führt Heilungszeremonien für Mutter Erde durch und verbreitet die ihr anvertrauten Botschaften und Lehren zum Wohl der Menschheit. Über YouTube und Video haben Millionen Menschen aus aller Welt ihre Vorträge gesehen. Sie lebt in Santa Fe, Neu-Mexiko.

Weitere Informationen unter www.littlegrandmother.net

Über die Herausgeberin

Jennifer Ferraro widmet sich in ihrer Arbeit als Dichterin, Autorin und Künstlerin der Hervorhebung der Schönheit, der Seele und des heiligen Weiblichen. Seit fünfzehn Jahren verbindet sie in ihren Workshops und Präsentationen Dichtung mit heiligem Tanz und Musik. Sie hat einen Master-Abschluss in Kreativem Schreiben und hat an verschiedenen Universitäten und Colleges gelehrt. Sie hat »Divine Nostalgia«, ein Buch mit illustrierten Gedichten, veröffentlicht, an einer Übersetzung alter mystischer Gedichte aus der Türkei mitgewirkt und arbeitet an einem Buch über Schönheit. Sie begegnete Kiesha Crowther im Jahr 2006.

Drunvalo Melchizedek
Aus dem Herzen leben

160 Seiten, gebunden mit Meditations CD
€ 24,95
ISBN 978-3-936862-16-4

In der Tiefe unseres Herzens befindet sich jener heilige
Ort, an dem wir mit Gott vereint sind, von dem aus
wir uns erinnern können, wer wir wirklich sind. Wir
sind mehr als nur menschliche Wesen, viel mehr.
Dieses Buch ist »aus der Tiefe des Herzens« geschrieben, um uns den Weg zu zeigen, auf dem wir selbst zu
diesem vergessenen Ort in unserem Herzen zurückkehren können.

Drunvalo Melchizedek
Schlange des Lichts – Jenseits von 2012

gebunden, 288 Seiten
€ 16,95
ISBN 978-3-86728-064-8

Alle 13.000 Jahre nimmt ein heiliges Ereignis seinen Lauf, das alles verändert … Die Leser begleiten Drunvalo Melchizedek auf seinen Reisen rund um den Globus, von Yucatan über den Grand Canyon und Neuseeland bis in die Anden von Chile und Peru: Sie erleben mit ihm die Geschichte einer ungebrochenen Kette von Zeremonien zur Heilung der Herzen, Ausrichtung von Energien, Harmonisierung alter Ungleichgewichte und zur Stärkung unseres Bewusstseins, dass alles Leben im Universum eins ist.
Wer »Die Schlange des Lichts« öffnet, betritt eine Welt, in der Wunder an der Tagesordnung sind – Wunder, die zutiefst berühren und erahnen lassen, dass die Wirklichkeit so viel größer ist als das, was wir mit bloßem Auge erkennen. Im Herzen von Mutter Erde findet 2012 ein großes Erwachen statt. Wenn sich die Menschheit unserem wunderschönen Planeten zuneigt, wird er sich aus der Dunkelheit heraus in das Zeitalter des Lichts bewegen.

Steven Farmer
Krafttiere
Die Verbindung zu deinem Geistführer
aus der Tierwelt

Taschenbuch, 192 Seiten
€ 8,95
ISBN 978-3-936862-98-0

Seit alten Zeiten, als wir Menschen noch eine unmittelbarere Beziehung mit den Tieren hatten, mit denen wir die Erde gemeinsam bewohnten, gibt es die Vorstellung von Krafttieren. Wir finden sie in fast allen Kulturen. Ein oder mehrere Krafttiere begleiten uns im Laufe unseres Lebens. Als spirituelle Lehrer können sie uns Stärke, Schutz und Heilung geben. Dieses Buch zeigt, wie man sein persönliches Krafttier finden kann und wie man sich mit ihm verbindet. Es beschreibt die Bedeutung des Tieres, seine Eigenschaften, wie man es ruft sowie eine gechannelte Botschaft dieses Tiergeistes. Indem man mit seinem Krafttier arbeitet, kommt man mit seiner eigenen Instinktnatur in Kontakt. Dies erhöht die Intuition und bereichert das gesamte Leben.

Nah Kin
Lebe die Göttin in dir
Das Erwachen der Weiblichkeit
im neuen Zeitalter

gebunden 208 Seiten
€ 16,95
ISBN 978-3-86728-101-0

Die Erde braucht die heilende Präsenz der urweiblichen Energie! Die naturgegebenen Unterschiede zwischen den Geschlechtern respektierend, sind wir dazu eingeladen, uns vom Konkurrenzdenken und Dominanzstreben der manipulierten Menschheit zu verabschieden und unser göttliches Potenzial zu entdecken.

Schon unseren Ahninnen war eine tiefe Verbundenheit mit der Schöpfung zu eigen; eine Liebe, welche die Seelen heilt und sich der Verantwortung für das emotionale Wohl unserer Nachkommen bewusst ist ... Die weise Frau kennt die Mysterien des Lebens. Unterstützt von den Kräften des Universums und den Elementen der Erde, entfaltet sie ihre innere Schönheit zum Segen der Welt.

Die Maya-Priesterin und Psychologin Nah Kin weiht uns in Schlüsselgeheimnisse und Rituale ein, die uns innige Freundschaft schließen lassen mit der heiligen weiblichen Urkraft.